T처럼 기획하고
F처럼 마케팅하라

T처럼 기획하고 F처럼 마케팅하라

발행일   2025년 12월 20일

지은이   강준식
펴낸이   손형국
펴낸곳   (주)북랩

출판등록   2004. 12. 1(제2012-000051호)
주소   서울특별시 금천구 가산디지털 1로 168, 우림라이온스밸리 B동 B111호, B113~115호
홈페이지   www.book.co.kr
전화번호   (02)2026-5777   팩스   (02)3159-9637

ISBN   979-11-7224-953-3 03320 (종이책)   979-11-7224-954-0 05320 (전자책)

잘못된 책은 구입한 곳에서 교환해드립니다.
이 책은 저작권법에 따라 보호받는 저작물이므로 무단 전재와 복제를 금합니다.
본 도서는 (주)북랩이 보유한 리코 인쇄 장비 등 자체 생산 인프라를 통해 제작되었습니다.

작가 연락처 문의 ▸ ask.book.co.kr

전용 게시판에 문의를 남기시면 저자에게 직접 전달됩니다.

(주)북랩 성공출판의 파트너

북랩 홈페이지와 SNS에서 다양한 출판 솔루션을 만나 보세요!

홈페이지 book.co.kr   •   **블로그** blog.naver.com/essaybook   •   **출판문의** text@book.co.kr
카톡채널 북랩

T처럼 기획하고, F처럼 마케팅하라

강준식 지음

숫자로 읽고, ——— 감성으로 완성하는
실전 마케팅 공식

광고비는 늘어나는데 매출은 그대로라면,
고객의 마음이 보이지 않는다면,
머리와 가슴의 균형이 부족했기 때문!

이제 이성으로 기획하고,
감성으로 실행하라!

 북랩

머리말

이 책을 몇 달 전 고인이 되신 아버지께 바친다.

일제강점기에 태어나 대한민국의 격변기를 온몸으로 겪으신 아버지는 부산의 작은 신발공장을 국제상사라는, 한때 국내 5대 기업으로 성장시킨 주역이셨다. 국제그룹의 총매출을 총괄하는 중책을 맡아 탁월한 경영 수완을 발휘하셨고, 프로스펙스라는 브랜드명을 직접 만들기까지 하며 당대 최고의 스포츠 브랜드인 프로스펙스 탄생의 주인공이시기도 했다. 당시 후진국을 벗어나기 위해 수출 드라이브를 건 대한민국의 맨 앞줄에 선 선봉자 역할을 하며 국가 경제 발전에 큰 족적을 남기셨다. 좀 더 서둘렀다면 인쇄된 책을 아버지께 선물해 드릴 수 있었을 텐데, 바쁜 일정을 핑계로 탈고가 늦어진 점이 두고두고 아쉬움으로 남는다.

사업상 여러 일을 벌여 놓고, 불경기의 여파로 사업에 매진하는 동시에 경영대학원에서 주임교수를 맡으며 학교 일까지 병행하다 보니 이 책 출판은 계속 미뤄졌다. 몇 년을 질질 끌면서 수차례 포기하려 했지만, 주변의 응원과 독려 덕분에 끝내 완주하게 되어 이루 말할 수 없이 기쁘다.

20년 넘게 못난 남편을 언제나 믿고 따라주며 긴 시간 함께 인내해 준 사랑하는 아내 금혜정에게 마음 깊은 고마움을 전한다. 일본 유학 중에 군 복무도 충실히 마친 장한 우리 큰아들 강원영, 항상 막내라 어리게만 보이지만 이제 군인으로 진정한 사나이로 탈바꿈한 우리 집 막둥이 강우영에게도 아빠의 자랑스러움을 담아 보낸다.

반세기가 넘는 세월을 함께하시다 남편을 떠나보내신 어머님의 그 깊은 상실감 앞에 아들로서 위로를 전하며, 항상 부족했지만 믿음과 기도로 응원해 주시는 마음에 고개 숙여 감사드린다. 인생의 어떤 순간에도 변함없는 지혜와 믿음으로 사위를 이해해주시고, 늘 든든한 버팀목이 되어주신 장인어른, 장모님께 진심 어린 존경과 감사의 마음을 전한다.

항상 내 옆에서 강한 멘탈로 잡아주며 심지어 마케팅 영역까지 나의 부족함을 채워주는 역할을 해주고 있는 나의 사업 파트너이자 마케팅 천재 이승주 대표, 그리고 어려운 상황에서도 묵묵히 맡은 바 최선을 다하며 함께해 준 함승화 이사를 비롯한 우리 벨룸 가족들에게 깊은 고마움을 전한다. 끊임없는 신뢰와 지지를 아끼지 않는 민왕기 형, 전경민, 채희관, 유정현 친구들, 그리고 권용석, 김광예, 그리고 김현구 아우들까지, 이 모든 이들의 헌신과 노력이 없었다면 이 책은 물론, 지금의 내가 있을 수 없었을 것이다. 무엇보다 지금까지 나를 이끌어주시고 이 모든 만남과 기회를 허락해주신 하나님께 감사와 영광을 돌린다.

이 책이 여러분의 마케팅 여정에 작은 도움이라도 될 수 있기를 진심으로 바란다.

2025년 10월
강준식 드림

차례

제1장 마케링의 본질을 이해하다

제2장 성공적인 마케링 전략의 설계

제3장 컨셉 차별화와 역설적 마케팅의 실전 전략

제4장 고객의 마음을 사로잡는 감성 마케팅

제8장　마케링 효율성을 높이는 고급 전략

마케팅, 그 매력적인 세계로의 초대

1. 마케팅 실패의 현실과 이 책의 탄생

나는 지난 30년간 마케팅 최전선에서 수많은 성공과 실패의 순간들을 목격하였다. 존슨앤드존슨, 피자헛 등 글로벌 대표 기업에서 마케팅 전문가로 20여 년간 현업 최전선에서 활동하였고, 지금은 작지만 단단한 마케팅 전문 회사를 직접 운영하며 국내 중소기업들을 대상으로 마케팅 컨설팅과 다양한 마케팅 프로젝트를 진행하고 있다. 동시에 다수의 최고경영자 과정들과 다양한 기업에서 마케팅 강의를 하고 있으며, 2022년부터는 경희대학교 경영대학원 경영학과 브랜드 매니지먼트 전공 주임교수로 재직하며 현업과 학계를 잇는 가교 역할을 하고 있다.

한국에는 다양한 대학에서 수십 개의 경영대학원 프로그램이 있지만, '브랜드 매니지먼트'라는 별도의 전공을 운영하는 곳은 경희대학교가 유일하다. 이 전공은 30년 가까운 기간 동안 마케팅과 브랜드 매니지먼트를 배우고자 하는 대학원생들에게 전문 지식을 제공해 오고 있으며 브랜드 전문가를 배출해 내고 있다.

현장에서 수많은 중소기업 대표들을 만났다. 그들은 원하는 성과를 얻지 못해 좌절하고, 마케팅에 돈만 썼다가 결국 "마케팅 하는 놈들은 모두 사기꾼이다!"라고 절망 석인 한탄을 뱉어냈다. 열심히 노력해도 원하는 성과를 얻지 못하는 소상공인들의 모습 또한 자주 보았다. 마케팅 기초 지식이 부족하여 어디서부터 손을 대야 할지 막막해하는 이들에게 실질적으로 도움이 되는 마케팅을 전하고 싶다는 오랜 소망이 이 책을 탄생시켰다.

마케팅 서적이 넘쳐나는 시대에 또 하나의 책을 내놓는 것에 대한 고민이 있었다. 그러나 이 책은 단순한 이론서가 아니다. 현장에서 직접 체득한 '살아있는 마케팅'의 노하우를 담았다. 특히 소상공인과 중소기업 경영자들이 실제 비즈니스 현장에서 즉시 적용할 수 있는 실용적인 전략과 팁을 제공하는 궤 중점을 두었다. 다른 마케팅 서적이나 교과서에서는 다루기 어려운 '현장 마케팅', '살아있는 마케팅', '실제 마케팅'에 관한 내용을 담았으며, 현장 전문가이자 학계 교수로서 독자들이 '오늘 배운 내용을 당장 현장에 적용해볼 수 있겠다'는 확신을 가질 수 있도록 구성하였다.

2. T처럼 기획하고 F처럼 마케팅하다: 이 책의 핵심 공식

마케팅 서적이 넘쳐나는 시대에 이 책이 존재하는 이유이자, 독자들이 반드시 알아야 할 성공 마케팅의 핵심 공식이 바로 이 제목에 담겨 있다. 'T처럼 기획하고 F처럼 마케팅하라'는 제목은 기획이 마케팅의 한 부분이라는 점에서 언뜻 앞뒤가 맞지 않는다고 느껴질 수 있다. 하지만 이 제목에는 마케터가 갖춰야 할 두 가지 핵심 역량을 직관적으로 전달하려는 의도가 담겨 있다.

- T(Thinking, 사고): 냉철한 전략가
- 시장을 분석하고 데이터를 읽어내며 논리적이고 체계적인 전략을 세우는 마케팅의 '기획' 영역이다. 논리적 사고, 체계적 분석, 객관적 판단이 요구되는 단계이다.
- F(Feeling, 감정): 따뜻한 공감자
- 아무리 완벽한 전략이라도 고객의 마음을 움직이지 못하면 무의미하다. 고객의 감정을 이해하고 진심이 담긴 커뮤니케이션을 통해 소비자의 마음에 다가가는 마케팅의 '실행' 영역이다.

결국 성공적인 마케팅은 냉철한 전략적 사고와 따뜻한 감성적 실행, 즉 T와 F가 균형 있게 조화를 이룰 때 완성된다. 머리로는 T처럼, 마음으로는 F처럼 접근하라는 것이 이 책이 전하고자 하는 핵심 메시지이다.

3. 단순함 속에 숨겨진 마케팅의 불변의 진실

나만의 개똥철학일 수는 있겠지만, 나는 마케팅이라는 영역은 이론만으로는 한계가 있다고 생각한다. 학교에서 배우는 과목명으로도 마케팅은 '마케팅학'이 아니라 '마케팅' 그 자체이며, 항상 정답이 있는 분야가 아니기 때문에 순수 학문적 접근만으로는 많은 한계가 있다. 그래서 나는 대학원에서도 이론과 현장을 연결하는 교육을 추구한다. 우리 전공 학생들 대부분이 현업에서 마케팅 또는 브랜드 관리 관련 업무를 맡고 있거나 회사를 직접 운영하는 분들이 많아, 대학원 과정에서는 이론 수업뿐만 아니라 현업에서 바로 적용 가능한 실사례들을 중심으로 과목들을 설계하였다. 또한, 학생들과의 교감을 통해 나 자신도 계속 배움을 이어가고 있으며, 학생들을 가르치는 시간은 나에게 매우 소중한 시간이다.

지금은 박사 학위가 있고 국내 명문대 중 하나인 대학교에서 경영대학원 주임교수로 역할을 하고 있지만, 나는 절대로 아카데믹하게 연구나 공부를 좋아하는 사람과는 거리가 멀었다. 괜히 겸손을 떠는 게 아니라 나는 정말 머리가 좋은 사람과는 거리가 멀다. 하지만 운 좋게 마케팅에 관심을 많이 갖게 되었고 좋아하다 보니 꽤 잘하는 사람으로 인정받을 수 있었던 것 같다. 참 감사하다.

이런 현상을 가장 현실적으로 풀어내자면 마케팅은 단순히 머리가 좋다고, 학위가 있다고, 명문대 경영학과를 나왔다고 잘할 수 있는 게 아니다.

지금은 좀 오래되었지만 우리나라 최고 학부의 대학교 경영학과를 나온 마케터와도 일을 해 봤으나 정말 지금도 잊히지 않을 정도로 답답한 마케터였고, 많은 후배 중 가장 인상 깊었던 마케터 중 한 명은 대학교 때 국악을 전공했던, 즉 마케팅이나 경영학과는 거리가 먼 직원이었는데 정말 빠릿빠릿하고 마케팅 감각이 좋았던 친구라 내가 꽤 아꼈던 기억이 난다.

　진짜 마케팅 실력은 고객을 얼마나 깊이 이해하고 공감하느냐에서 나온다. 머리가 그리 좋지 않은 내가 마케팅 영역에서 나름의 성과를 낼 수 있었던 것은 어려운 마케팅을 피하고, 누구나 쉽게 이해하고 공감할 수 있는 쉬운 마케팅을 추구했기 때문이라고 생각한다.

4. 고객의 언어로 말하라: 단순함이 만드는 공감의 힘

　마케팅은 고객의 니즈와 원츠를 파악하고, 이를 충족시키는 제품이나 서비스를 제공하는 과정이다. 이 과정에서 고객과의 소통과 공감은 매우 중요하다. 나는 복잡한 이론이나 전문 용어를 사용하기보다는 고객의 입장에서 생각하고, 그들의 언어로 이야기하고자 노력했다. 복잡한 분석보다는 소비자 입장에서 '이것이 정말 의미 있는 차별점인가?', '이 메시지가 정말 고객 마음을 움직일 수 있을까?'라는 근본 질문에 집중하였다.

　누구나 쉽게 이해할 수 있는 단순하고 직관적인 메시지를 전달하고, 고객의 감정에 공감하는 마케팅을 통해 그들의 마음을 움직일 수 있었다. 성공한 마케팅 캠페인의 공통점은 결국 가장 단순하고 명확한 가치 제안으로 고객의 감정을 건드린다는 것이다. 내가 컨설팅했던 작은 기업이 복잡한 기능 설명 대신 '우리의 제품이 고객의 어떤 고통을 덜어주는가?'라는 단 하나의 질문에 집중하여 메시지를 단순화한 후, 비약적인 성장을 이룬 것처럼, 강력한 마케팅은 종종 단 몇 마디로 고객의 감성을 자극하고 행동 변화를 이끌어낸다.

　이 책을 읽는 독자들 역시 마케팅을 공부하거나 실무에 적용할 때, 고객의 입장에서 생각하고, 그들의 언어로 이야기하며, 쉽고 단순한 방법으로 공감을 이끌어내는 것이 중요하다는 것을 기억하길 바란다.

마케팅의 큰 매력 중 하나는 정답이 없다는 점이다. 이는 시장 트렌드와 고객의 니즈가 변함에 따라 마케팅 환경 자체도 끊임없이 변화하기 때문일 것이다. 이 책의 내용이 절대적으로 옳다고 단정할 수 없고, 이대로 해야만 성공할 수 있다고 장담할 수도 없다. 하지만 마케팅 최전선에서 장기간 쌓아온 노하우를 담아 실패와 성공을 거듭하며 검증된 실전 전략들 중심으로 구성하였다. 마케팅에 정답은 없지만 본질은 변하지 않으며, 이 책은 오직 그 본질에 가까운 마케팅 내용 위주로 다루기 때문에 앞으로도 오랫동안 현장에서 유효할 것이라고 자신한다.

T의 분석적 사고와 F의 공감적 실행 사이의 균형을 찾아가는 과정에서 독자 여러분만의 독특한 마케팅 철학이 만들어질 것이다. 이 책이 여러분의 비즈니스를 한 단계 도약시키는 실용적인 지침서가 되기를 진심으로 희망한다.

마케팅 현장에서 이룬 나의 성공 스토리 1

- 피자헛의 밀리언셀러 치즈바이트의 탄생 비화

1. 절망적인 상황, NPD 팀장으로 서다

수년간의 마케팅 실무 경험 중 가장 기억에 남는 실적으로 2006년 피자헛에서 출시한 치즈바이트 피자(피자 가장자리가 동그랗게 떼어 먹기 편하게 만들어진 제품)를 꼽는다. 피자 업계에서 신제품의 성공은 비즈니스 생존에 결정적인 영향을 미친다. 당시 피자헛은 신제품 출시 기간에 전체 매출의 40%까지 기대하였고, 이를 위해 월 15억에서 20억 원이 넘는 마케팅 비용을 투입하였다. 하지만 당시 피자헛은 1년 넘게 신제품마다 실패를 거듭하고 있었다. 마케터로서 신제품 개발에 대한 부담감은 상당하였다.

나는 3년 정도 배달 비즈니스를 담당하는 홈서비스 마케팅 팀장으로 근무하다, 영국인 마케팅 수장 John Pain 상무에 의해 피자헛 코리아 초대 신제품개발(NPD) 마케팅 팀장으로 발령받았다. 미국에서 성공한 'Cheesy Bites'를 한국화하라는 지시를 받고, 한국형 치즈바이트 개발에 착수하였다. NPD 마케팅 팀장은 R&D 팀, 매장 오퍼레이션, 재무 등 모든 부서가 참여하는 TFT(Task Force Team)를 꾸려 운영하며, 성공 확률이 가장 높은 신제품을 확정하고 TV 광고 제작을 포함한 모든 마케팅 캠페인을 총괄하는 임무를 맡았다.

2. 한국화 전략: '떼어먹는 즐거움'에 집중하다

우리는 미국에서의 성공 사례를 기반으로 하되, 한국 소비자들의 취향과 선호도를 철저히 분석하였다. 그 결과 첫 제품인 치즈바이트에 당시 한국 소비자들에게 인기 있던 고구마무스를 추가해 현지화하였다. 제품 자체의 맛도 중요했지만, 우리는 '떼어먹는 즐거움'이라는 경험적 요소를 마케팅 커뮤니케이션의 핵심으로 삼았다.

이 전략은 놀라운 성과를 거두었다. 치즈바이트는 18개월 연속 마이너스 성장을 보이던 추세를 뒤집고 전년 동월 대비 25% 이상의 성장을 이루어냈다. 대성공으로 생긴 팀원들의 흥분을 뒤로하고, 나는 다음 단계를 준비해야 했다. 이런 신제품의 성공은 영원할 수 없다는 것을 누구보다 잘 아는 바였다. 몇 개월 후에는 또다시 최소 반년 동안의 매출을 책임질 다른 신제품의 아이디어가 필요했다. 치즈바이트의 성공 분위기가 식기 전에, 다음 성공적인 메뉴를 준비해야 하는 막중한 책임감이었다.

3. '찍어 먹는 재미'로 성공을 뛰어넘다

치즈바이트의 성공에 들뜬 팀을 추스르며, 우리는 다음 신제품 개발 도전을 시작하였다. 수백 가지 아이디어가 테이블 위에 던져졌고, 철저한 시장 분석 결과 당시 인기 절정이던 치즈바이트를 활용한 2탄(Line Extension) 제품을 개발하자는 의견이 주를 이루었다.

한 달 넘게 반복된 아이디어 회의는 화기애애했지만, 대부분의 아이디어는 피자로 구현조차 불가능하거나 원가 부담으로 실현 불가능한 경우가 태반이었다. NPD 팀장으로서 나의 역할은 실현 불가능한 아이디어를 빨리 걸러내고, 성공 가능한 후보들을 추려 검증을 거치는 일이었다.

그러던 어느 날, SCM(물류)을 담당하던 박세진 이사가 말했다.

"스위스의 퐁듀 메뉴처럼, 치즈바이트의 바이트를 떼어 치즈나 초콜릿에 찍어 먹으면 너무 좋을 것 같은데 어때요?"

순간 전율이 느껴졌다. 지금껏 검토했던 수많은 아이디어들 중 이것만큼 명확하게 '성공'의 이미지가 그려진 적이 없었다. 피자의 특성, 원가 구조, 소비자 경험, 그리고 무엇보다 차별화 포인트까지 모든 퍼즐 조각이 맞아떨어지는 느낌이었다.

"와 이사님! 그 아이디어 대박이에요! 비로 이거예요!"

그동안 수없이 많은 제안을 걸러내며 길러진 직관이 확신으로 바

뛰는 순간이었다. 치즈바이트
의 2탄, '치즈바이트 퐁듀'가
이렇게 탄생하였다. 오리지널
이 바이트를 떼어 팝콘처럼
'던져 먹는' 재미를 주었다면,
퐁듀 버전은 중앙의 치즈 디
핑 소스에 '찍어 먹는' 또 하
나의 재미를 추가하여 기존의
즐거움을 한층 더했다. 우리
는 이 과정에서 중요한 통찰

을 발견하였다. 소비자들은 단순히 피자의 맛만을 원하는 것이 아니
라, '먹는 방식의 재미'라는 경험적 요소에 더 큰 가치를 두고 있다는
점이다. 소비자의 감성적 만족을 중심에 두고, 그것을 실현할 기술
적 방법을 찾아가는 접근법이 성공의 핵심이었다.

원래는 빵으로 퐁듀 그릇을 만들어 마지막엔 그릇까지 통째로 먹
게 하려 했으나, 매장 오퍼레이션 및 납품 군제로 작은 도자기 그릇
을 사용하는 대안으로 결정된 비하인드 스토리가 있다.

4. 마케터로서 가장 행복했던 순간

'치즈바이트 퐁듀'는 오리지널 치즈바이트의 성과를 단숨에 뛰어
넘었다. 판매가도 더 높은 제품이었기에 매출이 급증하여 전년 동월
대비 30% 이상의 성장을 기록하였다.

세계일보 2006.07.12

당시 피자헛 매장에 가보면, 오랫동안 보지 못했던 손님 대기 줄이 눈에 띄기 시작하였다. 매장을 둘러보면 약 3분의 2 정도의 고객들이 치즈바이트를 맛있게, 그리고 즐겁게 먹는 모습을 볼 수 있었다. 이 순간이 마케터로서 가장 행복한 순간이었다. 자신이 기획한 제품을 소비자들이 구매하려 긴 줄을 서고, 대부분의 소비자들이 그 제품을 좋아하는 경험을 실제로 해본 마케터는 그리 많지 않을 것이다.

이러한 성공으로 이 메뉴는 미국, 영국, 동남아로 역수출되는 성과를 거두었고, 피자헛, KFC, 타코벨 등 메이져 외식브랜드의 모기업 Yum 그룹의 회장으로부터 두 신제품의 놀라운 성과에 대한 공로를 인정받아 Yum 그룹 최고의 상을 수상하는 영광을 얻었다.

이 경험을 통해 나는 'T처럼 기획하고 F처럼 마케팅하라'는 원칙의 중요성을 체득하였다. 치즈바이트의 성공은 철저한 데이터 분석과 시장 조사(T)를 바탕으로 하되, 최종적으로는 소비자의 감성과 경험(F)에 초점을 맞춘 결과였다. 논리적인 기획과 감성적인 마케팅의 균형이 바로 성공의 핵심이었다.

다만, 치즈바이트는 제조 과정이 복잡하여 매장 직원들에게 환영받지 못했고, 내가 퇴사한 지 2년 뒤쯤 메뉴에서 사라져 아쉬웠던 기억이 있다. 이는 마케팅이 간과해서는 안 될 오퍼레이션의 중요성을 깨닫게 해준 또 하나의 교훈이었다.

마케팅 현장에서 이룬 나의 성공 스토리 2

- 동네 빨래방의 재탄생 '워시앤조이'

1. 거인의 세계에서 작은 기업으로

유수의 글로벌 기업에서 20여 년 동안 마케팅 '고수'들과 함께 일하다가 독립하였다. 새로운 직장을 알아보던 중, 우연한 계기로 한 중소기업의 마케팅 컨설팅을 맡게 되었다. '코리아런드리'라는 당시 아주 작은 기업이었다. 이는 내 생애 최초의 컨설팅 프로젝트였다.

20여 년 동안 글로벌 대기업의 전문가로만 일하다가, 이름도 생소한 중소기업의 마케팅 현실을 마주했을 때 나는 충격을 받았다. 특히 두 가지 상황에서 매우 놀랐다. 첫째, 마케팅에 문외한인 분들도 용감하게 사업을 운영하고 있다는 점이었다. 둘째, 연간 마케팅 예산을 캘린더에 맞춰 장기적으로 기획하는 대기업과 달리, 중소기업은 마케팅 예산이 따로 책정되어 있지 않고 그때그때 필요한 비용을 마련하여 투자하는 방식이었다. 이는 완전히 다른 접근법이었다.

코리아런드리는 '워시앤조이'라는 브랜드로 셀프 빨래방 업계를 선도하고자 하는 상황이었다. 당시 시장은 빠르게 성장하고 있었고, 코리아런드리도 더 빠른 성장이 절실하였다. 마케팅 전문가의 도움이 절실한 상황에서 나는 코리아런드리의 마케팅 컨설팅을 맡았다.

2. "대표님, 홈페이지가 미금역 같습니다"

처음 프로젝트를 맡았을 때, 홈페이지를 비롯한 브랜드의 전반적인 메시지는 너무 복잡하고 혼란스러웠다. 홈페이지에 들어가자마자 동시에 일곱, 여덟 개의 팝업창이 열려 방문자를 혼란스럽게 만들었고, 브랜드의 정체성을 명확하게 전달하지 못하였다. 나는 서경노 대표에게 이렇게 말했다.

"대표님, 홈페이지가 미금역 같습니다."

"미금역요?"

"네, 미금역 출구로 나와서 주변을 둘러보면 수백 개의 간판이 보일 겁니다. 너무 많다 보니 눈에 걸리는 간판이 오히려 하나도 없지요. 지금 우리 홈페이지가 그런 상황입니다."

서 대표는 마케팅 관련 모든 영역에서 내 의견에 귀를 기울였고, 내 결정에 거의 100% 지원을 아끼지 않았다. 이는 좋은 전략도 중요하지만, 이를 믿고 실행해 준 회사의 리더십이 성공의 진정한 밑거름이 되었음을 의미한다.

3. T의 분석과 F의 공감으로 단순화하다

셀프 빨래방 사업은 본사 차원에서는 소비자가 자사 브랜드를 많이 찾게 하는 것보다 일차적인 매출원인 가맹점을 늘리는 게 핵심 목표였다. 따라서 본사 관점에서 셀프 빨래방 사업은 B2C가 아닌 B2B 비즈니스에 가까웠다.

나는 이 프로젝트에 임하면서, 우선 철저한 시장 분석부터 시작하였다. 셀프 빨래방 시장의 성장률, 예비 창업자들의 특성과 기대치, 경쟁사 현황 등을 체계적으로 조사하는 논리적 접근(T)을 택하였다. 그러나 실제 전략을 실행할 때는 창업 희망자들의 감성과 심리에 호소하는 방식(F)으로 전환하였다.

핵심은 단순화였다. 수십 개의 혼란스러운 메시지를 단 두 개의 핵심 질문으로 단순화하는 작업을 진행하였다. 바로 'Why 빨래방?'과 'Why 워시앤조이?'이다. 'Why 빨래방?'을 통해 다른 창업 아이템보다 셀프 빨래방에 투자하는 것이 유리한 이유를 명쾌하게 정리하였다. 더 나아가, 우후죽순 생겨나는 경쟁 브랜드들과의 차별화를 위해 'Why 워시앤조이?'를 통해 워시앤조이를 선택해야 할 확실한 이유들을 명확하게 제시하였다.

복잡한 정보들을 분석한 후 핵심만 남기는 과정을 거쳐, 이를 창업자들의 관점에서 재구성하였다. 그들의 불안과 기대에 정확히 공감하고, 그들이 원하는 답을 가장 명확한 방식으로 제시하는 데 집중하였다.

4. 중소기업 마케팅에서도 통하는 'T와 F의 균형'

컨설팅의 결과는 나 자신도 놀랄 정도의 대성공이었다. 당시 150여 개 남짓하던 점포가 1년여의 브랜드 리뉴얼 작업과 새로운 마케팅 전략 실행을 통해 탄탄한 브랜드로 재탄생하였다. 이후 수년간 성장을 거듭하여 현재는 점포 수가 1천 개에 육박하는 업계 1위 브랜드가 되었다. 물론 이는 서경노 대표와 경영진이 이미 구축해 놓은 우수한 비즈니스 모델과 전폭적인 신뢰가 있었기에 가능한 성과였다.

이 경험을 통해 나는 중소기업 마케팅에서도 논리적 분석과 감성적 소통의 균형이 얼마나 중요한지 배웠다. 'T처럼 기획하고 F처럼 마케팅하라'는 원칙은 대기업뿐만 아니라 중소기업 마케팅에서도 큰 성과를 가져올 수 있었다. 이후 내 컨설팅 프로젝트들에서도 이 원칙은 변함없이 적용되어 왔다.

마케팅의 본질을 이해하다

마케팅이란 무엇인가?
Market + ing의 진정한 의미

마케팅의 매력은 여러 가지가 있지만, 내가 꼽는 가장 큰 매력은 정답이 없다는 점이다. 디지털 시대, 인공지능, 빅데이터 등 기술이 급변하는 지금, 마케팅 방법론은 끊임없이 변화하고 있다. 그러나 이런 변화 속에서도 변하지 않는 마케팅의 본질이 있다. 그것은 바로 고객을 이해하고 공감하는 것이다.

마케팅은 사전적으로 '고객, 동업자, 사회를 위해 가치 있는 제공물을 창출, 의사소통, 전달, 교환하는 활동, 제도, 과정'으로 정의된다. 이 외에도 다양한 정의를 찾을 수 있지만, 저자는 'Market + ing'이라는 정의를 가장 선호한다. 이 정의는 마케팅의 본질을 간결하게 담으면서도 그 역동적인 특성을 가장 잘 드러내기 때문이다.

'Market + ing'은 마케팅이 단순히 시장에 대한 정적인 이해가 아님을 보여준다. 이는 끊임없이 변화하는 시장(Market)을 관찰하고, 소비자의 니즈를 파악하며, 이에 맞춰 제품이나 서비스를 개발하고 소통하는 지속적인 과정(ing)을 의미한다. 마케팅은 단순한 판매 활동을 넘어, 소비자와의 지속적인 관계 구축과 가치 창출을 위한 종합적인 활동인 것이다.

이런 관점에서 보면, 마케팅에서는 철저한 분석과 기획(T)과 감성적인 소통과 공감(F)이 반드시 균형을 이루어야 한다. 이 책의 제목인 'T처럼 기획하고 F처럼 마케팅하라'가 바로 이 원칙을 담고 있다. 시장과 고객을 철저히 분석하고 논리적으로 기획하되, 실행할 때는 고객의 감성과 심리에 호소하는 공감적 접근이 필요하다.

'위대한 마케팅'이란 '좋은 마케팅'과 무엇이 다른가?

미국의 유명 마케터 Joe Chernov는 말했다.

"Good Marketing makes the company look smart, but Great Marketing makes the customer feel smart."

저자는 마케팅 강의를 할 때마다 항상 이 문구로 강의를 시작한다. 마케팅을 공부하는 모든 이들이 꼭 다음에 새겨야 할 문구라고 생각해 항상 강조한다.

'좋은 마케팅(Good Marketing)'은 회사를 똑똑해 보이게 만든다. 우리는 매일 수많은 기업과 브랜드의 마케팅 메시지에 노출되지만, 그중 가끔 '와, 이 회사는 정말 마케팅을 잘한다'라고 감탄하게 만드는 경우가 있다. 이것이 바로 '좋은 마케팅'의 수준이다.

그러나 진정한 '위대한 마케팅(Great Marketing)'은 그 이상이다. 위대한 마케팅은 회사가 아닌 고객을 주인공으로 만든다.

'와, 이번에 구매한 거 고민은 좀 했었지만 정말 내가 잘 산 것 같아' 혹은 '이거야말로 스마트 쇼핑이지'라고 스스로를 평가한 경험이 있을 것이다. 바로 이것이 '위대한 마케팅'의 결과이다. 위대한 마케팅은 소비자를 똑똑하고 기분 좋게 만든다. 좋은 마케팅과 위대한 마케팅의 핵심 차이는 마케팅의 중심에 '고객'이 있느냐에 달려 있다.

이런 위대한 마케팅을 실현하기 위해서는 마케팅의 출발점이 반드시 '고객'이어야 한다. 마케팅은 '우리 회사가 전하고 싶은 메시지'가 아니라, '고객이 듣고 싶고 궁금해하는 내용'으로 구성될 때 진정한 힘을 발휘한다. 이는 당연한 이야기처럼 들릴 수 있지만, 실제로는 많은 기업들, 특히 중소기업이나 스타트업 기업들이 놓치기 쉬운 부분이다. 제품의 기능이나 회사의 강점만 강조하다 보면 정작 고객이 원하는 것, 고객의 문제를 해결해주는 방법에 대한 이야기는 빠지게 된다.

이 책에서 다룰 모든 내용은 결국 마케팅의 중심에 고객이 있는지에 따라 성패가 갈린다는 사실을 증명할 것이다. 이것이 바로 마케팅의 핵심이자 위대한 마케팅의 본질이다.

앞으로 이어질 내용에서는 이러한 마케팅의 본질을 바탕으로, 어떻게 T처럼 철저하게 기획하고 F처럼 감성적으로 소통할 수 있는지, 그 구체적인 방법과 사례를 살펴볼 것이다. 단순한 마케팅 이론이 아닌, 현장에서 바로 적용할 수 있는 실용적인 전략과 전술을 중심으로 마케팅의 실체에 접근해 보자.

제품을 넘어선 브랜드 아이덴티티의 중요성, 스타벅스

스타벅스는 일반인들이 정말 좋아하는 브랜드 중 하나이며, 마케팅 관점에서 배울 점이 매우 많다. 저자는 마케팅 강의에서 자주 질문을 던진다.

"이 세상에서 가장 맛있는 커피는 스타벅스이다. 이 말에 동의하는 분 손들어보세요."

100명 중 한 명 정도만 손을 든다.

"그럼 이 세상에서 소비자들에게 가장 사랑을 받는 커피 브랜드는 스타벅스이다. 이 말에 동의하는 쿤 손들어보세요."

이 질문에는 거의 대부분 동의하고 손을 든다.

왜 이런 현상이 일어날까? 식음료 브랜드인데 맛이 뛰어나지 않음에도 소비자들이 열광한다. 마케터 입장에서 이는 브랜드 가치가 제품 자체의 품질을 완전히 넘어서는 흥미로운 사례이다.

로고 변천 과정의 재미난 추측과 자발적 충성도

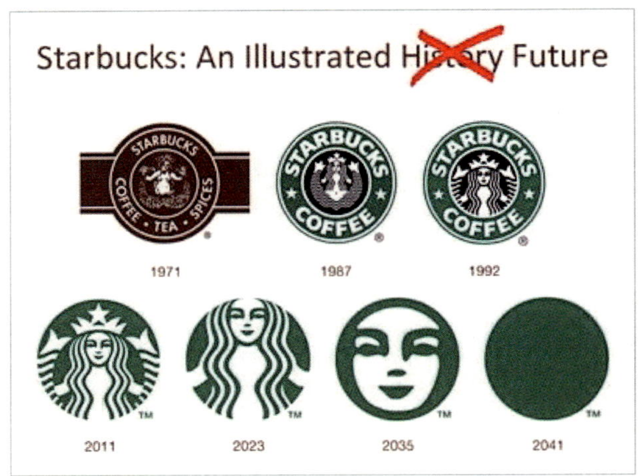

　스타벅스 로고는 1971년 미국 시애틀에서 처음 소개되었을 때 갈색 바탕에 그리스 신화의 '세이렌' 이미지가 전체적으로 드러난 다소 복잡하고 투박한 디자인이었다. 이후 세 번의 변화를 거쳐 현재의 심플한 로고가 정착되었다. 이 변천 과정에서 '세이렌' 이미지는 점차 줌인(Zoom in)되며 단순화되었다.

　이러한 패턴을 바탕으로 소비자들은 미래 스타벅스 로고에 대한 재미있는 예측을 시작하였고, 온라인상에서 다양한 가상 이미지가 유포되었다. 그중에서도 미래 로고는 세이렌 얼굴이 점점 더 확대되어 궁극적으로는 콧구멍만 남는 형태로 변화할 것이라는 유머러스한 이미지들이 많은 사람들의 웃음을 자아냈다.

　놀라운 점은 이러한 창의적인 콘텐츠가 스타벅스 본사 마케팅에서 비롯된 것이 아닌, 일반 소비자들의 자발적인 참여로 만들어진 결과라는 사실이다. 누가 요청하지도 않은 브랜드 분석을 통해 이런 콘텐츠를 만들어내는 것은 대형 브랜드라고 해도 흔히 발생하는 일이 아니다.

이는 스타벅스라는 브랜드에 대한 소비자들의 특별한 관심과 애착을 보여주는 동시에, 진정한 브랜드 파워가 무엇인지를 깨닫게 해주는 사례이다. 소비자들이 스타벅스와 관련된 모든 것에 관심을 갖고, 그 생각을 자발적으로 공유한다는 것 자체가 마케터들이 꿈꾸는 최고의 브랜드 충성도라 할 수 있다.

브랜드 아이덴티티가 곧 나의 정체성이다

소비자들이 자발적으로 브랜드에 관심을 갖고 창의적 콘텐츠까지 만들어내는 이런 현상의 본질은 브랜드가 소비자의 정체성과 깊이 연결되는 방식에 있다.

만약 스타벅스 커피를 로고가 전혀 노출되지 않은 테이크아웃 잔에 담아 판매하거나, 스타벅스 매장이 아닌 저가 커피 브랜드 매장에서 스타벅스 원두로 내린 커피를 구매할 수 있다면, 지금처럼 많은 소비자들이 스타벅스 커피를 즐겼을까? 아마도 그렇지 않을 것이다.

그 이유는 소비자들이 스타벅스의 브랜드 '컨셉'이나 '아이덴티티'를 좋아하고, 자신을 그 가치와 동일시하여 '나는 이런 브랜드를 좋아하고 즐길 수 있는 사람이다'라는 이미지를 남들에게 보여주고 싶어 하기 때문이다.

이러한 브랜드 아이덴티티와 소비자 심리의 연결은 일상에서 우리 모두가 경험하는 현상이다. 예를 들어보겠다. 저자는 20대 때 친구들과 클럽을 가끔 가곤 했다. 그 시끌벅적한 공간에서 이성에게 잘 보이고자 세련된 옷을 입고, 멋지게 담배를 피우며 당시 내가 생각했던 '멋진 남자'의 이미지를 연출하곤 하였다. 당시 저자는 KT&G의 'THIS PLUS'라는 국산 담배를 가장 즐겨 피웠지만, 클럽에서는 이를 숨기고 입맛에 맞지 않던 DUNHILL이나 MARLBORO를 의도적으로 테이블 위에 올려두었다. '나는 이런 담배를 즐기는 사람'이라는 이미지를 보여주고 싶었던 것이다.

여성들의 경우, 무리해서 구입한 고가 브랜드의 화장품을 가급적 사람들이 많이 보는 곳에서 화장을 고칠 때 그 고가 브랜드를 슬쩍이라도 노출시키려 했던 경험이 있을 것이다.

이러한 행동의 이유는 스타벅스 사례와 마찬가지로, 특정 브랜드의 컨셉에 자신을 동일시하려는 심리적 욕구에서 비롯된다. 자신의 이미지 자체가 명품 브랜드처럼 강력한 아이덴티티를 가진다면 더할 나위 없겠지만, 대부분의 경우 그것은 불가능하다. 따라서 이미 확립된 브랜드를 소비함으로써 그 가치와의 '동질화'를 통해 자신의 이미지를 향상시키고자 하는 것이다.

중소기업에 주는 시사점

이러한 사례들은 마케팅 전략 수립에 중요한 시사점을 제공한다. 즉, 제품의 기능적 우수성을 넘어서는 브랜드 아이덴티티와 컨셉을 어떻게 구축하느냐에 따라 소비자와의 정서적 연결고리를 형성하고,

지속적인 브랜드 충성도를 구축할 수 있다는 점을 명심해야 한다.

이 이야기가 대형 기업만의 이야기처럼 들릴 수 있지만, 중소기업이나 소상공인도 이 원칙을 자신의 규모와 상황에 맞게 적용할 수 있다. 동네 카페가 반드시 스타벅스 수준의 브랜드 스토리가 필요한 것은 아니다. 하지만 나름의 특색과 개성을 통해 단골과의 정서적 연결을 만드는 것은 분명 도움이 된다. 맛있는 커피, 편안한 분위기, 사장님의 친절함, 합리적인 가격 같은 기본적인 가치에 작은 차별점 하나만 더해도 고객들에게 특별한 경험을 제공할 수 있다.

세계 최초 기술을 가진 회사가 망할 수밖에 없었던 이유

연구개발 투자는 경제 성장의 핵심 동력으로 주목받고 있다. 한국은 이 분야에서 놀라운 성과를 보여왔다. 2023년 과학기술정보통신부 발표에 따르면, 한국의 GDP 대비 연구개발 투자 비중은 OECD 국가 중 가장 높은 증가율을 보이며 세계 2위에 올랐다. 그러나 이러한 막대한 투자에도 불구하고 생산성은 30위권에 머물러 있다. 왜 투자 대비 성과가 기대에 미치지 못하는 것일까?

이는 기술 개발은 성공했지만 시장에서의 상업화 성공이라는 과제를 간과했기 때문이다.

현장에서 중소기업들을 만나다 보면 놀라운 기술력과 품질을 갖춘 제품들이 시장에서 외면받는 사례를 수없이 목격한다. 뛰어난 제품 경쟁력에도 불구하고 판매가 부진하여, 그 잠재력을 가진 제품들이 빛을 보지 못하고 사라진다. 때로는 연구개발비도 회수하지 못한 채 생산원가에도 못 미치는 가격으로 헐값에 처분되는 상황을 보면 안타까움을 감출 수 없다.

이러한 시장 실패의 원인은 명확하다. 바로 제품 개발에만 몰두하고 고객의 관점을 간과했기 때문이다. 고객에게 왜 이 제품이 있어야 하는지, 어떤 가치를 느끼게 할 것인지에 대한 깊은 통찰 없이 판매에만 급급한 접근법이 문제의 핵심이다. 이것이 바로 이 책에서 강조하는 '컨셉'의 중요성이다.

마케팅은 단순히 제품을 만들어 파는 활동이 아니다. 시장에서 실질적인 성공을 이끌어내는 종합 전략이자, 기업의 생존과 성장을 좌우하는 결정적 요소이다. 30년 가까이 마케팅 현장에서 쌓은 경험을 통해 저자는 확신하게 되었다. 성공적인 마케팅의 중심에는 항상 명확한 '컨셉 개발'이 자리하고 있다는 사실이다.

MP3 선구자 '새한정보시스템'의 비극

'새한정보시스템'이라는 회사를 기억하는가?

저자의 강의 도중 이 기업을 아는 사람이 있는지 물었을 때, 기억하는 사람은 극소수에 불과하였다. 이 책을 읽는 대부분의 독자들도 아마 생소할 것이다. 이 회사는 놀랍게도 세계 최초로 MP3 플레이어를 개발한 주인공이기 때문에 이 자리에서 언급한다.

IMF 외환위기의 소용돌이 한가운데이던 1997년, 새한정보시스템은 세계 최초의 MP3 플레이어를 개발하였다. 그 기술력을 인정받아 1999년에는 장영실상까지 수상하였다. 1998년 3월, 세계 최대 IT 박람회인 독일 하노버 세빗에서 공개한 'MP3 플레이어 엠피맨 F10'은 세계 최초로 대량 생산된 MP3 플레이어였다.

하지만 기술적 선구자의 영광은 짧았다. 엠피맨은 소니의 워크맨과 CD 플레이어를 구식으로 만든 혁신 제품이었음에도, 과도한 초기 연구개발비 지출과 치열한 경쟁 속에서 경영난을 겪었다. 결국 2003년 7월 회사는 부도 위기를 닺았고, 2004년 11월에는 경쟁사인 '아이리버'로 알려진 레인콤에 인수되었다. 이 선구자는 역사 속으로 사라졌다.

기술적 우위보다 컨셉의 힘

반면, 이보다 늦은 2001년에 아이팟을 선보인 애플은 어떠한가? 애플은 아이팟의 성공을 발판 삼아 2007년 아이폰을 출시하였고, 2024년 기준으로 세계 1위 브랜드로 우뚝 섰다.

왜 이런 결과가 나왔을까? 왜 MP3 플레이어 개발의 선구자였던 새한정보시스템은 사라졌고, 뒤늦게 시장에 뛰어든 애플은 지금의 자리에 올랐을까?

마케팅 전문가들은 이를 단순한 '마케팅 역량의 차이'가 아닌, '고객 관점에서 제품 컨셉을 풀어내는 능력의 차이'로 설명한다. 아이팟의 성공은 단순히 기술적 혁신이 아니었다. '1,000곡을 주머니에 넣는다'는 명확한 컨셉, 그리고 그 컨셉을 구현하기 위해 소비자가 자연스럽게 선택할 수밖에 없는 디자인을 만들었다는 마케팅 통찰의 산물이었다.

만약 1998년의 새한정보시스템이 기술 개발(R&D)에 대한 투자와 함께 마케팅과 제품 컨셉에 대한 깊은 이해를 갖췄다면, 기업은 물론 국가 차원에서도 얼마나 다른 성공 스토리를 써내려갔을지 상상해보는 것은 마케팅의 진정한 가치를 이해하는 첫걸음이다.

이러한 통찰을 바탕으로, 이어지는 장에서는 'T처럼 기획하고 F처럼 마케팅하라'는 원칙을 구체화하며, 여러분의 기술과 제품을 시장의 승리로 이끌 컨셉 개발 전략을 집중적으로 다룰 것이다.

세계 최초 MP3 플레이어
(새한정보시스템, 1998)

애플의 아이팟

제 2 장

성공적인 마케팅 전략의 설계

구슬을 꿰는 마법
– 컨셉의 본질과 중요성

'와 저 컨셉 죽인다!'

독자들도 이런 말을 최소한 한두 번쯤은 들어보았을 것이다. 컨셉은 이제 마케팅 전문가만의 전유물이 아니라 일상에서도, 심지어 초등학생들 사이에서도 자연스럽게 오가는 단어가 되었다. 그런데 흥미롭게도 '컨셉이 무엇인가?'라고 그 정의에 대해 물으면 명쾌하게 대답할 수 있는 사람은 의외로 드물다.

네이버 사전에서는 '컨셉'을 "어떤 상품이나 예술 작품의 아이디어, 개발 의도, 주제 등 관념적인 것들을 의미한다"고 정의한다. 이 단어의 어원을 파고들면 더욱 흥미로운 의미가 드러난다.

접두어 'con'('co', 'com', 'col' 등으로 변형)에는 '함께'라는 풍부한 의미가 담겨 있다. 또한 'cept'라는 어근은 'take', 즉 '잡다'라는 뜻으로 활용된다. 따라서 '컨셉(Concept)'의 어원적 의미는 '함께 잡는다'로 해석할 수 있다.

이 의미는 우리 속담 "구슬이 서 말이라도 꿰어야 보배다"와 절묘하게 맞닿아 있다. 아무리 많은 구슬(아이디어, 기능, 장점)을 가지고 있어도, 그것들을 하나의 목적을 향해 '함께 꿰어 연결(컨셉화)'해야 비로소 가치가 생긴다는 뜻이다.

현대 비즈니스에서 컨셉은 제품, 서비스, 공연 등에서 기획자의 구체적인 의도를 담아내며, 전체를 관통하는 새로운 시각과 방향성을 제시한다. 마치 각기 다른 가치를 지닌 흩어진 구슬들을 한 가지 목적을 향해 꿰어 값진 목걸이로 만드는 것처럼, 비즈니스에서의 '컨셉'은 분산된 아이디어나 기능들을 누구나 단번에 알아볼 수 있는 선명한 이미지로 통합하는 역할을 한다. 이는 상품의 전략 수립부터 마케팅, 디자인, 세일즈, 고객 소통에 이르기까지 비즈니스 전 여정에서 중심을 잡아주는 북극성이 된다.

컨셉은 결국 소비자들이 제품이나 서비스의 핵심 가치를 직관적으로 이해하고, 수많은 경쟁 제품들 속에서 바로 우리 브랜드를 선택하게 만드는 결정적 이유, 즉 소구(訴求) 포인트가 된다.

왜 고객은 당신의 제품을 선택해야 하는가?

이 책을 읽는 독자들은 다양한 직업과 버경을 가졌을 것이다. 마케팅을 처음 배우려는 사람부터 자신의 사업체를 운영하거나 기업에서 매출 성장을 책임지는 임원 포지션까지, 매우 넓은 스펙트럼의 독자들을 염두에 두고 이 책을 썼다. 이런 독자들에게 저자는 묻고 싶다. 다음 질문에 얼마나 자신 있고 명확하게 답할 수 있는가?

"고객들이 시장에 넘쳐나는 수많은 대안들을 뒤로 하고, 왜 하필 우리를(우리 기업을, 우리 브랜드를, 우리 제품을) 선택해야 하는가?"

이 간단해 보이는 질문에 대해 기업의 CEO부터 신입 영업사원까지, 그리고 회사 홈페이지 메인 배너부터 영업 브로슈어까지 '일관된 답변'을 제시할 수 있다면, 그 기업은 마케팅 준비가 탄탄하게 되어 있다고 말할 수 있다. 반면, 답변에 머뭇거리거나 직원마다 제각각 다른 스토리를 풀어낸다면, 마케팅 차원에서 근본적인 고민과 사전 작업이 시급하다고 저자는 판단한다.

고객은 생각보다 훨씬 더 현실적이고, 실용적이며, 자신의 니즈에 집중한다. 이는 이기적이라기보다 자연스러운 소비자 심리이다. 고객을 우리 입장에 맞추려는 시도는 너무나 순진한 발상이다. 오히려 우리가 고객의 눈높이와 관점에 완벽히 맞춰야 한다. 현실적으로 고객은 스스로 공부하거나 어려운 내용을 이해하려 노력하지 않기 때문에, 복잡하고 전문적인 설명은 과감히 버리고 궁금증을 가장 쉽고 빠르게 해소해주는 방식을 택해야 한다. 고객이 정말로 궁금해하고 듣고 싶어 하는 이야기를 단 한 문장으로 명쾌하게 정리할 수 있어야 판매의 기본 자격이 생긴다.

더 심각한 것은, 고객의 니즈를 정확히 파악한 경쟁자가 등장했을 때 시장 점유율을 한순간에 잃을 수도 있다는 점이다. 따라서 명확한 컨셉 작업 없이 무작정 검색광고나 배너광고에만 예산을 쏟아붓는 것은 매우 비효율적이다. 아무리 많은 비용을 투입해도 명확한 컨셉 없이는 마케팅 효과를 기대하기 어렵다. 우리 제품이나 서비스만의 차별점을 강력하게 소구할 수 있는 명확한 컨셉 개발에 먼저 집중해야 한다. 이것이 마케팅의 진정한 출발점이자, 시장에서 살아남는 필수 전략이다.

T처럼 기획하고 F처럼 마케팅하라
– 마케팅 전략기획 프로세스의 이해

다음 도표는 기업에서 신상품을 개발하여 마케팅을 펼칠 때 참고할 수 있는 마케팅 전략기획 프로세스이다.

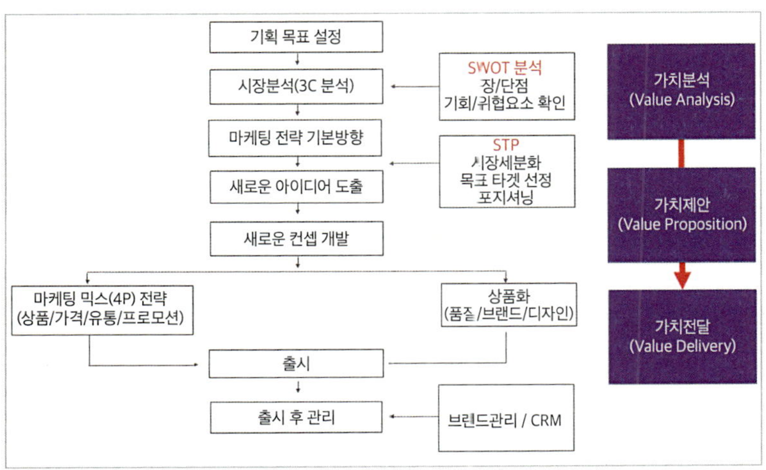

마케팅 전략기획 프로세스는 기업이 신제품을 개발하고 시장에 선보일 때 활용하는 체계적인 로드맵이다. 특히 신제품 출시 과정에는 상당한 투자와 리소스가 투입된다. 저자는 이 프로세스를 명확히 이해하는 것이 성공적인 마케팅의 초석이 된다고 생각한다.

이 프로세스는 표준 템플릿을 제공하지만, 각 프로젝트의 특성과 환경에 맞게 탄력적으로 응용할 수 있다. 핵심은 각 단계에서 마케팅 관점으로 어떤 요소들을 고려하고 준비해야 하는지를 파악하는 데 있다.

이 프로세스는 신제품 출시를 위한 프로세스뿐만이 아니라, 기존 제품의 리뉴얼, 새로운 서비스 도입, 혹은 시장 진출 전략과 같은 모든 종류의 '새로운 아이디어'를 시장에 성공적으로 안착시키기 위한 로드맵으로 충분히 활용할 수 있다.

모든 전략의 출발점, 목적 설정(Objective Setting)

모든 전략기획의 출발점은 목적 설정(Objective Setting)이다. 이는 프로젝트가 궁극적으로 달성하고자 하는 목표를 선명하게 정의하는 단계이다. 단순히 '매출 늘리기'가 아닌, 구체적이고 측정 가능한 목표를 세우는 것이 관건이다. 목적 설정의 정밀도는 전체 전략기획의 성패를 좌우하는 결정적 요소가 된다.

이는 마치 항해를 시작하기 전 정확한 목적지를 설정하는 것과 같다. 목적지가 불분명하면 어떤 바람이 유리한지, 어떤 항로가 최적인지 판단할 수 없다. 군대를 다녀온 독자들은 잘 알겠지만, 사격에

서도 유사한 원리가 적용된다. 가늠자에서 단 5mm만 벗어나더라도
100m 거리의 표적에서는 수십 cm가 빗나간다. 마케팅 전략에서도
초기 목적 설정이 조금만 빗나가도, 프로젝트가 진행될수록 그 오
차는 기하급수적으로 커지게 된다.

P&G의 OGSM과 명확한 방향성

일용소비재(FMCG, Fast Moving Consumer Goods) 기업들은 이런 마
케팅 전략기획 프로세스에 특별한 가치를 둔다. 이들은 제품 회전율
이 빠르고 구매 주기가 짧은 생활필수품을 주로 다루기에 '소비자 마
케팅'의 중요성이 더욱 강조된다. 실제로 FMCG 기업들의 마케팅 투
자는 타 산업에 비해 월등히 높은 경향을 보인다.

P&G(Procter & Gamble)는 FMCG 업계의 거인으로, '마케팅 사관학
교'라는 별칭에 걸맞게 마케팅 전략 분야에서 독보적인 위치를 차지
한다. P&G의 마케팅 방법론은 업계의 벤치마크가 되어왔으며, 특히
목적 설정에 대한 그들의 철두철미한 접근법은 주목할 만하다.

P&G는 OGSM(Objectives, Goals, Strategies, Measures) 프레임워
크를 통해 거시적 목표부터 구체적인 측정 지표까지 일관된 체계
를 구축한다. 이 프레임워크는 목표(Objectives)를 설정하고, 이를 달
성하기 위한 구체적인 목표치(Goals)를 정의하며, 이를 실현할 전략
(Strategies)과 성과를 측정할 지표(Measures)를 체계적으로 관리한다.

이러한 접근법은 P&G의 성공 사례에서 잘 드러난다. 예를 들어,
'타이드(Tide)' 세제의 글로벌 확장 시 단순히 '시장 진출'이라는 모호

한 목표가 아닌, '3년 내 각 지역 시장에서 15% 이상의 시장점유율 달성'과 같은 구체적인 목표를 설정하고 단계별 전략을 수립하였다. 이러한 명확한 목표 수립이 있었기에 타이드는 현재 100개 이상의 국가에서 세제 시장을 선도하는 브랜드로 자리매김할 수 있었다.

또한 페브리즈 개발 시에도 단순히 '좋은 방향제 만들기'가 아닌 '소비자들이 세탁하기 어려운 옷과 가구의 냄새 문제를 효과적으로 해결한다'는 분명한 목적을 설정하였다. P&G는 소비자들이 단순히 좋은 향기를 원하는 것이 아니라 '불쾌한 냄새를 완전히 제거하고 싶다'는 본질적 욕구를 파악하고, 이에 맞는 제품과 마케팅 전략을 개발하였다. 이렇게 정확한 방향성이 있었기에 페브리즈는 단순한 방향제가 아닌 '냄새 제거제'라는 새로운 카테고리를 창출할 수 있었다.

ROI 극대화의 첫 번째 열쇠

저자의 경험상 목적을 분명히 설정하는 것은 글로벌 기업과 중소기업을 구분 짓는 중요한 차별점이었다. 명확한 목적 설정을 통해 기업은 마케팅 활동의 방향을 정하고 한정된 자원을 효율적으로 배분할 수 있다. 이는 마케팅 투자 수익률(ROI) 극대화의 첫 번째 열쇠가 된다. 단순한 매출 증대를 넘어 브랜드 가치 제고, 시장 점유율 확장, 고객 충성도 강화 등 다양한 전략적 목표를 달성하는 데 필수 요소인 것이다.

명확한 목적 설정 이후에는 그 목적을 달성하기 위한 환경 이해가 필요하다. 바로 '시장 분석'이 그 다음 단계이다. 이 책은 서두에서 약속했듯 이론보다는 현장에서 바로 적용 가능한 실전 마케팅 노하우를 중심으로 풀어가고자 한다. 그러나 3C 분석(고객-Customer, 경쟁사-Competitor, 자사-Company)은 너무나 핵심적이고 기본적인 내용이라 개론 차원에서 간략히 짚고 넘어가겠다.

시장을 정확히 파악하는 3C 분석
: Customer, Company, Competitor

정통 마케팅에서 시장 분석은 대개 3C 분석을 의미한다. 3C는 Customer(고객), Company(기업), Competitor(경쟁사)의 첫 글자를 딴 세 가지 핵심 축을 뜻한다. 3C 분석은 1980년대 일본의 경영전략 구루 오마에 겐이치가 처음 체계화하였다. 오마에는 전략적 사고를 통해 기업이 경쟁 우위를 창출하고 지속 가능한 성장을 이룰 수 있다고 주창하였고, 3C는 이러한 전략적 사고의 근간이 되는 프레임워크이다. 3C 분석의 구성요소는 다음과 같다.

1. Customer(고객)/Consumer(소비자) 분석

고객 분석은 우리의 타깃 고객이 누구인지 정의하고, 그들의 니즈와 원츠를 파악하는 것이 출발점이다. 여기에 소비자 트렌드를 읽는 안목도 중요하다. 디지털 시대에는 데이터 기술의 발달로 이커머스 플랫폼이나 SNS 채널 방문자의 연령, 성별, 행동 패턴까지 정밀하게 추적할 수 있다. 따라서, 이를 토대로 타깃 맞춤형 마케팅 전략을 구축할 수 있다. 성공적인 마케터는 데이터를 넘어 소비자의 잠재된 욕구,

즉 그들조차 명확히 표현하지 못하는 숨겨진 니즈까지 발굴해낸다.

2. Competitor(경쟁사) 분석

'지피지기면 백전백승(知彼知己百戰百勝)'이라는 손자병법의 가르침처럼, 경쟁사의 강점과 약점을 정확히 파악해 우리만의 경쟁 우위를 설계해야 한다. 디지털 환경에서는 핵심 키워드 검색만으로도 경쟁 제품의 카테고리 분포, 검색 순위, 장점, 리뷰 데이터, 판매량 등을 분석할 수 있다. 직접 제품을 구매해 사용자 경험을 체험하는 것도 유용한 접근법이다. 특히 낮은 평점의 리뷰를 면밀히 살펴 경쟁사 제품의 취약점을 발견하고 이를 자사 제품의 차별화 포인트로 발전시킬 수 있다.

3. Company(기업) 분석, 즉 자사 분석

자사의 강점과 약점을 객관적 시각으로 진단하고, 시장 내 포지셔닝을 정확히 파악하는 것이 중요하다. 이를 통해 경쟁사와 차별화된 가치 제안을 개발할 수 있다. 자사 분석에서 주의해야 할 점은 내부자 관점에서 오는 편향이다. 실제 시장에서 소비자가 인식하는 자사의 모습은 내부에서 바라보는 것과 현저히 다를 수 있다는 점을 항상 염두에 두어야 한다.

4. 3C 분석의 핵심: 고객 통찰과 확장 가능성

3C 분석 중 가장 핵심은 단연 Customer(고객) 분석이다. 마케팅이 'Market + ing'인 만큼, 끊임없이 변화하는 고객에 대한 통찰이 성공의 열쇠다. 고객의 니즈, 구매 여정, 의사결정 요인 등을 심층적으로

이해하는 것이 효과적인 마케팅 전략의 토대가 된다. 특히 구매 의사결정 과정에서 소비자가 접하는 '결정적 순간들(Moments of Truth)'을 파악하는 것이 중요하다. 온라인 검색과 정보 수집 단계부터, 매장에서의 첫 만남, 그리고 실제 제품 사용에 이르기까지 각 단계에서 소비자의 선택에 영향을 미치는 요소들을 분석해야 한다.

3C 분석은 필요에 따라 4C로 확장되어 Channel(유통 경로) 분석이 추가되기도 한다. 이는 유통 네트워크와 산업 트렌드를 포괄적으로 파악하는 경우다. 예를 들어, 화장품 시장을 분석할 때 로드샵의 감소 추세, 방한 관광객 패턴 변화, 규제 환경 변화 등 시장 역학을 포함하면 더욱 입체적인 분석이 가능하다. 최근에는 디지털 전환에 따라 Context(맥락), Community(커뮤니티) 등을 추가한 5C, 6C 분석으로 확장되기도 한다.

5. 현실적 전략수립의 기초 SWOT 분석과 실제 활용법

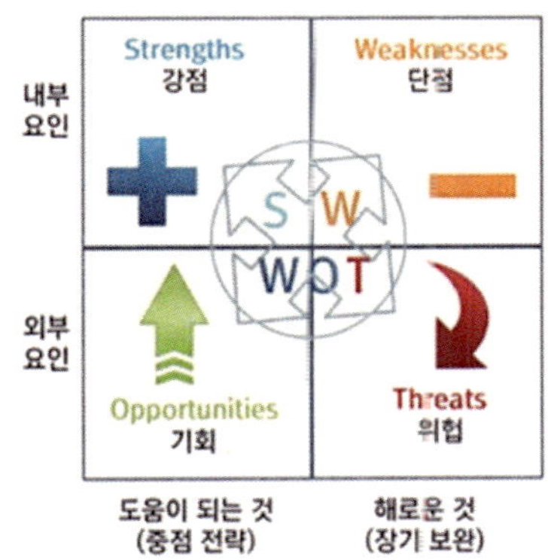

S-O : 중점 전략, 우선 수행 과제(해결책)
W-O : 우선 보완 과제
S-T : 위험 해결 과제
W-T : 중·기보완고·제

SWOT 분석은 기업 환경을 진단하는 가장 효과적인 도구 중 하나다. 미국의 경영컨설턴트 알버트 험프리가 개발한 이 프레임워크는 강점(Strength), 약점(Weakness), 기회(Opportunity), 위협(Threat)을 체계적으로 파악해 전략적 방향성을 설정한다.

- 강점(Strength): 내부 역량 중 경쟁우위 요소
- 약점(Weakness): 내부 역량 중 보완이 필요한 요소
- 기회(Opportunity): 시장 환경에서 포착할 수 있는 유리한 상황
- 위협(Threat): 비즈니스에 부정적 영향을 미칠 수 있는 외부 요인

SWOT 분석이 전통적이고 때로는 구시대적이라는 비판을 받기도 하지만, 저자는 이 분석 방법을 강력히 추천한다. 이는 SWOT 분석이 기업의 내부 및 외부 환경을 4개의 명확한 카테고리로 구분하여 한눈에 파악할 수 있게 해주는, 현재까지 알려진 가장 효과적인 분석 도구이기 때문이다. 실제로 스타트업 기업부터 글로벌 기업까지, SWOT 분석은 그 단순함과 명확성 때문에 여전히 많은 전략회의에서 빠지지 않는 핵심 도구로 활용된다.

전략의 핵심은 '버리는 것'이다

SWOT 분석의 활용에 있어 많은 교육과 서적에서 간과되는 중요한 점은 분석 후의 전략 도출 과정이다. SWOT 분석은 단순히 사분면에 요소들을 나열하는 것으로 끝나지 않는다. 나열된 요소 중 가

장 덜 중요한 것들을 점진적으로 제거해 나가는 과정이 핵심이다. 이 과정을 통해 최종적으로 남는 요소들이 바로 '가장 중요한 것들'이 된다. 이는 마케팅 현실에서 모든 것을 다 할 수 없기에 전략적 선택과 집중이 필수적이라는 점을 반영한다.

현대 경영학의 대가 중 한 명인 마이클 포터 하버드대 교수는 "전략의 핵심은 무엇을 하지 않을지 선택하는 것이다"라고 말했다. 이는 SWOT 분석에서 덜 중요한 요소들을 제거해 나가는 과정과 일맥상통한다. 결국, 가장 중요한 요소를 찾아내고 이를 우선순위로 선택하는 것이 효과적인 전략 수립의 핵심이 된다. 실제 마케팅 현장에서는 "이것도, 저것도" 보다는 "이것만" 접근법이 더 강력한 시장 입지를 구축하는 경우가 많다.

이렇게 선별된 핵심 요소들에는 각각 맞춤형 접근이 필요하다. 강점으로 선정된 요소는 이를 시장에서 최대한 활용하는 방안을, 약점으로 파악된 요소는 신속하게 보완하는 전략을 수립해야 한다. 기회로 판단된 요소는 자원을 집중해 선점 효과를 극대화하고, 위협으로 식별된 요소에는 선제적 대응책을 마련해야 한다.

SWOT 분석은 SO 전략(강점을 활용해 기회를 포착) 등 다양한 전략으로 발전시킬 수 있지만, 이 책에서는 그 부분까지 깊이 다루지 않는다. 이 분석 방법의 가장 큰 장점은 폭넓은 적용성이다. 기업은 물론 비영리 단체, 심지어 개인의 커리어 전략 수립에도 활용할 수 있어 실용성이 뛰어나다.

이런 체계적 분석을 통해 도출된 마케팅 전략의 기본 방향을 바탕으로, 다음 단계인 STP(시장 세분화, 목표 시장 설정, 포지셔닝) 과정으로 나아갈 수 있다.

타깃 고객을 사로잡는 STP 전략의 실전 적용

STP는 마케팅 분야의 거장 필립 코틀러가 체계화한 전략 수립의 핵심 프레임워크이다. 마케팅 입문자에게는 다소 생소할 수 있지만, 실무에 바로 적용할 수 있도록 저자는 쉽게 설명하고자 한다.

STP 전략을 최대한 쉽게 설명하자면, 시장을 세분화하고(Segmentation), 목표 고객층을 선정하며(Targeting), 소비자 마음속에 차별화된 위치를 구축하는(Positioning) 체계적인 접근법이다.

레스토랑 창업을 계획한다고 가정하고 STP 전략을 단계별로 살펴보자.

1단계: 시장 세분화(Segmentation)

외식 시장은 메뉴 유형(한식, 중식, 양식, 일식), 가격대(대중적, 중간, 프리미엄), 주요 고객층(MZ세대, 40~50대), 서비스 형태(매장 식사, 포장, 배달 특화) 등 다양한 기준으로 세분화할 수 있다. 이렇게 시장을 다각도로 분류하는 과정이 세분화이다.

2단계: 목표 시장 선정(Targeting)

세분화된 시장 중에서 우리가 공략할 영역을 선택하는 과정이다. 파스타 조리에 전문성이 있다면 이탈리안 레스토랑을, 초기 투자 여력이 제한적이라면 합리적 가격대의 배달 특화 매장을 고려할 수 있다. 타깃 시장 선정 시 고려해야 할 핵심 요소는 해당 세그먼트의 시장 규모와 잠재력, 성장 전망, 수익성과 지속 가능성, 우리의 핵심 역량과의 적합성이다.

3단계: 포지셔닝(Positioning)

포지셔닝 단계는 앞의 두 단계보다 더욱 전략적 중요성을 갖는다. 시장 세분화와 타깃 선정은 상대적으로 객관적 데이터에 기반한 분석적 과정인 반면, 포지셔닝은 고객의 마음과 감정에 호소하는 창조적 과정이기 때문이다. 또한 세분화와 타겟팅은 경쟁사도 유사하게 접근할 수 있지만, 포지셔닝은 우리만의 독특한 브랜드 정체성을 만들어내는 차별화의 핵심이다. 실제로 같은 타깃을 노리는 경쟁 브랜드들 사이에서 최종 선택을 결정하는 것은 바로 포지셔닝이다.

포지셔닝은 고객 마음속에 우리 브랜드를 어떻게 각인시킬 것인지를 설계하는 과정이다. 이를 시각화한 도구가 포지셔닝 맵 (Positioning Map) 또는 인식 맵(Perceptual Map)이다. 포지셔닝은 경쟁사와 차별화된 고유 영역을 발견하기 위한 단계로, 효과적인 포지셔닝은 지속 가능한 비즈니스 모델의 토대가 된다.

이탈리안 레스토랑을 오픈한다면 소비자에게 어떤 고유한 경험을 제공할지 고민해야 한다. 정통 이탈리안 파인 다이닝으로 포지셔닝할지, 가성비 좋은 캐주얼 파스타 전문점으로 자리매김할지, 아니면 이탈리안과 아시안 퀴진을 결합한 혁신적 퓨전 콘셉트로 차별화할지 등 우리만의 가치 제안을 설계해야 한다.

STP 전략은 특별한 것이 아니라 사업 기획 과정에서 필수적인 요소들을 체계적으로 점검하는 프레임워크 역할을 한다. 이를 통해 "우리 레스토랑은 20~30대 직장인을 타깃으로 한 합리적 가격대의 테이크아웃 중심 브랜드로, 건강한 재료를 사용한 간편 이탈리안 메뉴로 포지셔닝한다"와 같은 구체적인 전략을 수립할 수 있다.

포지셔닝 발견을 위한 실전 팁

사업 초기 단계에서도 STP 분석을 통한 비즈니스 모델 점검을 적극적으로 권한다. 특히 포지셔닝 요소가 가장 중요하지만, 뚜렷한 차별화 포인트를 발견하기 어려울 수 있다. 이럴 때 가장 효과적인 방법은 현재 우리 제품을 선택하는 충성 고객에게서 힌트를 얻는 것이다. 충성 고객이 아직 없다면, 아쉬운 대로 최소한 한 번이라도 구매한 고객에게서 힌트를 얻는다. 이들은 우리보다 고객 관점에서 제품을 선택한 이유를 더 명확히 알고 있을 가능성이 높기 때문이다.

여러 구매 고객이 공통적으로 언급하는 가치 요소를 발견한다면, 이는 우리 제품의 핵심 차별화 포인트가 될 확률이 매우 높다. 이미 이 이유로 다수의 고객이 구매를 결정했다면, 이는 분명 강력한 경쟁 우위 요소이다. 이러한 핵심 가치를 더 많은 잠재 고객에게 효과적으로 알린다면, 자연스럽게 제품 선택률도 높아질 것이다.

성공적인 비즈니스에는 반드시 고객이 인정하는 가치가 있고, 실패하는 사업에도 분명한 원인이 존재한다. 현재 우리를 선택하는 고객들의 이유를 정확히 이해한다면, 그 이해가 바로 우리를 성공으로 이끄는 '핵심 성공 요인'이 될 수 있다는 점을 명심해야 한다.

마케팅 전략의 현실적 한계와 가치

마케팅 전략 기획 프로세스의 도표를 보고 있자면 많은 독자들이 과연 이 모든 과정을 반드시 수행해야 할까 하는 의문이 들 수 있다.

마케팅 강의를 시작하던 초창기, 한 수강생이 이런 질문들을 던졌고 당시에는 상당히 난감했던 기억이 있다. 이후 이 질문에 대해 깊이 고민한 끝에, 저자는 나름의 명쾌한 답변을 마련하게 되었다.

- 이렇게 철저한 분석과 전략 개발을 했다고 해서 그 기획이 반드시 성공하는가? 명확히 말하자면, '그렇지 않다'.
- 그렇다면 이런 과정을 생략하면 그 기획은 필연적으로 실패하는가? 이 질문에 대한 답 역시 분명하다. '그렇지 않다'.
- 그렇다면 왜 이토록 많은 시간과 자원을 투입해 이런 복잡한 과정을 거치는 것일까?

이 질문은 한동안 저자를 고민하게 했지만, 지금은 확신을 갖고 답할 수 있다. 그 이유는 이러한 체계적 과정을 통해 프로젝트의 실패 확률을 현저히 낮출 수 있기 때문이다.

마케팅에는 절대적인 정답이 존재하지 않는다. 불과 몇 달 전 대성공을 거둔 전략이 지금은 무용지물이 될 수 있고, 과거에 실패했던 접근법이 현재는 놀라운 성과로 이어질 수도 있다. 이런 불확실성 때문에 100% 성공을 보장하는 마케팅 공식은 존재하지 않는다.

하지만 바로 이런 상황에서 실패 확률을 최소화하는 접근법이 결국 성공 가능성을 극대화하는 전략이 된다. 치열한 경쟁 속에서 까다로운 소비자를 상대할 때, '실패 요인을 하나씩 제거해 나가는 것'이 가장 현실적이고 효과적인 방법이다.

따라서 마케팅 전략을 수립할 때는 유연한 사고를 유지하되, 철저한 분석과 지속적인 시장 모니터링을 통해 실패 요소를 최소화하는 데 집중해야 한다. 이러한 접근법이야말로 마케팅의 본질적 불확실성을 인정하면서도 성공 가능성을 높이는 가장 효과적인 전략이다.

셀링포인트는 Feature 말고
Benefit을 말하라

먼저 benefit과 feature의 어원과 의미를 살펴보겠다. Benefit은 라틴어 *bene*(좋은)와 *facere*(행하다)에서 유래되어 '좋은 일을 하다'라는 의미로 사용된다. 이는 곧 '고객에게 실질적인 가치를 제공하다'라는 뜻이다. 반면, Feature는 라틴어 factura(만들어진 것)에서 유래되어 주로 '제품의 특징' 또는 '기술적 사양'을 나타낼 때 쓰인다.

간단히 말해, Feature는 "이 제품이 무엇인가"를 설명하는 것이고, Benefit은 "이 제품으로 고객이 어떤 가치를 얻을 수 있는가"를 말하는 것이다. 이 장에서 저자가 강조하고자 하는 핵심은 단순히 제품의 사양이나 특징을 나열하는 것보다, 그러한 특징이 고객의 삶에 어떤 실질적인 혜택을 가져다주는지 설명하는 것이 훨씬 더 강력한 설득력을 갖는다는 점이다.

아이팟: 1GB가 아닌 1,000곡을 팔다

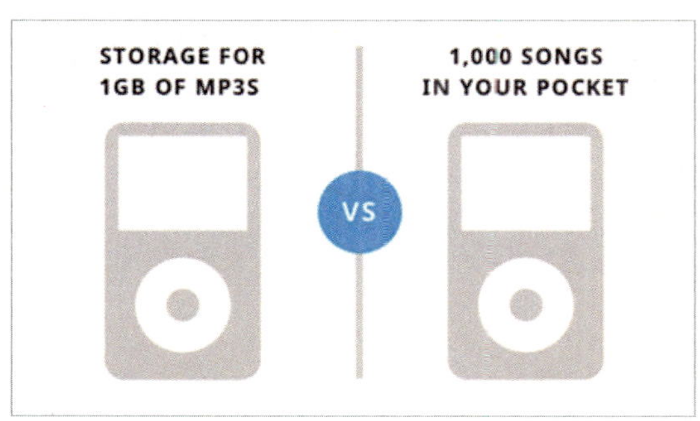

애플의 아이팟(iPod) 출시 광고는 이러한 원칙을 완벽하게 보여주는 사례이다. 좌측 그림은 'Storage for 1GB of MP3', 즉 'MP3 1GB를 위한 저장 공간'이라는 기술적 사양(feature)을 강조하고 있다. 반면 우측 그림은 '1,000 songs in your pocket', 즉 '당신 주머니 속에 1천 곡의 노래를'이라는 사용자 경험(benefit)을 강조한다. 동일한 저장 용량을 설명하지만, 소비자에게 전달되는 가치는 천지 차이다.

일반 소비자들은 메가바이트(MB)나 기가바이트(GB)가 정확히 무엇을 의미하는지 잘 모른다. 그들이 진짜 알고 싶은 것은 "이 기기로 내가 좋아하는 음악을 얼마나 담아갈 수 있는가"이다.

우측 이미지는 실제 아이팟 출시 당시 사용된 광고다. 우리 모두가 알다시피, 애플은 이 아이팟으로 큰 성공을 거두었고, 이후 아이폰까지 이어지는 혁신으로

1,000 songs in your pocket.
(당신의 주머니 속 1,000곡의 노래)

세계에서 가장 사랑받는 브랜드 중 하나가 되었다. 앞서 1998년 세계 최초로 MP3 플레이어를 개발했던 새한정보시스템과 애플의 운명이 완전히 달라진 이유를 생각해보면, 제품 자체보다 마케팅 전략의 차이가 얼마나 큰 결과로 이어질 수 있는지 분명히 알 수 있다.

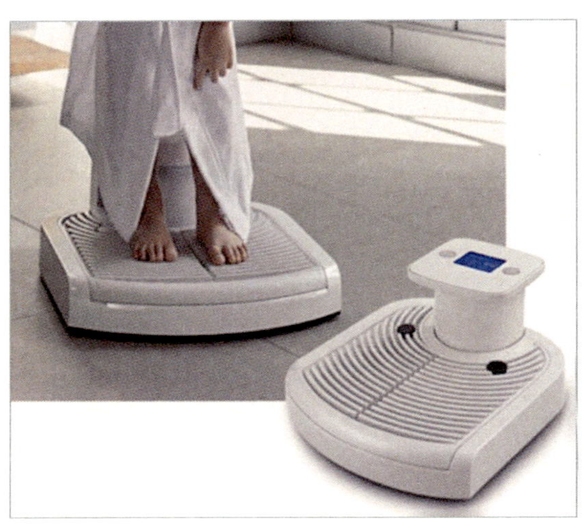

또 다른 사례로, 요즘 사우나에서 샤워 후 마주하게 되는 새로운 장비가 있다. 바로 전신 건조기다. 샤워 후 수건으로 물기를 닦아내도 완전히 건조되지 않는 부위가 있어 속옷을 입을 때 불편함을 느낀 경험은 누구에게나 있을 것이다.

이런 제품을 마케팅할 때, "우리 제품은 7,200 RPM 구동 모터 장착, 가로세로 45cm 크기"라고 feature만 나열한다면 소비자에게 큰 의미가 없다. 반면 "우리 제품은 단 30초 만에 전신을 뽀송뽀송하게 건조시켜 빠르게 옷을 입을 수 있고, 콤팩트한 크기로 욕실 어디든 쉽게 설치할 수 있다"라고 benefit을 강조한다면 소비자의 관심을 훨씬 더 쉽게 끌 수 있다. 소비자들은 7,200 RPM이라는 숫자보다 "30초 만에 뽀송뽀송"이라는 경험적 가치에 훨씬 더 반응하기 때문이다.

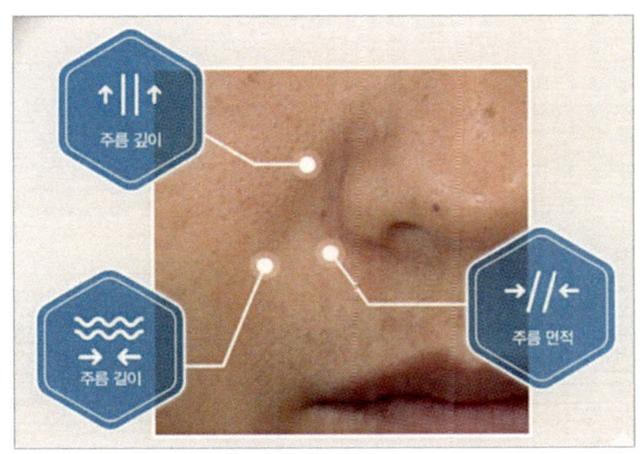

마지막으로, 치열한 경쟁이 펼쳐지는 화장품 업계의 사례를 살펴보자. 수많은 브랜드가 경쟁하는 이 시장에서 단순히 "고농축 순수 비타민 C 함유" 같은 feature만 강조하는 것은 소비자의 마음을 사로잡기에 부족하다. 대신 "고농축 순수 비타민 C가 함유되어 단 2주 만에 입가 주름이 눈에 띄게 감소하고 피부 톤이 환하게 밝아진다"라고 구체적인 benefit을 전달할 때 소비자들은 제품의 가치를 명확히 인식하게 된다.

결론적으로, 효과적인 셀링포인트는 제품의 기술적 특징이 아니라 그 특징이 가져다주는 고객 삶의 변화에 초점을 맞춰야 한다. 소비자들은 스펙이 아닌 경험을 구매한다. 그들이 정말 원하는 것은 더 행복해지고, 더 편리해지고, 더 아름다워지는 것이다. 소비자 관점에서 실질적인 benefit을 명확하게 전달할 때, 우리의 제품은 단순한 물건을 넘어 소비자 삶의 가치 있는 동반자가 된다.

성공적인 브랜드의 비밀
: 단계별 차별화 전략

오늘날 치열한 시장 경쟁에서 브랜드가 생존하고 성장하기 위해서는 어떤 단계에서든 명확한 차별화 포인트가 필수적이다. 차별화 없이는 소비자의 선택을 받기 어렵고, 가격 경쟁의 함정에 빠질 수 있다. 저자는 독자의 이해를 돕기 위해 대부분의 사람이 이미 알고 있는 글로벌 브랜드를 포함한 다양한 사례들을 각 차별화 단계별로 소개하고자 한다.

단계마다 해당 차별화 전략을 성공적으로 구현한 대표적인 브랜드 사례를 통해, 차별화의 원리가 실제 비즈니스에서 어떻게 적용되는지 명확히 볼 수 있을 것이다. 이러한 검증된 사례들은 어떠한 규모의 기업에서도 적용 가능한 차별화의 본질을 담고 있으며, 이를 통해 독자들의 비즈니스에 실질적인 영감과 통찰을 얻을 수 있을 것이다.

차별화는 마케팅의 모든 단계에서 가능하다. 단계별 차별화 전략의 예시를 살펴보자.

아이디어 단계
- 패러다임을 전환하다

베스킨라빈스 31

베스킨라빈스는 '한 달 31일 내내 새로운 맛을 선사하겠다'는 컨셉으로 31가지 맛을 제공하며 고객에기 매일 새로운 선택지를 제시했다. 독특한 풍미와 고품질의 아이스크림을 강조하는 한편, 다양한 색채의 포스터와 매장 인테리어로 시각적 즐거움을 더했다. 또한 매장 내 편안한 의자 배치와 "맛보기 스푼"을 통한 직접 체험 기회를 제공하여 소비자 경험을 중시했다. 이러한 차별화된 접근은 브랜드에 대한 긍정적 이미지를 심어주고 재방문율을 높이는 데 크게 기여했다.

에어비앤비(Airbnb)

에어비앤비는 호텔 숙박의 기존 개념을 완전히 뒤집는 혁신적인 아이디어로 시작했다. 개인의 집을 숙박시설로 활용하는 새로운 비즈니스 모델은 단순한 숙박을 넘어 현지인의 삶을 직접 체험할 수 있는 특별한 가치를 제공했다. 이는 독특하고 개인화된 여행 경험을 원하는 밀레니얼 세대의 니즈와 정확히 맞아떨어지는 차별화 전략이었다. 동시에 집주인들에게는 새로운 추가 수입원을 창출하였다. 이 혁신적 아이디어는 전 세계 220개국에서 서비스를 제공하며 기업 가치 1,000억 달러를 넘는 글로벌 기업으로 성장하는 놀라운 성과를 이뤘다.

리퀴드 데스(Liquid Death)

리퀴드 데스는 물 시장에 혁신적인 아이디어로 접근했다. 창업자 마이크 세사리오는 건강한 라이프스타일을 추구하면서도 플라스틱 사용을 줄이고자 하는 소비자들의 니즈를 정확히 포착했다. 그는 물을 록밴드 스타일의 맥주캔 디자인으로 포장하여 기존 생수 브랜  드와는 완전히 다른 파격적인 이미지를 구축했다. "너의 갈증을 죽여라(Murder Your Thirst)"라는 과감한 슬로건과 반항적인 브랜딩으로 특히 Z세대의 관심과 공감을 이끌어냈다. 이 아이디어는 단순한 물 판매를 넘어 환경 보호와 건강한 라이프스타일이라는 가치를 효과적으로 전달했다. 결과적으로 출시 3년 만에 7억 달러의 기업 가치를 인정받으며 미국 아마존 미네랄 드링킹 워터 카테고리 1위를 차지하는 큰 성공을 거두었다.

아이디어 단계 차별화의 핵심 교훈

획기적인 아이디어는 기존 시장의 패러다임을 바꿀 수 있다. 소비자의 숨겨진 니즈를 발견하거나, 익숙한 제품에 새로운 관점을 더하는 것만으로도 강력한 차별화 포인트가 만들어질 수 있다. 혁신적 아이디어는 기술적 발전이 아니더라도 소비자의 경험과 감성을 건드리는 작은 변화에서 시작될 수 있다.

개발 단계
- 기술과 스토리로 가치를 창조하다

라메르(La Mer)

라메르는 가장 고가로 판매되는 글로벌 화장품 브랜드 중 하나로, 그 탄생 배경이 매우 특별하다. 1950년대 NASA의 항공 우주 물리학자인 맥스 휴버 박사는 실험 중 폭발 사고로 피부에 극심한 손상을 입었다. 당시 의학 기술로는 치료가 불가능했기 때문에 그는 자신의 피부를 치료할 방법을 스스로 찾기 시작했다. 12년 동안 6천여 번의 실험 끝에 해양 생물에서 영감을 받은 '미라클 브로스(Miracle Broth)'를 개발했다. 라메르는 단순한 화장품이 아니라 과학과 열정이 결합한 결과물임을 소비자에게 전달함으로써 고급스러움과 독창성을 강조했다.

고프로(GoPro)

고프로는 액션 카메라 시장에서 완전히 새로운 제품 카테고리를 창출했다. 창립자 닉 우드만은 2002년 서핑을 하면서 자신의 모습을 촬영하고 싶다는 아이디어에서 출발했다. 기존 카메라로는 불가능했던 이 요구를 충족시키기 위해 초소형, 방수, 내구성 높은 카메라를 개발했다. 개발 과정에서 작은 크기에 고화질 촬영 기능과 배터리 수명을 모두 담는 것이 가장 큰 과제였다. 고프로는 독자적인 이미지 프로세서와 렌즈 기술을 혁신적으로 개발하고, 다양한 액세서리를 통해 카메라를 신체나 장비에 부착할 수 있게 만들어 사용자 경험을 최적화했다. 이러한 혁신적인 개발로 액션 카메라 시장을 선도하는 대표 브랜드로 자리매김했다.

네스프레소(Nespresso)

네스프레소는 가정용 에스프레소 머신 시장에 혁신을 가져왔다. 1970년대 후반 네슬레 직원이었던 에릭 파브르는 이탈리아 여행 중 에스프레소의 매력에 빠져 이를 가정에서도 쉽게 만들 방법을 고민하기 시작했다. 그 결과 고품질 에스프레소를 간편하게 추출할 수 있는 혁신적인 캡슐 시스템을 개발했다. 개발 과정에서 신선한 커피의 풍미를 유지하면서도 대량 생산이 가능한 캡슐을 설계하는 것이 가장 큰 도전이었다. 네스프레소는 특수 알루미늄 캡슐과 독자적인 추출 시스템을 개발하여 기술적 차별화를 이루었고, 다양한 커피 블렌드로 소비자의 취향을 충족시켰다. 이러한 혁신으로 가정에서도 전문 바리스타 수준의 에스프레소를 즐길 수 있게 만들며 프리미엄 홈 카페 시장의 새로운 기준을 제시했다.

개발 단계 차별화의 핵심 교훈

제품 개발 단계에서의 차별화는 독자적인 기술력과 끊임없는 혁신에서 비롯된다. 소비자의 불편함이나 해결되지 않은 문제에 집중하여 이를 해결하는 제품을 개발하는 것이 중요하다. 또한 개발 과정 자체가 강력한 브랜드 스토리가 될 수 있으며, 이는 소비자와의 정서적 연결을 강화하는 요소가 된다.

생산 단계
- 원료와 제조 방식에서 독점적 가치를 만들다

제주삼다수

제주삼다수는 제주도 지하 420m 깊이에서 끌어올린 화산 암반수로 만들어진다. 이렇게 특별한 생산 과정은 소비자에게 깨끗하고 건강한 이미지를 심어주며 차별화의 핵심이 되었다. 제주개발공사는 한라산국립공원 아래에 뛰어난 품질의 지하수가 있다는 것을 발견하고, 이를 활용해 생수 시장에 뛰어들었다. 제주삼다수는 화산 지형이 천연 필터 역할을 한다는 점을 강조하며 소비자의 신뢰를 얻었다. 출시 이후 25년 넘게 국내 생수 시장에서 1위 자리를 지키고 있으며, 건강과 품질에 민감한 소비자들의 필요를 충족시키며 성공적으로 시장에 안착했다.

코카콜라(Coca-Cola)

코카콜라는 비밀 레시피를 통해 생산 과정 자체를 차별화했다. 1886년 약사 존 펨버턴이 개발한 이 레시피는 지금까지도 세계에서 가장 철저히 지켜지는 기업 비밀 중 하나다. 코카콜라 생산의 핵심은 '머천다이즈 7X'라 불리는 특별한 향료 혼합물로, 극소수의 임원만 알고 있으며 완성된 시럽은 전 세계 공장으로 보내져 현지에서 물, 감미료 등과 섞인다. 이 비밀 레시피로 다른 음료와 확실히 구분되는 독특한 맛을 유지하고, 엄격한 품질 관리를 통해 세계 어디서 마셔도 같은 맛을 느낄 수 있게 했다. 이런 생산 과정의 차별화는 코카콜라가 100년 넘게 글로벌 음료 시장을 이끄는 결정적 역할을 했다.

나이키(Nike)

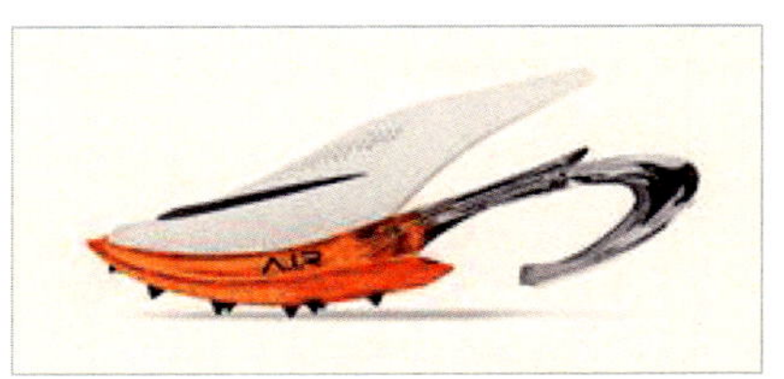

나이키의 A.I.R. (Athlete Imagined Revolution) 프로젝트는 AI와 3D 프린팅 기술을 활용해 13명의 톱클래스 운동선수를 위한 혁신적인 신발 컨셉을 개발한 사례다. 선수들과의 인터뷰 내용을 AI에 입력해 수백 개의 이미지를 생성하고, 이를 바탕으로 디자이너들이 초기 디자인을 구상했다. 3D 스케치, 컴퓨터 설계, 3D 프린팅 등을 결합해 기존 방식보다 훨씬 빠르게 최종 모델을 완성했으며, 이를 통해 엘리우드 키프초게, 킬리안 음바페 같은 스타 선수들을 위한 혁신적인 신발 디자인이 탄생했다. 나이키는 현재 자체 AI 모델을 개발 중이며, 이는 방대한 선수 데이터를 활용한 제품 디자인에 활용될 예정이다.

애플(Apple)

애플은 제품 생산과 패키징 단계에서 독보적인 차별화 전략을 구현했다. 조나단 아이브가 주도한 패키징 디자인은 최소한의 요소로 구성된 흰색 박스를 사용하며, 박스를 열 때 느껴지는 저항감까지 세밀하게 계산했다. 애플은 수백 가지의 박스 프로토타입을 테스트해 상자를 여는 과정이 특별한 '언박싱(unboxing)' 경험이 되도록 했다. 이러한 패키징 차별화는 제품 자체만큼이나 브랜드 아이덴티티를 표현하는 중요한 요소가 되었으며, 애플 제품의 프리미엄 이미지를 강화하는 데 크게 기여했다.

생산 단계 차별화의 핵심 교훈

생산 과정의 차별화는 독자적인 원료 확보, 비밀 레시피 유지, 최첨단 기술 도입, 패키징의 혁신을 통해 이룰 수 있다. 이는 제품의 물리적 품질뿐만 아니라 브랜드 스토리와 감성적 가치를 창출하는 중요한 요소가 된다. 특히 생산 과정의 투명성이나 독특함을 소비자에게 효과적으로 전달하는 것이 중요하다.

판매 및 유통 단계
- 편리함과 경험을 설계하다

쿠팡 로켓배송

쿠팡의 '로켓배송' 서비스는 한국 온라인 쇼핑 시장에 혁신의 바람을 불러일으켰다. 전국 100개가 넘는 물류센터를 통해 유통 과정을 7단계에서 4단계로 줄이고, '엔드-투-엔드' 방식으로 주문부터 배송까지 모든 과정을 직접 관리한다. 자체 개발한 창고관리시스템으로 효율성을 크게 높인 '풀필먼트센터'를 운영하며, 2014년 시작된 로켓

배송은 당일 배송과 새벽 배송 서비스를 실현했다. 직접 고용한 '쿠 팡맨'은 높은 신뢰도의 서비스를 제공하며 고객 충성도 향상으로 이 어졌다. 2025년 7월 기준 월평균 3,400만 명 이상이 이용하고 있으 며, 이는 한국 이커머스 시장의 판도를 바꾸고 소비자들의 기대 수 준을 높이는 데 큰 영향을 미쳤다.

넷플릭스(Netflix)

넷플릭스는 기존 비디오 대여 방식을 완전히 바꾼 구독형 스트리 밍 서비스로 엔터테인먼트 산업에 혁명을 일으켰다. 1997년 DVD 우편 대여 서비스로 시작해 2007년 스트리밍 서비스를 도입하며 획 기적인 유통 모델을 선보였다. 이 모델의 핵심은 월정액 구독제와 언 제 어디서나 콘텐츠를 즐길 수 있는 편리함이었다. 넷플릭스는 빅데 이터와 AI를 활용한 맞춤형 콘텐츠 추천 시스템을 구축해 고객 만족 도를 높이고, 자체 제작 콘텐츠 전략으로 독점 콘텐츠를 확보했다. 이런 혁신적인 유통 전략으로 2025년 1분기 기준 전 세계 3억 1천만 명에 가까운 구독자를 확보하며 엔터테인먼트 산업의 지형을 바꿔 놓았다.

스타벅스(Starbucks)

스타벅스는 '제3의 공간(Third Place)' 전략을 통해 유통 및 서비스 단계에서 혁신적인 차별화를 이루었다. 하워드 슐츠는 이탈리아 여 행 중 경험한 커피 문화에 영감을 받아, 단순한 커피 판매점이 아닌 집과 직장 외의 '제3의 공간'이라는 개념을 도입했다. 편안한 소파, 넓은 테이블, 무료 와이파이, 조용한 음악 등으로 고객이 부담 없이 오래 머물 수 있는 환경을 제공했다. 또한 바리스타와 고객 간의 개인적인 상호작용을 중시하여 고객의 이름을 불러주는 서비스를 도입하고, 모바일 앱을 통한 '모바일 오더 앤 페이' 시스템으로 대기 시간을 줄이며 고객 경험을 향상시켰다. 이러한 서비스 차별화 전략은 스타벅스를 라이프스타일 브랜드로 자리매김하게 했다.

판매 및 유통 단계 차별화의 핵심 교훈

이 단계에서의 차별화는 소비자에게 접근하는 방식과 구매 경험을 변화시키는 데 초점을 맞춘다. 기존의 유통 채널을 혁신하거나, 서비스 경험을 향상시키는 것이 중요하다. 특히 디지털 기술을 활용한 새로운 유통 모델은 전통적인 산업의 판도를 바꿀 수 있으며, 소비자와의 접점에서 일어나는 모든 상호작용이 브랜드 차별화의 기회가 될 수 있다.

소비 단계
- 고객 피드백을 자산으로 활용하다

소비 단계에서의 차별화는 제품이나 서비스를 실제로 사용해 본 소비자들의 평가와 피드백을 활용하는 전략이다. 이는 제품과 서비스의 진짜 품질이 뒷받침되어야 하며, 브랜드가 원하는 방향으로 소비자의 선택을 유도할 수 있다는 강점이 있다. 특히 온라인 쇼핑이 일상화된 요즘, 소비자 평가는 구매 결정에 결정적인 영향을 미치는 요소가 되었다.

아마존(Amazon)

아마존은 소비자 평가 활용의 선구자로, 검증된 구매자 리뷰 시스템을 통해 신뢰도 높은 소비자 평가 플랫폼을 구축했다. 아마존의 5점 평점 시스템과 상세한 리뷰는 구매 결정의 핵심 요소가 되었으며, '아마존의 선택(Amazon's Choice)' 라벨은 높은 평점, 합리적 가격, 즉시 배송 가능한 제품을 표시해 소비자의 선택을 돕는다. 'Q&A 섹션'을 통해 소비자들이 제품에 대한 궁금증을 해소할 수 있게 했으며, '검증된 구매' 표시와 '도움이 되었나요?' 투표 시스템으로 리뷰 품질을 관리했다. 이러한 소비자 중심 전략으로 아마존은 온라인에서도 신뢰하고 구매할 수 있는 환경을 조성했으며, 방대한 소비자 데이터를 자체 브랜드 제품 개발과 플랫폼 개선에 활용하고 있다.

올드스파이스(Old Spice)

올드스파이스는 마케팅 커뮤니케이션과 소비자 평가 활용에서 획기적인 차별화를 이루었다. 2010년, 브랜드 이미지가 노화되고 젊은 소비자들에게 외면받던 올드스파이스는 '당신의 남자는 내처럼 향기로울 수 있다(The Man Your Man Could Smell Like)' 캠페인을 통해 완전한 변신을 꾀했다. 유머러스하고 기억에 남는 광고로 큰 인기를 끈 이 캠페인은 소셜 미디어에서 소비자들의 반응을 실시간으로 모니터링하고 이에 기반한 맞춤형 비디오 응답을 제작해 소비자들을 놀라게 했다. 단 2일 만에 186개의 맞춤형 비디오를 제작하여 브랜드와 소비자 간의 상호작용에 새로운 기준을 제시했다. 이러한 혁신적인 접근으로 출시 6개월 만에 시장 점유율이 107% 증가하며 노후화된 브랜드의 완전한 변신이 가능함을 보여주는 대표적인 사례가 되었다.

온라인 쇼핑에서 흔히 볼 수 있는 '평점 000, 소비자들이 인정한…'과 같은 마케팅 문구는 소비자의 구매 결정을 이끌어내기 위한 전략이다. 이런 전략은 '사회적 증명(Social Proof)' 원리를 활용한 것으로, 다른 사람들의 선택과 평가를 참고해 구매를 결정하는 소비자 심리를 이용한다. 높은 평점과 긍정적인 리뷰는 제품의 품질과 신뢰성을 보증하는 역할을 하며, 이는 새로운 고객의 구매를 촉진하는 강력한 도구가 된다.

모든 제품이 항상 높은 평점을 받을 수는 없으므로, 평점이 좋지 않은 경우에는 경쟁사와 비교한 강점을 찾아 부각시키는 전략이 필요하다. 이때 핵심은 소비자 평가를 세분화해 분석하는 것이다. 예를 들어, 전체 고객 만족도에서 1위를 차지하지 못했다면 '여성 고객 만족도 1위'를 내세울 수 있다. 이마저도 어렵다면 '20대 여성 고객 만족도 1위', 더 나아가 '서울 거주 20대 여성 고객 만족도 1위'처럼 타깃을 좁혀가며 우리 제품이 특정 세그먼트에서 갖는 경쟁 우위를 찾아낼 수 있다. 이렇게 세분화된 1위는 해당 타깃 고객에게는 매우 설득력 있는 메시지가 되며, 정확한 타깃 마케팅을 가능하게 한다. 또한, 소비자 평가를 적극적으로 관리하고 활용해 브랜드 이미지를 관리하고 제품 개선에 반영해야 한다

소비 단계 차별화의 핵심 교훈

소비자 피드백과 평가는 단순한 판매 후 과정이 아니라, 적극적으로 활용해야 할 마케팅 자산이다. 긍정적인 평가는 신규 고객 유치

에 강력한 도구가 되며, 부정적인 피드백은 제품 개선의 기회로 삼아야 한다. 소비자와의 적극적인 상호작용과 빠른 대응은 브랜드 충성도를 높이고, 차별화된 경험을 제공하는 핵심 요소가 된다. 소셜미디어와 디지털 플랫폼을 활용한 소비자 참여 유도는 현대 마케팅에서 필수적인 전략이 되었다.

마지막 필살기
- '마치 차별화인 것처럼' 이라도

아무리 살펴봐도 우리 브랜드나 제품은 차별화할 점이 전혀 없는 경우도 있다. 솔직히 말해, 이런 경우라면 경쟁력이 없어 조금이라도 경쟁력 있는 경쟁사에 쉽게 밀릴 수 있다. 하지만 때로는 '차별화인 것처럼' 보이는 전략으로 성공을 거둔 사례도 있어 이 장에서 소개하고자 한다.

모든 제품에는 업계 종사자들에게는 너무나 당연해서 강조되지 않는 특징이 있다. 이를 소비자들에게 강조해 우리 제품이나 브랜드가 경쟁 우위에 있는 것처럼 인식하게 하는 마케팅 전략이 바로 '선점(先占)의 차별화'이다.

슐리츠(Schlitz) 맥주

이 마케팅 전략의 대표적인 사례로 슐리츠(Schlitz) 맥주 캠페인이 있다. 맥주는 차별화가 어려운 대표적인 제품으로, 가격과 품질이 비슷한 상황에서 소비자들은 익숙한 브랜드를 선택하거나 가장 저렴한 맥주를 찾는 경향이 있다.

1900년대 초반, 슐리츠 광고를 의뢰받
은 현대 광고학의 아버지 클로드 홉킨스
(Claude Hopkins)는 맥주의 맛이나 품질
을 언급하는 대신, 맥주를 병에 담기 전
에 고압 증기로 깨끗하게 소독한다는 공
정 과정을 강조하는 전략을 선택했다.

기존 맥주 광고는 주로 멋진 남성 모델
이 등장해 맥주를 시원하게 마시는 장면을 보여주었다. 그런데 갑자
기 슐리츠가 '우리는 병에 맥주를 닫기 전어 고압 증기로 모든 병을
소독한다'고 말한다면 소비자들은 어떻게 생각할지 상상해보자.

이 단순하면서도 차별화된 메시지는 엄청난 효과를 가져왔다. 광
고 방영 후, 미국 맥주 시장은 깨끗하고 위생적인 맥주와 그렇지 않
은 맥주로 소비자 인식이 나뉘게 되었다. 소비자들은 고압 증기로 병
을 소독하는 슐리츠 맥주를 위생적이고 청결한 맥주의 선두 주자로
인식하게 되었다. 그 결과, 슐리츠는 맥주 시장에서 크게 성장하며
상위권 브랜드로 도약할 수 있었다.

흥미로운 점은 고압 증기로 맥주병을 소독하는 것이 슐리츠만의
독점기술이 아니었다는 사실이다. 사실상 모든 맥주 회사가 같은 방
식으로 병을 살균했지만, 업계 관계자들에게는 너무 당연한 공정이
라 아무도 이 점을 마케팅에 활용하지 않았다.

대부분의 일반 소비자는 맥주 제조 과정의 세부사항을 잘 모른다.
슐리츠는 이 점을 통찰하여, 경쟁사들도 모두 실행하고 있지만 아무
도 강조하지 않았던 '병 소독' 과정을 먼저 부각시켜 '위생적이고 깨

끗한 맥주'라는 인식을 소비자들에게 심어주었다. 클로드 홉킨스는 이렇게 모든 경쟁자가 갖고 있는 특징을 먼저 선점해 자신만의 것처럼 포지셔닝하는 전략을 '선제적 리즌 와이(preemptive reason-why) 기법'이라고 불렀다.

이 광고를 보고 브랜드를 바꾸는 소비자들을 업계 경쟁사인 버드와이저나 하이네켄이 발견하더라도, '우리도 병에 맥주를 담을 때 소독합니다'라고 대응하기 어려웠다. 이는 슐리츠를 모방하는 후발주자로 보일 위험이 있어 브랜드 이미지에 부정적인 영향을 줄 수 있기 때문이다. 비록 100년이 넘은 오래된 사례이지만, 홉킨스가 보여준 차별화 전략의 원리는 현대 마케팅에서도 여전히 강력하게 적용된다.

60계 치킨

'선점의 차별화'를 성공적으로 활용한 국내 사례로는 '60계 치킨'이 있다. 한국 외식 업계에서 가장 경쟁이 치열한 분야는 단연 치킨 프랜차이즈인데, 이 포화된 시장에 2015년 60계 치킨이 등장했다.

60계 치킨은 매일 새 기름을 사용하며, 한 기름통으로 치킨 60마리를 튀긴 후 바로 교체하는 원칙을 내세웠다. 치킨이 잘 팔리지 않는 날에는 기름을 재사용하고 싶은 유혹이 있겠지만, 이를 방지하기 위해 본사에서 매일 기름 1통을 무료로 제공한다고 한다. 또한, 각 매장의 주방 CCTV를 앱을 통해 실시간으로 공개해 실제로 60마리만 튀기고 기름을 교체하는지 확인하고 있다.

치킨을 튀기는 기름은 위생과 건강에 중요한 요소다. 특히 부모가 아이들에게 치킨을 사줄 때는 오래된 기름으로 튀기지 않았을까 걱정하기 마련인데, 60계 치킨은 이런 소비자 심리를 정확히 파고들어 차별화에 성공하며 시장에 안착했다.

하지만 하루에 60마리만 튀긴다는 점은 60계 치킨만의 차별 포인트는 아니다. 식품위생법상 튀김용 식용유의 산가는 3.0 이하를 유지해야 하기 때문에 다른 많은 치킨 브랜드들도 대개 18리터 기름으로 60마리 정도 튀긴 후 기름을 교체한다. 기름에 치킨을 많이 튀길수록 기름은 산패되어 색이 어두워지고, 보통 18리터 기름에 닭을 50~60마리 정도 튀기면 기름이 상해 닭 껍질에 탄 자국이 생기고 고기에도 탄 맛이 배기 때문이다. 다만, 60계 치킨은 이 점을 차별화 포인트로 삼았기에 더 엄격한 기준을 적용하고 매일 기름 1통을 무료로 제공하며 CCTV로 실시간 모니터링하는 등 이를 적극적으로 마케팅에 활용했다.

아이들도 안심하고 먹을 수 있는 치킨을 제공하겠다는 건강하고 위생적인 컨셉이 소비자에게 공감을 얻었고, 이영자라는 치킨을 가장 맛있게 먹는 모습을 보여주는 모델을 잘 활용한 점도 주요 성공 요인이 되었다. 이런 전략으로 60계 치킨은 치킨 프랜차이즈 경쟁에서 주요 브랜드로 성공할 수 있었다.

이러한 마케팅 메시지가 효과적이라 해도 업계 리더인 bhc나 교촌 치킨이 '우리도 하루에 60마리만 튀깁니다'라고 말하지는 않을 것이다. 이는 슐리츠 맥주의 사례처럼, 이들이 오히려 60계치킨의 팔로워로 보이는 것을 원치 않기 때문이다.

슐리츠 맥주와 60계 치킨의 마케팅 전략을 얼핏 얄팍한 상술로 폄하하는 사람들도 있지만, 실제로는 매우 효과적이고 혁신적인 접근법이다. 슐리츠는 병에 맥주를 담기 전 모든 병을 소독한다는 점을,

60계 치킨은 하루에 60마리만 튀긴다는 점을 강조했지만 '우리만 이렇게 합니다'라고 직접적으로 주장하지는 않았다. 대신, 자신들이 실제로 하고 있는 일을 단순히 '우리는 이렇게 합니다'라고 사실에 근거해 설명했을 뿐이다. 다른 경쟁 브랜드들도 비슷한 방식으로 운영하고 있었지만 아무도 먼저 언급하지 않았기 때문에 결과적으로 소비자들 마음속에 이들 브랜드만이 이런 방식으로 운영한다는 인상을 심어주게 되었다.

이 외에도 롯데마트 통큰치킨은 '5천 원 치킨'이라는 파격가를 내세워, 마치 자사만 유일하게 저렴한 치킨을 파는 것처럼 소비자에게 인식시켰다. 실제로는 다른 대형마트들도 저가 PB상품을 출시하고 있었고 치킨은 원가 절감이 가능한 품목이었지만, 롯데마트가 이를 먼저 마케팅 포인트로 활용하여 '가성비 치킨=롯데마트'라는 인식을 확산시켰다.

지크 엔진오일은 "차 값이 얼만데 엔진오일은 아무거나 넣으세요?"라는 메시지로, 자사만 고급 차에 맞는 프리미엄 오일을 제공하는 것처럼 포지셔닝했다. 실제로는 엔진오일 품질은 대동소이하며 다른 브랜드도 고급 엔진오일을 판매하고 있었지만, 지크는 이를 차별화 포인트로 활용하여 '고급 차=지크 엔진오일'이라는 인식을 심어주며 시장 점유율을 확대했다.

도브(Dove) 비누는 "1/4 보습크림 함유"를 내세워 기존 비누와의 차별화를 강조했다. 실제로는 비슷한 보습 성분이 타사 제품에도 들어있었지만, 도브는 구체적인 수치와 '보습크림'이라는 친숙한 용어를 사용해 소비자들에게 특별한 제품인 것처럼 인식시켰다. 이를 통해 '보습=도브'라는 강력한 브랜드 이미지를 구축했다.

LG전자 '트루스팀' 세탁기는 스팀 기능을 강조하며 차별화를 시도했다. 스팀 기능은 경쟁사 제품에도 있었으나, '트루스팀'이라는 독자적인 명칭과 '진짜 스팀'이라는 스토리텔링을 통해 마치 자사만의 혁신 기술인 것처럼 포지셔닝했다. 이로써 소비자들에게 LG만의 차별화된 기술력을 가진 제품이라는 인식을 심어주는 데 성공했다.

이런 전략은 실제로 새로운 차별화 요소를 만들지 않고도, 소비자의 인식을 효과적으로 바꾸는 탁월한 마케팅 사례다. 이는 기존의 관행을 새로운 시각으로 바라보고, 소비자에게 의미 있는 방식으로 전달하는 능력을 보여주는 훌륭한 예시로, 브랜드만의 독특한 포지셔닝을 확립하는 데 성공했다.

결론: 차별화는 모든 단계에서 가능하다

지금까지 살펴본 바와 같이, 브랜드 차별화는 제품이나 서비스의 생애 주기 중 어느 단계에서도 이루어질 수 있다. 아이디어 단계에서의 혁신적인 컨셉, 개발 단계에서의 기술적 우위, 생산 단계에서의 독특한 프로세스, 판매 및 유통 단계에서의 혁신적인 접근, 그리고 소비 단계에서의 소비자 평가 활용까지, 단계마다 차별화의 기회가 존재한다. 심지어 실질적인 차별점이 없을 때조차도 '마치 차별화인 것처럼' 보이게 하는 선점의 차별화 전략을 활용할 수 있다.

성공적인 차별화 전략을 위해서는 다음 사항을 기억해야 한다.

1. 모든 단계에서 차별화를 위한 기회를 찾되, 자사의 핵심 역량에 맞는 단계에

집중하라.

2. 소비자의 니즈와 페인 포인트를 깊이 이해하고, 이를 해결하는 방향으로 차별화를 모색하라.

3. 차별화는 일회성이 아닌 지속적인 과정이며, 시장 변화에 따라 계속해서 발전시켜야 한다.

4. 가장 강력한 차별화는 때로 여러 단계에 걸친 통합적인 접근에서 이루어진다.

5. 차별화 전략이 소비자에게 명확하게 전달되고 인식되도록 일관된 메시지를 구축하라.

6. 실질적인 차별점이 없더라도 포기하지 말고, 업계에서는 당연시되지만 소비자에게는 새롭게 느껴질 수 있는 특성을 발견하고 이를 선점하여 마케팅 메시지로 활용하라.

7. 선점의 차별화 전략은 단순히 '얄팍한 상술'이 아니라, 소비자에게 의미 있는 정보를 제공하고 브랜드 인지도를 높이는 똑똑한 마케팅 접근법이 될 수 있다.

경쟁이 치열한 오늘날의 시장에서, 차별화는 선택이 아닌 필수다. 어느 단계에서든 자사만의 독특한 강점을 찾아 발전시키고, 이를 소비자에게 효과적으로 전달할 수 있다면, 그 브랜드는 지속 가능한 경쟁 우위를 확보할 수 있을 것이다. 때로는 실질적인 차별점이 없더라도, 창의적인 마케팅 접근법으로 소비자의 마음속에 차별화된 위치를 차지할 수 있다는 점을 기억하라. 본 장에서 소개한 세계적인 성공 브랜드들의 사례와 다양한 차별화 전략이 여러분의 비즈니스에 영감이 되고, 효과적인 차별화 전략 수립에 도움이 되기를 바란다.

컨셉 차별화와 역설적 마케팅의 실전 전략

내 머리에서 여인의 향기가 나는 게 싫다
– 멘톨향 샴푸의 탄생

STP 분석으로 찾아낸 아이디어를 체계적인 마케팅 컨셉으로 발전시키는 과정이 마케팅의 영역 중 매우 중요한 부분 중 하나이다. 제품이나 서비스를 개발할 때 소비자 니즈를 정확히 반영하고 시장에서 성공시키려면 치밀한 마케팅 전략이 필수다. 이 단계에서 컨셉은 소비자들의 실질적 요구와 감성적 연결고리를 바탕으로 구체화된다.

저자가 강의에서 즐겨 활용하는 사례를 들어보겠다. 현재 샴푸 시장은 다양한 제품으로 포화 상태다. 각 브랜드는 자사만의 방식으로 차별화를 시도한다. 샴푸의 주요 기능인 두발과 두피의 기름기 제거 등에서 큰 차이를 내기 어려워진 상황에서, 향을 통한 차별화가 시도되었을 것으로 추측된다. 이러한 배경을 바탕으로, 실제 개발 과정이 확인된 것은 아니지만 저자의 상상력으로 추정한 성공적인 컨셉 개발 사례를 추정해 하나를 소개하고자 한다.

한 남성의 일상을 상상해보자. 그의 아내는 꽃향기가 듬뿍 나는 샴푸를 선호해 항상 구매한다. 이 남성도 아내 머리에서 풍기는 꽃향기를 좋아한다. 그래서 자연스럽게 아내가 구입한 화사한 꽃향기 샴푸로 함께 머리를 감는다. 샴푸의 향은 분명 마음에 들지만, 자신의 머리에서 그 향이 난다고 생각하면 "이 향기는 좋은데, 남자인 내 머리에서 꽃향기가 나는 건 뭔가 좀 어색하다"고 느낀다.

바로 이것이 마케팅에서 말하는 소비자 인사이트(insight)의 핵심이다. 강력한 제품 컨셉은 이처럼 명확한 소비자 인사이트에 기반할 때 시장에서 훨씬 더 큰 설득력을 갖는다.

인사이트는 단순한 '통찰력'이 아니다. 마케팅에서는 '고객 마음속에 숨겨진 욕구나 불편함'을 의미한다. '점심 먹고 한참 지나면 배고프다'와 같은 당연한 사실은 인사이트가 될 수 없다. 반면, 앞서 언급한 남성의 '꽃향기에 대한 미묘한 거부감'은 진정한 인사이트가 될 수 있다. 이런 불편함이나 욕구는 대개 표면적으로 잘 드러나지 않기 때문이다.

성공적인 마케터라면 이러한 숨겨진 인사이트를 발굴하는 능력을 갖춰야 신제품 개발 성공률을 높일 수 있다. 이번 사례에서 '남성은 여성용 향이 나는 샴푸 사용을 꺼린다'는 인사이트를 기반으로 '남성 전용 샴푸, 남성이 선호하는 멘톨향을 첨가해 상쾌함을 제공한다'는 제품 아이디어가 탄생한다.

이 아이디어를 마케팅 언어로 다듬어 '두피부터 기분까지 시원하게 깨우는 남성만을 위한 멘톨 두피 케어 샴푸'라는 매력적인 컨셉으로 발전시킬 수 있다. '멘톨'과 '두피 케어'라는 핵심 키워드를 활용해 대다수 남성에게 어필하면서도, 여성용 샴푸와는 확실히 구분되는 강력한 컨셉의 남성 전용 샴푸가 탄생하는 것이다.

이렇게 완성된 컨셉은 마케팅믹스(Marketing Mix) 또는 4P(Product, Promotion, Place, Price) 전략을 통해 체계적인 신제품 출시 마케팅으로 구현된다.

이기는 컨셉의 공식
- 시장에서 승리하는 차별화 전략

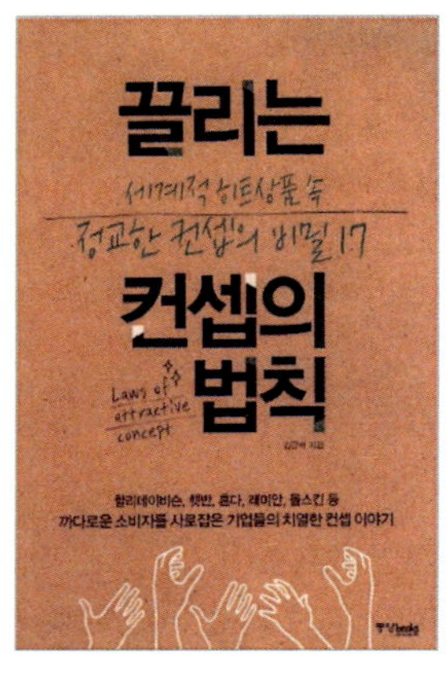

저자가 컨셉 연구에 큰 영감을 받은 책이 있다. 김근배 저자의 '끌리는 컨셉의 법칙'이다. 컨셉에 관해 더 깊이 탐구하고 싶은 이들에게 강력히 추천한다. 이 책의 가장 큰 매력은 다양하고 흥미로운 실제 사례를 중심으로 구성되어 있다는 점이다. 다양한 브랜드들이 어떻게 독창적인 컨셉을 개발하고 성공을 거뒀는지에 대한 풍부한 실제 사례들을 통해 컨셉 개발의 인사이트를 얻고 싶은 모든 이에게 일독을 권한다.

본 장에서는 '끌리는 컨셉의 법칙'에서 특히 인상적이었던 사례들과 함께, 저자의 30년 가까운 마케팅 현장 경험과 실전 사례를 토대로 내용을 구성했다. 저자는 다양한 최고경영자 교육과정(AMP)와 대기업에서 마케팅 분야 특강을 다수 진행하고 있는데, 강의 내용 중 컨셉 관련한 부분은 이 장에서 그 핵심 내용을 담고 있다. 독자들이 마케팅 개념을 재미있고 쉽게 이해할 수 있도록 일부 사례에는 저자의 개인적 해석과 관점, 그리고 창의적 각색이나 과감한 해석이 더해졌을 수 있음을 너그러이 양해 부탁드린다.

가치를 차별화하라

마케팅 생태계에서 '가치 차별화'는 단순한 전략이 아닌 생존의 필수 요소다. 무수한 제품과 서비스가 넘쳐나는 현대 시장에서, 소비자의 시선을 사로잡고 선택받기 위해서는 명확하고 독특한 가치 제안이 필수적이다. 이는 단순히 제품의 기능적 특징을 넘어, 소비자의 삶에 어떤 의미와 가치를 더할 수 있는지를 선명하게 보여주는 것이다.

가치 차별화는 소비자의 니즈와 욕구를 심층적으로 이해하는 데서 출발한다. 표면적으로 드러나는 요구사항은 물론, 잠재된 욕구까지 포착하여 이를 충족시킬 수 있는 독보적인 가치를 제시해야 한다. 이는 때로 기존 시장의 패러다임을 뒤엎는 혁신적 접근을 요구하기도 한다.

성공적인 가치 차별화는 소비자의 인식을 변화시키는 파워를 지닌다. 기존에 당연시되던 것들에 새로운 관점을 제시하고, 소비자로 하여금 '왜 이전에는 이런 생각을 못 했을까?'라는 아하 모먼트(Aha-moment)를 경험하게 하는 것이다. 이는 단순한 제품 판매를 넘어, 브랜드에 대한 강력한 충성도와 애드보커시(브랜드 옹호)를 형성할 수 있다.

가치 차별화의 핵심은 'Why'에 있다. 왜 이 제품이 필요한지, 왜 이 서비스가 소비자의 삶을 더욱 풍요롭게 만들 수 있는지를 명확히 커뮤니케이션해야 한다. 이는 단순한 기능적 우위를 넘어, 감성적이고 심리적인 측면에서의 차별점을 의미한다. 다음의 두 사례는 이러한 가치 차별화 전략이 실제 비즈니스에서 어떻게 적용되어 주목할 만한 성과를 창출했는지를 생생하게 보여준다.

① 걷기만 하는데 왜 러닝화를 신나요? 프로스펙스 W 워킹화

마케팅의 핵심은 고객이 우리 제품을 선택해야 하는 명확한 이유를 제시하는 것이다. 프로스펙스 'W 워킹화'는 이 원칙을 완벽하게 실현한 성공 사례다.

15년 전만 해도 '워킹화'는 대부분 소비자에게 낯선 개념이었다. 마사이족 걸음걸이에서 영감을 받은 MBT나 각종 기능성 건강 신발이 있었지만, 이들은 특수 목적 제품으로만 여겨져 대중적 트렌드로 자리 잡지 못했다. 당시 직장 문화를 기억해보면 1990년대까지 사무직 남성은 정장에 구두가 기본이어서 운동화를 신고 출근한다는 것은 상상조차 어려웠다. 하지만 시간이 흐르며 비즈니스 캐주얼이 확산되면서 복장 문화가 크게 유연해졌다. 지금은 삼성전자 같은 국내 대기업에서도 남성 반바지 착용이 허용될 정도다.

이런 라이프스타일 변화 속에서 새로운 시장 기회가 생겨났다. 스포츠용 운동화보다 세련되면서도 편안한 신발에 대한 소비자 니즈가 나타난 것이다. LS네트워크스(프로스펙스를 소유한 전 국제상사)는 수많은 운동화 디자인을 개발하면서 스포츠용은 아니지만 일상 걷기에 최적화된 디자인을 개발했다. 프로스펙스는 이 기회를 놓치지 않았다. '워킹화'라는 새로운 카테고리를 선제적으로 만들어 변화하는 소비자 트렌드를 성공적으로 포착한 것이다.

프로스펙스가 소비자에게 어떻게 접근했을지 상상해보자. 아마도 다음과 같은 논리를 펼쳤을 것이다.

"집에 운동화 있으세요?"

"당연하죠."

"어떤 종류인가요?"

"런닝화요." 또는 "조깅화요."

"실제로 달리기나 운동을 자주 하세요?"

"글쎄요, 꼭 그렇진 않고 주로 걷는 편이에요."

"그럼 왜 런닝화를 신으시나요? 걸을 때는 워킹화를 신으세요."

이런 간단명료한 논리는 소비자들에게 매우 설득력 있게 다가왔을 것이다.

프로스펙스는 전체 신발 시장을 '운동화'와 '워킹화'라는 두 카테고리로 명확히 나누는 혁신적 시도를 했다. 이런 시장 구도 설정을 통해 소비자에게 분명한 선택 기준을 제시하는 동시에 프로스펙스가 '워킹화' 카테고리의 선도 브랜드로 자리잡을 전략적 기반을 마련했다. 여기에 워킹화를 선택해야 하는 구체적 이유도 명확히 제시했다. 일상에서의 편안함, 장시간 걸어도 덜 피곤한 발, 정장이나 캐주얼 의상과 어울리는 디자인 등 '운동용'과는 차별화된 실질적 가치를 강조함으로써 소비자 구매 동기를 자극한 것이다.

이렇게 탄생한 'W 워킹화'는 시장에서 폭발적 성공을 거뒀다. 2010년 HS애드가 성인 남녀 1,000명을 대상으로 실시한 조사에서 워킹화 브랜드 인지도 1위(41%)를 차지했다. 이는 2위 나이키(17.5%)의 두 배 이상이었다. 2021년 12월 기준 누적 1,250만 족이라는 기록적 판매량을 달성했고, 미국과 중국 등 해외 시장으로도 진출했다. 2010년 밴쿠버 동계올림픽 이후 김연아를 모델로 기용해 워킹화 인지도를 크게 높였고, 2012년에는 배우 김수현도 광고 모델로 활동하며 젊은 소비층 확보에 기여했다.

결국 프로스펙스 성공의 핵심은 카테고리 창출 전략이었다. 기존 신발 시장을 목적에 따라 명확히 구분하고, 각 용도에 최적화된 제품의 필요성을 설득력 있게 전달해 소비자가 자신의 라이프스타일에 맞는 제품을 쉽게 선택하도록 유도했다. '워킹화'라는 새로운 카테고리를 개척하고 시장을 '운동화 대 워킹화'라는 구도로 재편한 혁신적 접근이 시장 니즈와 정확히 맞아떨어진 것이다. 이는 단순한 제품 혁신을 넘어 소비자 인식과 시장 구조 자체를 바꾼 탁월한 마케팅 성공 사례로 평가받고 있다.

② 관점의 전환이 만든 기적: 에그화이트 비누의 부활

스웨덴 에그화이트 비누(Eggwhite Soap)의 사례는 똑같은 제품이라도 어떻게 포지셔닝하느냐에 따라 시장 반응이 완전히 달라질 수 있음을 보여준다. 이 제품은 스웨덴 왕실에 납품하는 비누로, 이런 매력적인 브랜드 스토리와 뛰어난 품질에 끌린 국내 한 회사가 수입 유통을 결정했다.

이 제품은 2007년 국내 한 홈쇼핑에서 '팩처럼 쓸 수 있는 비누'라는 컨셉으로 판매를 시작했다. 하지만 결과는 참담했다. 소비자들은 "비누치고는 너무 비싸다", "비누를 어떻게 팩으로 써?", "피부에 자극이 있을 것 같다" 등의 반응을 보였다. '스웨덴 왕실 납품'이라는 프리미엄 스토리만으로는 소비자 마음을 움직이기 어려웠고, 이미 대량으로 수입한 제품 처리가 골칫거리가 되었다.

고민 끝에 홈쇼핑 MD와 미팅을 갖고 전략을 완전히 바꾸기로 했다. 스웨덴 본사를 설득해 'Eggwhite Soap'으로 표기되어 있던 포장에서 'Soap(비누)'란 단어를 빼고 'Eggwhite Facial Care(얼굴 관리)'로 바꿨다. 즉, "팩처럼 쓸 수 있는 비누"에서 "비누처럼 간편한 팩"으로 컨셉을 180도 뒤집은 것이다. 중요한 점은 제품 자체는 전혀 건드리지 않았다는 것이다. 성분도, 제조법도, 모든 것이 동일했다. 단지 소비자에게 어떻게 인식시키느냐만 바꿨을 뿐이다.

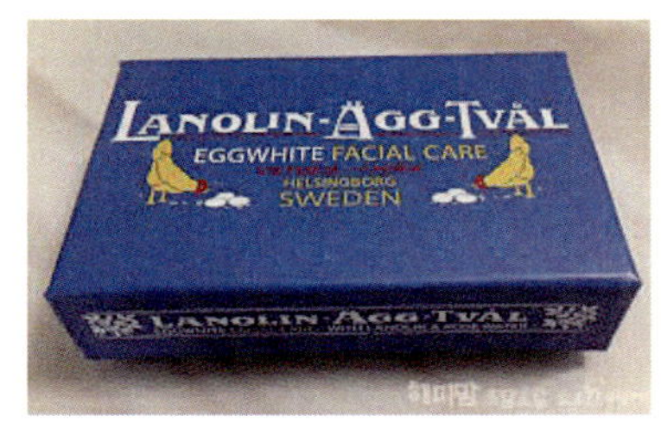

이 작은 변화가 소비자 반응을 완전히 뒤바꿔놓았다. "팩치고는 가격이 합리적이다", "매일 아침 간편하게 세안하면서 팩 효과까지 볼 수 있어 좋다"는 긍정적인 반응이 쏟아졌다. 판매량도 급증했다. 스웨덴 에그화이트팩은 이후 홈쇼핑 방송만 하면 수천 세트씩 팔리는 효자 상품이 되었고, 매년 여름마다 꾸준히 판매되고 있다. 비누처럼 손쉽게 사용하면서도 모공 관리와 보습 효과가 뛰어난 스킨케어 제품으로 완벽한 이미지 변신에 성공했고, 3년 이상 지속적으로 사용하는 충성 고객층까지 확보했다.

이 사례가 주는 교훈은 명확하다. 똑같은 제품이라도 소비자에게 어떤 관점으로 소개하느냐에 따라 반응이 천지 차이가 날 수 있다는 것이다. 제품을 '비누'로 소개하면 소비자는 비누의 기준으로, '팩'으로 표현하면 팩의 기준으로 평가한다.

많은 기업이 오랫동안 같은 마케팅 방식을 고수하면서 결과가 아쉬울 때, 방법을 바꾸기보다는 그동안 해왔던 방법을 단순히 '더 열심히'만 하는 경우를 컨설팅 현장에서 자주 본다. 하지만 방법을 바꾸지 않으면서 결과가 바뀌기를 바라는 것은 상당히 순진한 생각이다. 이는 비즈니스뿐만 아니라 시험, 취직, 결혼 등 인생 전반에서 맞이하는 상황에도 동일하게 적용된다. 결과(output)를 바꾸려면 방법(input)을 바꿔야 한다는 것은 당연한 이치다.

물론 잘못된 선택으로 부적절한 방법을 택하면 더 나쁜 결과가 나올 수도 있다. 하지만 현재 상황에서 더 이상 잃을 것이 없다고 판단된다면, 이런 과감한 관점 전환이 최선의 해답이 될 수 있다. 이는 기존의 틀에서 벗어나 새로운 시각으로 제품이나 서비스를 바라보고, 소비자에게 제시하는 방식을 근본적으로 재고하는 전략적 사고의 전환이다. 만약 독자의 비즈니스도 오랜 기간 어려운 상황을 겪고 있다면, 혹시 너무 '비누'만을 고집하고 있지는 않은지, 혹은 '팩'으로 관점을 완전히 바꿀 수 있는 것은 아닌지 고민해볼 필요가 있다.

소비자의 불편한 심기를 헤아려라

마케팅의 본질은 소비자 니즈 충족에 있다. 그러나 진정한 마케팅의 힘은 소비자가 겉으로 드러내지 않는 불편함과 불만을 발견하고 해결하는 데서 나온다. 이런 숨겨진 불편함은 흔히 사회적 압박, 문화적 규범, 개인의 심리적 갈등 속에 묻혀 쉽게 드러나지 않는다.

성공적인 마케터는 단순히 소비자의 말을 듣는 것을 넘어, 그들의 행동, 감정, 일상의 맥락을 깊이 관찰하고 분석한다. 이를 통해 소비자가 명확히 표현하지 못하는 죄책감, 미안함, 불안, 체념 같은 감정을 포착할 수 있다. 이는 단순한 시장 조사를 넘어 소비자의 삶에 깊이 공감하고, 그들의 내면을 진정성 있게 이해하는 과정이다.

이러한 통찰력은 혁신적인 제품과 서비스 개발의 원동력이 되며, 때로는 완전히 새로운 시장을 창출하기도 한다. 소비자의 숨겨진 불편함을 해소하거나 완화할 수 있는 해결책을 제공함으로써, 브랜드는 소비자의 삶에 더 깊이 관여하고 의미 있는 가치를 전달할 수 있다. 이는 단순한 제품 판매를 넘어 소비자의 정서적 만족감을 높이는 데 기여하며, 브랜드와 소비자 간의 깊은 유대관계를 형성해 장기적인 고객 충성도로 이어진다.

다음의 세 사례는 소비자의 숨겨진 불편함을 발견하고 이를 해결한 브랜드들의 성공 사례다. 이들의 접근 방식을 통해 마케팅이 심리적 부담을 어떻게 긍정적 경험으로 전환시키는지 확인할 수 있다.

① 엄마의 죄책감이 완성시킨 케익, 베티 크로커

숨어있는 소비자 욕구를 파악하는 것은 중요하지만 실제로는 쉽지 않은 일이다. 일반적인 소비자 조사로는 표면적인 욕구만 파악할 수 있을 뿐, 전 단원에서 설명된 '남자들은 여성용 샴푸로 머리 감기를 싫어한다'와 같은 숨겨진 욕구는 세심한 관찰과 깊은 연구가 필요하다. 이를 위해 소비자 행동 관찰, 심층 인터뷰, 구매 패턴 분석 등 다각도의 접근이 요구된다. 이런 노력을 통해 발견한 숨은 욕구는 기업의 경쟁력 강화와 소비자 만족도 향상에 핵심 요소가 된다.

미국의 유명 케이크 믹스 브랜드 베티 크로커(Betty Crocker)는 제너럴밀스(General Mills)의 대표 브랜드 중 하나다. 제너럴밀스는 베티 크로커 외에도 하겐다즈, 그린자이언츠, 필스베리 등 유명 브랜드들을 다수 보유하고 있다. 저자는 과거에 2년 반 동안 제너럴밀스코리아의 마케팅 총괄 임원으로 재직한 경험이 있어, 이 회사에 개인적으로 특별한 애착을 가지고 있다.

베티 크로커는 1921년 워시번-크로스비 컴퍼니(Washburn-Crosby Company)가 개발한 가상의 '요리 전문가' 캐릭터이자 브랜드로, 일반 소비자들의 요리 관련 질문에 맞춤형 답변을 제공하는 역할을 했다. 상징적인 빨간색 스푼 로고와 초상화는 1954년부터 제품 포장, 요리책, 광고에 등장해 왔으며, 미국 소비자들에게 매우 친숙한 브랜드로 자리 잡았다.

집에서 케이크를 만들어 본 경험이 있는 사람은 많지 않을 것이다. 저자는 학부 시절 미국 유학 중 자취하며 다양한 요리에 도전했고, 나름의 소질이 있다고 느껴 식당 운영까지 진지하게 고려해 본적이 있다. 이런 배경 덕분에 주로 식음료 산업에서 마케팅 경험을 쌓았다. 하지만 케이크 만들기는 시도조차 하지 않았다. 그 과정이 너무 복잡하고 어렵게 느껴졌기 때문이다.

이런 복잡한 과정을 베티 크로커가 혁신적으로 단순화했다. '물만 부어 오븐에 넣으면 완성'이라는 초간편 컨셉의 제품을 출시한 것이다. 당시로서는 획기적인 밀키트 제품이었고 맛도 훌륭했지만, 예상 외로 시장에서 성과를 거두지 못했다.

기업에서 큰 기대를 걸었던 제품이 실패하면 담당자는 물론 회사 전체가 위기를 맞는다. 제너럴밀스는 소비자 심리학자 에른스트 디히터에게 문제 원인을 파악해달라고 의뢰했다. 디히터는 주부들과의 심층 인터뷰를 통해 의외의 결론에 도달했다. 제품 만드는 과정이 너무 간단해서 주부들이 자신이 직접 만들었다는 성취감을 느끼지 못하고 오히려 죄책감을 느낀다는 점이었다.

가정을 해 보자면 이런 상황일 것이다.

"애들아, 간식 먹어라~ 엄마가 맛있는 케이크 만들었어~"
"와, 케이크다!"
"엄마, 정말 맛있어~ 우리 엄마 최고야!"

하지만 엄마는 마음이 불편하다. 솔직히 엄마는 특별히 한 일이 없기 때문이다. 봉투를 뜯고 물을 붓고 오븐에 넣은 것 외에는 그렇다 할 만한 노력이 없어서, 스스로 이 케이크를 자신의 정성이 담긴 음식이라고 여기기 어려워 뿌듯함 대신 죄책감을 느끼는 것이다.

예상치 못한 결과에 베티 크로커 팀은 크게 당황했을 것이다. 편리함을 위해 수많은 연구 끝에 개발에 성공했는데, 정작 소비자는 "만들기가 너무 간편해서 싫다"는 반응을 보이니 난감했을 것이다.

결국 베티 크로커 팀은 제품 레시피를 전략적으로 조정했다. 일반적으로 제품 개선은 과정 간소화나 품질 향상 방향이지만, 이번에는 의도적으로 '의미 있는 수고'를 더하기로 했다. 원래 믹스에 포함되었던 계란 분말을 빼고 사용자가 직접 계란을 추가하도록 한 것이다.

개선된 베티 크로커 케이크 믹스 사용법은 다음과 같았다.

1. 믹스 봉투를 연다.
2. 물을 적당히 넣는다.
3. 계란 1-2개를 깨어 넣고 잘 섞는다.

계란을 깨고 섞는 과정은 실제 노동과 기술이 필요한 작업이다. 이 과정에서 주부들은 자연스럽게 '내가 정성을 들여 케이크를 만들고 있다'는 자부심을 느끼게 된다. 물론 신선한 계란을 사용함으로써 맛도 향상되었다는 실질적인 이점도 있었을 것이다.

단순히 계란을 별도로 넣는 단계를 추가했을 뿐인데 결과는 놀라 웠다. 맛있는 케이크를 비교적 간편하게 집에서 만들 수 있다는 컨 셉은 많은 미국 주부들의 마음을 사로잡았고, 이 제품은 케이크 믹 스 시장에서 큰 성공을 거두게 되었다. 이 사례는 오늘날 '이케아 효 과'라고도 불리는데, 이는 소비자가 제품 제작에 참여했을 때 더 큰 가치를 느끼는 현상이다. 베티 크로커는 주부들의 '너무 쉬워서 죄 책감이 든다'는 불편한 심기를 정확히 포착하고, 이를 작은 참여 행 동으로 해소하는 전략을 통해 마케팅 역사에 중요한 사례를 남겼다.

② 밥보다 더 맛있는 밥 '햇반'의 탄생 비화

전 장의 베티 크로커와 유사한 사례가 우리나라에도 있다. 바로 이제는 우리 일상생활의 필수품이 되었다고 해도 과언이 아닌 CJ 제 일제당의 '햇반'이다.

밥 소비량이 크게 줄었다는 이야기가 많지만, 흥미롭게도 '즉석밥' 의 성장세는 꾸준히 이어지고 있다. 오히려 햇반 덕분에 밥이 우리 생활에 더욱 밀접해졌다고 볼 수 있다. 아이러니하게도 이는 예전보 다 집에서 밥을 직접 해 먹는 빈도가 줄어들면서 나타난 결과이기 도 하다.

2023년 양곡소비량조사에 따르면, 2023년 1인당 연간 양곡 소 비량은 64.6kg으로, 30년 전인 1993년의 122.1kg에 비해 거의 절 반 수준으로 감소했다. 그중 쌀 소비량은 56.4kg으로 전년 대비 0.3kg(0.6%) 감소했다. 쌀 소비는 눈에 띄게 감소하고 있지만, 즉석밥 덕분에 밥은 오히려 더 손쉽게 접하게 되는 역설적인 상황이 이어지고 있다.

전자레인지에 2분만 돌리면 갓 지은 밥을 맛볼 수 있는 편리함이 햇반의 가장 큰 장점이다. 가마솥에서 정성껏 지은 밥에 비해 품질이 절대 뒤처지지 않는다는 평가를 받고 있다.

즉석밥의 역사는 생각보다 훨씬 오래되었다. 아프가니스탄 출신의 아툴라 K. 오자이-듀라니가 1923년 미국에 이민 온 후, 약 16년간의 연구 끝에 1939년 개발한 것이 그 시초다. 석유화학자이자 생화학자, 원예가로 다방면에 재능이 있었던 그는 치킨라이스를 대중화하기 위해 즉석밥을 개발했다고 한다. 100년이 넘는 과거에, 쌀이 주식이 아닌 미국에서 이런 혁신적인 제품이 탄생했다는 점은 주목할 만하다.

듀라니는 1941년 자신이 개발한 즉석밥을 들고 뉴욕의 식품 대기업 제너럴 푸즈(현 크래프트 하인즈)에 선보였고, 제너럴 푸즈는 이 제품을 '미니트 라이스(Minute Rice)'라는 상품명으로 출시했다. 실제 조리 시간은 5분 정도였지만, 일반 쌀로 밥을 짓는 데 필요한 15~30분에 비하면 획기적으로 짧은 시간이었다.

아툴라 K. 오자이-듀라니와 스미스소니언협회 아카이브·미니트 라이스 홈페이지 캡처 / 그가 개발해 지금까지도 시판되고 있는 즉석밥 '미니트 라이스'.

CJ(현 CJ제일제당)도 해외 즉석밥 시장의 성공을 보고 오랜 기간 개발에 투자했다. 초기에는 물만 부어 만드는 제품을 출시했으나, 품질 문제로 사업을 중단하기도 했다. 그러나 1인 가구와 맞벌이 부부의 증가로 개별 식사 문화가 확산되면서 시장 가능성이 커졌고, CJ는 1996년 100억 원을 투자해 무균 포장밥 개발에 성공했다. 이로써 밥 한 끼를 준비하는 과정이 획기적으로 편리해졌다.

초창기 햇반의 컨셉은 "편리한 밥"이었다. 이는 얼마나 쉽고 빠르게 한 끼 밥을 준비할 수 있는지를 강조한 것이었다.

햇반은 뛰어난 기술력으로 탄생했지만, 초기에는 소비자들의 폭넓은 호응을 얻지 못했다. CJ는 매출 부진의 원인을 심층 분석한 결과, 주부들의 심리적 부담감이 주요 원인이라는 결정적 인사이트를 발견했다. 늦게 귀가하는 자녀나 남편에게 간편식을 내놓는 것에 대한 죄책감과 미안함이 있었던 것이다. 밥 한 끼를 준비하는 편리함이 엄마와 아내로서의 정성과 책임감을 대체하지 못했다.

이에 CJ는 전략을 과감히 수정했다. "미안해하지 않아도 될 만큼 햇반은 잘 만들었습니다. 밥보다 더 맛있는 '햇반'이라는 새로운 컨셉으로 편의성보다 맛을 전면에 내세우기 시작했다.

저자도 햇반을 매우 선호한다. 특히 귀가 시간이 불규칙하거나 밥솥에 밥이 부족할 때 더욱 유용하다. "어머, 어떡하지? 밥이 좀 남은 줄 알았는데 한 숟가락밖에 안 남았네. 미안한데 그냥 햇반 데워줘도 돼?"라는 말을 아내에게서 종종 듣는다. 이런 상황이 오히려 반가운 이유는 아침에 먹고 남은 밥보다 방금 데운 햇반이 훨씬 맛있기 때문이다.

햇반은 '편리함'에서 '맛있는 밥'으로 핵심 가치를 전환하면서 가정

과 시장에 성공적으로 자리 잡았다. 이 전략 변화로 폭발적인 성장을 거듭해 오늘날 쌀 소비의 중요한 축으로 자리매김했다.

2019년 4,860억 원이었던 햇반 매출은 2024년 9,146억 원으로 역대 최대 실적을 기록하며 매출 1조 원 달성을 앞두고 있다. 코로나-19라는 새로운 환경 속에서 성장세가 더욱 가속화되었고, 이제는 미국을 비롯한 글로벌 시장에서도 주목받고 있다.

③ "불편하지만 어쩔 수 없지" 체념을 깬 토스의 혁신

숨어있는 소비자 욕구를 파악하는 것은 중요하지만 실제로는 쉽지 않은 일이다. 특히 소비자들이 '원래 그런 것'이라고 체념하고 있는 불편함은 더욱 발견하기 어렵다. 토스(Toss)의 성공은 바로 이런 체념 속에 숨겨진 불편함을 정확히 포착한 사례다.

2015년 이전, 한국의 은행 서비스는 소비자들에게 극도로 불편했다. 스마트폰 시대가 열렸음에도 PC 뱅킹을 위해서는 키보드 보안, 위변조 방지 등 약 5개의 보안 프로그램을 의무적으로 설치해야 했고, 공인인증서라는 복잡한 절차를 거쳐야 했다. 모바일 앱이 나왔지만 상황은 크게 나아지지 않았다. PC에서 공인인증서를 모바일로 복사하는 과정 자체가 복잡했고, 송금 한 번 하려면 공인인증서 비밀번호를 반복해서 입력해야 했다. 많은 고령층은 차라리 은행 지점을 직접 방문하는 쪽을 택했다.

그런데 왜 아무도 이 불편함에 대해 큰 목소리를 내지 않았을까? 은행은 규제 산업이었고, 공인인증서는 소비자 편의가 아닌 금융 사고 발생 시 은행의 '면책'을 위한 장치였다. 보수적인 조직 구조 속에서 한 명의 행장 밑에 여러 명의 부행장이 있고, 각 사업부(카드, 여신 등)는 보수적인 의사결정권자 중심으로 움직였다. 그 결과 각 사업부 단위마다 앱을 만들면서 한 은행에 여러 개의 앱이 존재하는 비효율적인 구조를 가지게 되었다. 소비자들은 불편했지만, 이것이 '당연한' 것이라 여기며 체념했다.

토스의 창업자인 이승건 대표는 치과 의사 출신으로 금융 분야에 대한 경험이 전혀 없었다. 역설적으로 이것이 은행의 규정이나 관점을 벗어나 순수하게 소비자 중심적인 관점에서 금융에 접근할 수 있게 된 핵심 요인이었다. 그는 단순하게 물었다. "왜 송금 하나 하는데 이렇게 복잡해야 하지?"

토스가 가져온 변화는 명확했다. 첫째, 사람들이 원하는 핵심 기능들을 앱 최상단에 배치하는 등 복잡한 기존 은행 앱과 달리 깔끔하고 직관적인 사용자 환경을 제공했다. 둘째, CMS(Cash Management Service)라는 시스템을 응용해 공인인증서 없이도 송금이 가능하도록 했다. 기존 은행 송금이 공인인증서를 통해 은행 계좌에서 직접 이체하는 방식이었다면, 토스는 사용자가 송금을 요청하면 CMS 방식으로 사용자의 통장에서 해당 금액을 인출하여 토스 계좌로 가져온 뒤, 토스 계좌에서 상대방 계좌로 돈을 보내주는 방식을 택했다. 셋째, 여기서 발생하는 계좌이체 수수료를 토스가 직접 감당하고 송금 서비스를 무료로 제공했다.

"무료 송금인데 어떻게 수익을 내나요?" 많은 이들이 의아해했다. 토스의 전략은 명확했다. 송금은 일종의 미끼 상품이었다. 압도적인 편리성으로 대규모 사용자를 유입시킨 뒤, 기존 은행처럼 보험, 증권(토스 증권), 대출 등 부가적인 금융 상품을 판매하는 데서 주된 수익을 얻었다. 또한 신용 점수 확인 서비스나 다양한 이벤트 등을 통해 사용자들의 금융 정보를 수집하고, 수집된 데이터를 기반으로 사용자에게 맞는 맞춤형 금융 상품 광고를 추천하며 광고 수입도 창출했다. 2022년 또는 2023년, 토스는 흑자로 전환했다.

결과는 폭발적이었다. 앱 사용에 익숙한 20대와 30대 사용자들이 토스로 압도적으로 몰려들었고, 이제 3천만 명이 넘는 가입자가 토스를 사용한다. 토스의 돌풍은 기존 은행들에게도 변화를 강요했다. 은행 앱들도 공인인증서 의무를 없애고 로그인 및 송금 절차를 간소화하는 등 많은 개선을 이루었다. 그러나 여전히 토스의 편리성이 가장 앞선다는 평가가 지배적이다.

왜일까? 토스는 금융권 밖에 있던 인물이 만들었기 때문에 규제 기관의 눈치를 덜 보고, 보수적인 은행 조직 문화를 설득할 필요 없이 오직 소비자 친화적인 관점으로 혁신을 추진할 수 있었다. 무엇보다 물리적인 지점이 없다는 구조적 우위가 컸다. 전통 은행은 인건비 및 임대료 문제로 지점을 줄여야 하는 상황이지만, 정부의 고연령층 금융 접근성 유지 요구 때문에 지점을 쉽게 없애지 못하고 손실을 감수하고 있다. 반면 토스는 지점 운영 부담이 없어 훨씬 가볍고 자유롭게 움직일 수 있다.

'실체도 없는' 인터넷 은행이라는 초반의 우려를 토스는 압도적인 편리함으로 극복했다. 외화 통장 서비스처럼 전통 은행보다 훨씬 유연하고 다양한 통화를 다룰 수 있는 서비스를 선보이며 영역을 계속 확장하고 있다. 토스는 소비자들이 '은행이니까 어쩔 수 없지'라고 체념했던 불편함을 정확히 포착하고, 이를 해결하는 전략을 통해 금융 시장에 혁신을 가져왔다. 베티 크로커가 주부의 죄책감을, 햇반이 엄마의 미안함을 해소했다면, 토스는 소비자의 체념을 깼다. 이것이 바로 소비자의 불편한 심기를 진정으로 헤아린 마케팅의 힘이다.

지는 것이 이기는 것이다, Lose-Win 전략의 효과

'Lose-Win 전략'은 겉으로는 기업이 손해를 감수하는 것처럼 보이지만, 실제로는 고객 신뢰와 충성도를 확보해 장기적 수익을 창출하는 전략이다. 단순히 고객에게 보상을 제공하는 차원을 넘어, 과감한 보상 정책으로 브랜드 가치를 높이고 더 큰 비즈니스 성과를 이끌어내는 접근법이다.

이 역설적 개념은 현대 마케팅의 기법 중 하나로, 단기적 손실보다 장기적 고객 관계 구축에 초점을 맞춘다. Lose-Win 전략의 핵심은 바로 고객 신뢰 확보에 있다. 기업이 자사 이익만이 아닌 고객 가치를 우선시한다는 메시지를 전달함으로써 소비자의 마음을 사로잡는 것이다.

Lose-Win 전략의 또 다른 중요한 측면은 구매 과정에서 고객의 심리적 장벽을 낮춘다는 점이다. 기업이 선제적으로 리스크를 부담함으로써 고객의 불안과 위험 부담이 감소하고, 이로 인해 구매 결정이 촉진되어 궁극적으로는 매출 향상과 시장 확대로 이어지는 선순환이 만들어진다.

Lose-Win 전략의 성공 비결은 단순한 손실 감수가 아닌, 그 손실을 통해 얻게 될 가치를 합리적으로 예측하고 판단하는 데 있다. 표면적으로는 손해처럼 보이지만, 실상은 더 큰 수익을 위한 전략적 투자인 셈이다. 다음 세 가지 사례는 이 전략이 실제 비즈니스 현장에서 어떻게 고객 신뢰를 구축하고 시장 우위를 확보하는지 생생하게 보여준다.

① '인식의 게임'에서 승리한 도미노피자의 30분 배달 보증제

저자는 피자 업계에서 탄탄한 마케팅 실무 경험을 쌓았다. 현재 보유한 마케팅 노하우의 절반 이상은 5년 가까운 피자헛 근무 경험에서 나왔다고 봐도 무방하다.

지금은 피자업계가 다른 외식 브랜드들에 밀려 어려움을 겪고 있지만, 저자가 근무했던 20여 년 전만 해도 외식업계를 선도하는 업종이었다. 당시 피자업계는 매우 다양하고 정교한 마케팅 전략을 구사하던 시기였다.

특히 피자헛은 대부분의 글로벌 기업들과 달리 TV 광고부터 신제품 개발까지 모든 것을 자체적으로 진행했다. 덕분에 TV 광고는 물론 신문 전단지 광고까지 마케팅의 거의 모든 영역을 경험할 기회가 주어졌다. 마케터에게는 더없이 좋은 실전 경험의 장이었던 셈이다.

저자가 재직했던 2004년 당시 피자헛 코리아는 확고한 시장 1위 자리를 지키고 있었다. 하지만 도미노피자와 미스터피자 같은 후발 주자들이 공격적으로 시장에 진입하면서 치열한 경쟁이 시작되던 때

이기도 했다.

당시에는 온라인 주문이 보편화되지 않았기 때문에 마케팅의 핵심은 주문 전화번호를 소비자에게 각인시키는 것이었다. 피자헛은 1588-5588이라는 번호를 TV 광고에 지속적으로 노출하고, 귀에 쏙 들어오는 징글을 개발해 소비자들이 번호를 자연스럽게 기억하도록 했다. 목표는 피자가 먹고 싶을 때 최초상기도(TOM, Top of Mind)에서 피자헛 주문번호가 가장 먼저 떠오르게 하는 것이었다.

2000년대 초반, 고구마를 활용한 '리치 골드' 피자가 대히트를 치면서 피자헛 사업은 더 크게 성장했다. 그 인기가 워낙 높아 국내산 고구마 전량을 소비하고도 부족해 일부는 중국산까지 사용해야 했다는 일화가 전해질 정도였다. 당시 피자헛의 월평균 피자 판매량은 120~150만 판에 달했으며, 이 중 약 70%가 리치 골드였다.

MZ세대에게는 믿기 어려울 수 있지만, 당시 피자헛에서 피자와 샐러드 바를 즐기는 것은 인기 데이트 코스였다. 피자헛은 매장 판매와 배달 판매가 비슷한 비중을 차지했으며, 특히 배달 비즈니스가 빠르게 확장되는 추세를 보였다.

한편 후발 주자였던 도미노피자는 뛰어난 마케팅 역량을 바탕으로 '배달 전문 피자'라는 명확한 포지셔닝으로 시장을 공략했다. 이들은 매장 식사는 피자헛, 배달은 도미노피자라는 인식을 소비자들에게 강하게 심어주었다.

소비자들은 피자헛이 매장 손님을 우선시해 배달 주문이 늦어질 것이라고 생각했다. 따라서 빠른 배달을 원할 때는 도미노피자를 선택하는 것이 낫다고 여겼다. 배달에 집중하는 브랜드가 매장 고객 주문까지 처리해야 하는 피자헛보다 배달 속도 면에서 우위에 있을 것이라고 판단한 것이다.

도미노피자의 '30분 배달 보증제'는 특히 큰 주목을 받았다. 주문 후 30분 이내에 배달되지 않으면 피자를 무료로 제공하는 이 제도는, 30~45분 사이 도착 시 2천 원 할인, 45분 초과 시 전액 무료 제공이라는 파격적인 조건을 내걸었다. 더불어 '1577-3082(30분 내에 빨리)'라는 전화번호로 브랜드 정체성을 더욱 강화했다.

이 캠페인은 도미노피자의 자신감과 핵심 가치를 강력하게 전달했다. 실제로 배달 과정에서 30분 이상 걸리는 경우가 많았기에, 저자는 당시 이 제도가 지속될 수 있을지 의문을 가졌지만 고객들의 반응은 예상과 달랐다.

고객들은 주문 후 시계를 보며 정확한 시간을 재기 시작했다. 28분, 29분… "띵동…" 정시에 도착하는 배달원을 보고 "아깝다, 1분만 더 늦었어도…"라며 아쉬워하기도 했다. 30분이 넘으면 오히려 친구들과 하이파이브를 하며 기쁜 마음으로 기다리기도 했다.

물론 배달 시간이 30분을 초과해 할인이나 무료 제공을 해야 하는 경우도 적지 않았지만, 도미노피자는 이 캠페인을 통해 두 가지 중요한 성과를 거두었다.

첫째, 추가 매출 증가다. 이는 기존 고객이 아닌, 캠페인을 통해 유입된 신규 고객들로부터 발생한 매출이다. 많은 소비자들이 빠른 배달 서비스와 '혹시 모를 공짜 피자'에 대한 기대감으로 도미노피자를 선택했고, 이로 인한 추가 매출은 대부분 경쟁사인 피자헛이나 미스터피자에서 가져온 것이었다. 경쟁사 매출을 가져오는 것은 마케팅에서 마우 중요한 성과로, 피자헛은 도미노피자의 이 캠페인으로 상당한 타격을 받게 되었다.

둘째, 인식의 변화다. 이는 추가 매출보다 더 가치 있는 성과다. 도미노피자는 '도미노는 빠르다'라는 인식을 소비자 마음속에 확실히 새겨넣었다. 소비자들은 도미노피자의 배달 속도에 대한 신뢰가 높아졌고, 이는 브랜드 이미지 강화에 결정적으로 기여했다. '도미노피자가 빠르지 않다면 그런 약속을 할 수 없을 것'이라는 인식이 형성되어 경쟁사 대비 우위를 점하는 핵심 요소로 작용했다.

이는 매우 영리한 캠페인이었다. 겉으로는 손해를 보는 듯해 보이지만 실제로는 이익을 얻는 'Lose-Win 전략'의 전형적인 사례다. 여기서 핵심은 실제 손해보다는, 손해를 감수하는 듯한 이미지를 통해 궁극적으로 더 큰 가치를 창출하는 전략적 접근이다.

당시 저자는 피자헛 마케팅 부서의 홈 서비스 팀 마케팅 팀장으로 재직 중이었다. 도미노피자에 빼앗기는 매출이 안타까웠고, 속수무책으로 당하는 듯한 상황에 답답함을 느꼈다.

우리는 자체 검증을 시도해보기까지 했다. 콜센터를 통해 무작위로 100곳을 선정해 동시에 피자헛과 도미노피자에 주문을 넣었다. 전수 조사는 불가능했지만, 100곳의 샘플만으로도 통계적으로 유의미한 결과를 얻어 실제 어느 쪽이 더 빠른지 판단할 수 있으리라 생각했다.

결과는 놀라웠다. 오히려 피자헛이 평균 18초 빨랐다. 물론 이는 전수조사가 아닌 샘플링 조사이기에 피자헛이 절대적으로 빠르다고 단정할 수는 없지만, 한 가지는 확실했다. '피자헛이 도미노피자보다 느리다'는 인식은 사실이 아니었다.

마케팅은 인식의 싸움이라는 말이 있다. 이는 실제 사실보다 소비자들의 인식이 더 중요하다는 의미다. 조사 결과 피자헛이 도미노피자보다 느리지 않았음에도 소비자 마음속에는 '도미노피자가 더 빠르다'는 인식이 깊게 뿌리내리고 있었다. 이러한 인식 싸움에서 피자헛은 도미노피자에 완패한 셈이다.

당시 피자헛이 반드시 선점해야 할 핵심 영역은 세 가지였다. 첫째는 '맛'으로, 경쟁사보다 더 맛있다는 소비자 동의를 얻는 것이었다. 둘째는 배달 비즈니스에서의 '속도'였으며, 마지막으로 '온도', 즉 얼마나 뜨거운 상태로 피자가 배달되느냐였다.

첫 번째 '맛'은 식음료 분야에서 절대 양보할 수 없는 요소다. 식음료 시장에서 '맛' 경쟁에서 밀리는 것은 가장 큰 타격이 될 수 있는 핵심 영역이며, 브랜드의 존폐를 좌우할 수 있기에 모든 식음료 브랜드가 늘 많은 노력을 기울이는 부분이다.

두 번째 '속도'는 당시 피자헛이 소비자 인식 상에서 이미 뒤처진 상황이었기에, 우선순위를 조정하여 다른 영역에서 경쟁 우위를 찾기로 했다.

세 번째 '온도'는 상대적으로 경쟁사들이 주목하지 않던 영역이었다. 피자헛은 바로 이 부분에서 돌파구를 찾았다. 이러한 전략의 결실로 2011년에 '뜨겁지 않으면 공짜' 캠페인이 탄생했다. 이 캠페인은 핫 파우치를 활용해 피자의 온도를 유지하는 혁신적 방법을 도입함으로써, 피자헛이 경쟁에서 새로운 차별화 포인트를 구축하는 데 성공했다.

저자는 경쟁사 도미노피자와의 속도 경쟁에서 패배를 경험하면서 '인식의 중요성'을 뼈저리게 체감했고, 이 경험은 이후 마케팅 활동에 지대한 영향을 미쳤다.

마케팅은 제품이나 서비스의 실제 성능을 알리는 것을 넘어, 비록 쉽지 않은 일이지만 소비자의 인식까지 바꿀 수 있다면 그 효과는 상상을 초월한다.

경쟁사보다 반드시 객관적으로 뛰어나야 한다는 생각은 일종의 고정관념일 수 있다. 소비자가 어떻게 인식하느냐가 더 중요한 요소이기 때문이다. 물론 이는 소비자에게 거짓말을 하라는 의미가 아니다. 하지만, 도미노피자의 사례에서 볼 수 있듯이, 소비자 인식에서 승리하는 것이 진정한 경쟁력이 될 수 있다는 점이 마케팅의 매력적인 측면 중 하나이다.

② 공병 하나로 시작된 비교 마케팅의 신화, 미샤

국내 저가 화장품 브랜드 '미샤'는 2011년 신제품 '더 퍼스트 트리트먼트 에센스'를 출시하며 국내 화장품 시장에 파격적인 도전장을 내밀었다. 당시 고가 수입 브랜드 'SK-II'에 정면으로 맞서며 소비자들의 시선을 사로잡았다. "SK-II 에센스 공병 가져오면 신제품 드려요"라는 과감한 이벤트를 전개했다.

SK-II는 글로벌 시장에서 품질을 인정받아 P&G(Procter & Gamble)사에 인수된 메이저급 프리미엄 화장품 브랜드였다.

미샤는 SK-II의 '페이셜 트리트먼트 에센스' 공병을 자사의 신제품 정품으로 교환해주는 체험 이벤트를 실시했다. SK-II 제품은 150ml 기준 15만 9천 원에 판매되는 베스트셀러였다. 이런 글로벌 명품 제품을 상대로 국내 저가 화장품 브랜드가 정면승부를 건 것이다. 언뜻 보기에 회사의 미래를 위험에 빠뜨리는 무모한 결정으로 비칠 수 있지만, 이는 미샤의 치밀하게 계산된 마케팅 전략이었다.

미샤의 신제품은 SK-II 제품과 외관이 비슷하지만 가격은 4분의 1 수준인 4만 원 초반대로 책정되었다. SK-II '페이셜 트리트먼트 에센스'를 사용하던 소비자가 이 미샤의 프로모션을 접한다면 '밑져야 본전'이라는 생각과 호기심에 본인이 다 사용한 SK-II 빈 병을 가져와 미샤 제품으로 교환받고 체험해 보았다. 무료로 미샤 제품을 사용해 본 고객들 중 일부는 "역시 SK-II가 내 체질이야"라고 생각했겠지만, 상당수 소비자들은 "어? 생각보다 괜찮은데? 큰 차이를 못 느끼겠는데?"라고 반응했을 가능성이 높다.

이런 소비자들이 무료로 받은 정품을 다 사용하고 재구매 시점이 됐을 때, 과연 어떤 선택을 하게 될까?

에센스는 여성 고객들이 매일 들고 다니며 사용하는 제품이 아니라 주로 집 안 화장대 위에 두고 사용하는 제품이다 보니 어떤 브랜드를 사용하는지 타인에게 노출되지 않고 주로 본인만 볼 수 있는 특징이 있다. 이런 상황에서 가격이 4분의 1에 불과한 미샤 제품이 SK-II와 품질 면에서 큰 차이가 느껴지지 않는다면, 소비자들은 자연스럽게 미샤를 선택할 확률이 높아진다.

이 과감한 마케팅 전략의 성과는 놀라웠다. 미샤의 '더 퍼스트 트리트먼트 에센스'는 출시 단 3주 만에 2만 5천 개 판매를 기록했고, 9개월 만에 80만 개가 판매되는 대히트를 기록했다. 이를 통해 미샤는 글로벌 브랜드와 당당히 경쟁할 수 있는 브랜드로 위상을 높였고, 합리적인 가격 대비 우수한 품질의 브랜드로 확고히 자리매김했다.

더불어 미샤의 성공은 화장품 업계 전반에 변혁을 가져왔다. 저가 화장품 시장 개척, 로드샵 유통 혁신, 온·오프라인 통합 마케팅, 비교 마케팅 도입, 브랜드샵 개념 확산 등 미샤의 혁신적 전략들은 경쟁 브랜드들의 비즈니스 모델에도 지대한 영향을 미쳤다.

미샤의 과감한 승부수는 상식적으로는 손해를 자초하는 제안처럼 보였지만, 시장을 뒤흔드는 파격적인 성과를 창출한 대표적인 'Lose-Win' 마케팅 캠페인이었다. 이는 단기적 손실을 감수하더라도 소비자 경험과 인식 전환을 통해 장기적 성공을 거둘 수 있음을 보여준 마케팅의 교과서적 사례다.

③ 영수증 한 장의 마법, 홈플러스의 최저가 보장 정책

홈플러스는 국내 오프라인 유통채널 1위 이마트의 후발주자로, 1997년 삼성물산에서 첫발을 내디뎠다. 1999년에는 삼성물산과 영국의 글로벌 유통 거인 테스코(TESCO)가 출자한 네덜란드 법인 테스코 홀딩스가 1:1로 합작하여 삼성테스코를 설립했다. 이후 몇 차례 소유권 변동을 거쳐 현재는 국내 자본의 유통기업으로 자리매김했으며, 이마트와 함께 국내 오프라인 유통산업의 양대 축을 형성해 왔다.

최근 유통 시장은 급격한 패러다임 변화를 겪고 있다. 쿠팡, 지마켓 같은 온라인 플랫폼뿐 아니라, '알테쉬'로 불리는 중국의 대표적 저가상품 플랫폼 알리익스프레스, 테무, 쉬인의 공격적 시장 침투로 이마트와 홈플러스 모두 치열한 생존 경쟁을 벌이고 있다. 매장 축소와 구조조정을 거듭하며 변화하는 시장 환경에 적응하고 있지만, 과거 글로벌 유통공룡 월마트를 한국시장에서 철수시켰던 경험은 한국 유통시장의 독특한 특성과 현지화 전략의 중요성을 보여주는 대표적 사례로 여전히 회자되고 있다.

2013년 홈플러스는 '가격비교 차액보상제'라는 파격적인 제도를 도입했다. 표면적으로는 경기침체로 어려움을 겪는 서민들의 장바구니 물가안정이 명분이었지만, 마케팅 관점에서는 홈플러스가 이마트보다 더 저렴하다'는 인식을 심기 위한 과감한 도전장이었다. 대상 품목은 우유, 라면, 커피, 샴푸, 세제, 기저귀, 화장지 등 경쟁사와 객관적으로 가격을 비교할 수 있는 모든 브랜드 식품 및 생활용품 구매율 상위 1,000개 상품이었다. 주목할 점은 경쟁사 할인행사 품목까지도 비교 대상에 포함시켰다는 점이다.

홈플러스는 경쟁사 가격정보(이마트몰 기준)를 실시간으로 조사해 자사 결제시스템에 연동하고, 영수증을 통해 경쟁사와의 총구매금액 차이를 투명하게 보여주었다. 더불어 각 상품별 세부 가격 차이까지 '선제적으로' 공개했다. 이는 고객이 경쟁사 영수증을 직접 가져오거나 번거롭게 가격을 비교해야 하는 기존 방식과 달리, 유통업체가 자발적으로 경쟁사와의 가격 차이를 비교해 보상해주는 국내 최초의 혁신적 시도였다. 이러한 접근법은 고객 편의성을 획기적으로 향상시키는 차별화 포인트가 되었다.

이 정책을 사전에 인지했든 그렇지 않든, 모든 고객들은 결제 후 받는 영수증에 눈에 띄게 표기된 '이마트보다 비싸면 차액을 쿠폰으로 드립니다'라는 메시지와 '고객님은 이마트보다 00원 저렴하게 구입하셨습니다'라는 문구를 지속적으로 접하게 된다.

비록 그 차액이 소비자의 가계에 극적인 변화를 가져오지는 않더라도, 이런 메시지가 반복적으로 노출되면 자연스럽게 '홈플러스가 이마트보다 저렴하다'는 인식이 소비자 마음속에 형성된다. 이는 앞서 도미노피자의 사례에서 보았던 '인식의 게임'과 유사한 전략적 접근이다.

차액을 즉시 현금으로 제공하지 않고 쿠폰 형태로 지급하는 방식 역시 탁월한 전술이었다. 수십 원, 수백 원씩의 차액 합계가 전국적으로 수억 원에 달하더라도, 이를 소액 쿠폰으로 제공하고 다음 방문 시 사용하도록 설계함으로써 실제 쿠폰이 활용되지 않고 소멸될 가능성을 높였다. 따라서 실질적인 차액 보상 비용은 예상보다 크지 않았을 것이다. 더불어 이 쿠폰을 활용하기 위해 홈플러스를 재방문하게 된다면, 최소한의 투자로 추가 방문을 유도하는 비용 효율적인 마케팅 효과까지 창출할 수 있다.

일부 고객들은 제한된 대상 품목, 복잡한 보상 절차, 쿠폰 형태의 보상 등에 불만을 표하기도 했지만, 전반적으로 홈플러스의 가격비교 차액보상제는 소비자들에게 호의적으로 받아들여졌다. 제도 시행 이후 매출과 회원 수가 크게 증가했으며, 가격 경쟁력 인식도 크게 개선되었다.

이 사례는 겉으로는 기업이 손해를 감수하는 것처럼 보이지만, 실제로는 고객 신뢰와 인식 변화를 통해 장기적 성장을 견인하는 'Lose-Win 전략'의 효과를 명확히 보여준다. 홈플러스는 단기적인 마진 감소를 감수하면서도 '가격 경쟁력'이라는 핵심 가치를 소비자 마음속에 확실히 각인시키는 데 성공했으며, 이는 결과적으로 매출 증대와 고객 충성도 향상으로 이어진 전략적 승리였다.

물론 최근 홈플러스가 직면한 경영 위기는 안타까운 상황이다. 2025년 3월 기업회생절차 신청으로 많은 이해관계자들이 어려움을 겪고 있으며, 공급업체와 소비자들의 불편이 야기된 점은 매우 유감스럽다. 하지만 이러한 위기 상황에서도 과거 성공적인 마케팅 사례가 주는 교훈은 여전히 유효하다. 가격비교 차액보상제와 같은 혁신적 Lose-Win 전략은 소비자 인식을 바꾸고 브랜드 가치를 높이는 강력한 마케팅 도구임을 보여준다. 홈플러스가 하루빨리 위기를 극복하고 공급업체와 소비자들의 불편이 해소되기를 바라며, 이러한 창의적 마케팅 정신이 회사 회생의 밑거름이 되기를 기대한다.

④ 작은 투자, 큰 감동의 마케팅 심리학

앞서 살펴본 도미노피자의 30분 태달 보증제, 미샤의 공병 교환 프로모션, 홈플러스의 최저가 보장 정책은 모두 기업이 상당한 손실을 감수하면서도 고객에게 혜택을 제공하는 전략이었다. 그런데 이런 대규모 손실 감수 전략만이 전부는 아니다. 때로는 훨씬 작은 비용으로도 고객에게 큰 감동을 줄 수 있다.

강남의 한 고급 한우갈비식당을 예로 들겠다. 고객들은 한 끼 식사에 수십만 원 이상을 지불한다. 이 식당은 매장 출구에 아이스크림 냉장고를 설치해 식사를 마친 손님들에게 편의점용 아이스크림을 무료로 제공한다. 이미 한 끼에 상당한 비용을 소비한 손님들인데, 왜 이 작은 서비스에 감동할까?

언젠가 방문했던 한 골프장에서의 경험이다. 라운딩 한 번에 20~30만 원 가까운 금액을 지불하는 고객이, 중간 그늘집에서 고작 500원짜리 아이스크림이나 붕어빵을 무료로 받으면 "이 골프장은 손님을 제대로 챙기는구나", 심지어는 "오늘 땡 잡았다"라는 생각을 자연스럽게 하게 된다. 이 골프장은 원가 500원 남짓한 간식으로 다른 골프장과 확실한 차별화를 만들어낸다.

제로 프라이스 효과와 호혜성의 마법

이미 소비한 큰 비용은 잊은 채, 작은 무료 서비스에 감동하는 심리, 이것이 바로 마케팅에서 말하는 '제로 프라이스 효과(Zero Price Effect)'이다.

제로 프라이스 효과는 행동경제학자 댄 애리얼리(Dan Ariely)가 제시한 개념이다. 사람들은 무료라는 단어 앞에서 합리적 판단을 잃고 감정적으로 반응한다. 아무리 작은 것이라도 '공짜'라는 사실 자체가 고객에게 특별한 의미로 다가온다.

실제로 쿠팡의 로켓배송과 로켓와우 서비스가 이 효과를 극대화한 사례다. 고객들은 무료배송을 받기 위해 더 많은 상품을 구매하거나, 월 7,890원의 로켓와우 멤버십에 가입한다. 배송비가 이미 상품 가격에 포함되어 있다는 것을 알면서도 '무료'라는 단어의 마법에 빠져든다. 스타벅스의 '무료 쿠키 데이'나 던킨도너츠의 '무료 샘플링' 등도 대표적인 사례다. 이미 비싼 커피를 마시는 고객들이지만, 작은 무료 서비스에 브랜드 호감도가 크게 올라간다.

호텔 업계는 이런 심리를 가장 적극적으로 활용하는 업종 중 하나다. 작년 부산 출장 때 묵었던 한 호텔에서는 밤늦게 도착한 숙박객들에게 무료 라면을 무제한 제공했다. 너무 고단한 상황이라 호텔 밖으로 늦은 시각에 식사하러 나가기도 귀찮았을 때, 예상치 못한 '공짜 라면'의 고마움은 이루 말할 수 없었다. 이 작은 배려는 후한 서비스를 제공하는 호텔이라는 강한 인상을 남겼고, 아직도 기억 속에 생생하다. 이런 작은 배려가 숙박객들에게 큰 감동을 주고, 재방문과 입소문으로 이어지는 것이다.

특급 호텔에서는 더욱 세심한 접근을 한다. 체크인 시 무료 웰컴 드링크, 객실에 놓인 무료 미니바 음료, 피트니스센터 무료 이용권 등이 그것이다. 이미 하루 숙박비로 수십만 원을 지불한 고객이지만, 이런 작은 무료 서비스들이 쌓여 '프리미엄 서비스'라는 인식을 만든다.

이런 사례는 일상생활 곳곳에서도 찾을 수 있다. 운전 중 타이어

공기압 경고등이 켜져 집 근처 타이어 매장에 들른다고 해보자. 타이어 공기를 채우는 데 불과 몇 분이면 되니 매장 사장도 천 원이라도 받기가 애매하다. "오늘은 그냥 가세요" 사장의 흔쾌한 말에 고마우면서도 왠지 빚을 진 느낌이 든다. 집에 가면서 자연스럽게 생각한다. '다음에 타이어 교체할 때는 꼭 이 매장에서 해야겠다.'

이 모든 사례는 '호혜성(Reciprocity)' 심리가 작동한 결과다. 로버트 치알디니(Robert Cialdini)가 '설득의 심리학'에서 언급한 6가지 설득 원리 중 하나로, 사람은 누군가로부터 무언가를 받으면 그에 상응하는 보답을 하려는 심리가 자연스럽게 생긴다.

골프장, 고급 식당, 호텔은 물론 동네 타이어 매장까지, 업종과 규모를 막론하고 이미 고객이 상당한 비용을 지불했거나 앞으로 지불할 예정임에도 불구하고, 작은 무료 서비스에 감동하며 브랜드에 대한 긍정적 이미지를 형성한다. 더 나아가서는 "이 정도까지 챙겨주니 다음에도 여기를 이용해야겠다"는 충성도까지 생긴다.

흥미로운 점은 고객들이 이미 지불한 큰돈은 '이미 지난 일로 발생된 비용(Sunk Cost)'로 인식하지만, 추가로 받는 작은 혜택은 '현재의 이득'으로 인식한다는 것이다. 이렇게 사람의 마음이 작동하는 방식이 작은 무료 서비스의 효과를 극대화한다.

성공적인 무료 서비스의 세 가지 조건

모든 무료 서비스가 감동을 주는 것은 아니다. 성공적인 무료 서비스에는 몇 가지 조건이 있다.

1. 예상치 못한 서프라이즈여야 한다. 고객이 미리 알고 있거나 당연하게 여기는

서비스는 감동을 주지 못한다. 갑작스럽게 받는 작은 선물이기 때문에 더 큰 가치로 느껴진다.

2. **타이밍이 중요하다.** 식당에서는 식사 후 디저트로, 호텔에서는 밤늦은 시간 허기를 달래주는 야식으로, 골프장에서는 더위에 지친 중간 휴식 시간에 제공될 때 효과가 극대화된다.

3. **진정성이 느껴져야 한다.** 단순히 마케팅 수단이 아닌, 고객을 진심으로 생각하는 마음이 전달되어야 한다. 직원들의 친절한 안내와 설명이 함께 할 때 더 큰 감동을 준다.

작은 무료 서비스는 고객의 감정적 연결고리를 만든다. 소소하지만 따뜻한 배려는 고객이 브랜드와 더 가까워지게 하고, 재방문과 추천으로 이어진다. 특히 SNS 시대에는 이런 작은 감동이 고객들의 자발적 홍보(바이럴 마케팅)로 연결되어 효과까지 창출한다.

흥미로운 점은 수십만 원을 소비하는 고객에게 몇백 원에서 기껏해야 1~2천 원짜리 상품을 무료로 제공하는 것만으로도 손님들은 '오늘 이곳으로 선택한 건 정말 현명한 생각이었어. 난 역시 똑똑해'라고 생각하게 된다고 말한다. 이것이 바로 이 책 서두에 설명했던 'Great Marketing makes the customer feel smart'의 완벽한 사례이기도 하다.

작은 투자가 최고의 ROI를 만든다

경쟁이 치열한 서비스업에서는 이런 작은 차이가 브랜드를 구분하는 결정적 요소가 된다. 같은 가격대의 호텔이라면 무료 야식 서비스가 있는 곳이, 비슷한 수준의 골프장이라면 중간 간식 서비스를 제공하는 곳이 선택될 확률이 높아질 것이다.

무료 서비스 전략을 실무에 적용할 때는 고객의 여정(Customer Journey)을 세밀하게 분석하여 언제, 어떤 상황에서 고객이 가장 감동할 수 있는지 파악하는 것이 중요하다.

여기서 중요한 것은 관점의 전환이다. 겉보기에는 기업이 손해를 보는 듯한 이런 무료 서비스들이 실저로는 가장 효율적인 마케팅 투자가 될 수 있다. 불경기라 매출이 즐어든다고 해서 원가라도 줄이려 자잘한 것들을 없애기보다는, 오히려 몇백 원에서 몇천 원의 과감한 투자로 고객의 재방문을 유도하고, 입스문을 만들어내며, 브랜드 충성도를 높일 수 있다면 그 투자수익률(ROI)은 수백에서 수천 배에 달한다.

결국 Lose-Win 전략은 도미노피자나 미샤처럼 큰 베팅이 필요한 것만이 아니다. 규모의 차이는 있지만, '단기적 손실로 장기적 신뢰를 얻는다'는 핵심 원리는 동일하다. 이것이 바로 Lose-Win 전략의 진정한 가치이자, 모든 기업이 활용할 수 있는 현실적인 마케팅 접근법이다.

제 4 장

고객의 마음을 사로잡는 감성 마케팅

공감(共感) 마케팅의
힘

마케팅에서 가장 중요한 키워드 중 하나는 바로 '공감(共感)'이다.

마케팅에서 '가치 교환'은 기업이 고객의 요구나 욕구를 충족시키는 제품, 서비스 또는 경험을 제공하고, 그 대가로 고객은 대금을 지불하는 과정을 의미한다. 이 과정에서 고객이 기대한 것보다 더 만족스러운 경험을 하게 되면, 이는 고객과 브랜드 사이에 돈독한 '관계' 형성으로 이어진다.

돈독한 '관계'가 형성된다는 것은 고객 충성도가 높아진다는 의미이며, 이는 자연스럽게 긍정적인 입소문과 재구매로 이어진다. 재구매는 다시 '가치 교환'으로 연결되어 마케팅의 선순환 구조가 형성된다. 이 선순환 구조의 핵심에 바로 '공감'이 자리하고 있다. 고객과의 진정한 공감대를 형성하면, 고객의 신뢰를 얻을 수 있고, 이를 바탕으로 고객과의 관계를 더욱 깊이 발전시킬 수 있다.

마케팅에서 공감은 인지적 요소와 감정적 요소가 결합하여 발생한다. 인지적 요소는 상대방의 행동과 생각의 이유를 '머리로 이해하는 것'이고, 감정적 요소는 동일한 감정을 '가슴으로 느끼는 것'이다.

공감 마케팅의 효과는 수치로도 증명된다 170개 글로벌 주요 기업을 대상으로 내부 문화, 소셜 미디어 고객 소통, 기업윤리 등을 기준으로 측정한 결과, 공감 지수 상위 10개 기업이 하위 10개 기업보다 1년간 기업 가치 증가분이 2배 이상 높았다. 공감 능력과 기업 성과 간의 상관관계는 약 80%로 분석되었다. 이는 공감이 비즈니스 성장에 얼마나 핵심적인지 보여주는 명확한 증거이다.

특별한 추가 투자 없이도 고객이 생각하고 느끼는 것을 진심으로 이해하고 함께 공감하는 것만으로도 기업과 브랜드의 성장을 이끌어낼 수 있는 강력한 동력이 된다.

이제 공감 마케팅을 탁월하게 실행한 사례를 소개한다. 이는 마케팅 업계에서 가장 성공적인 캠페인으로 자주 언급되는 대표적 사례들이기도 하다.

많은 여성의 자존감을 되찾아준, 도브(Dove)의 "Real Beauty Sketches"

유니레버의 도브 브랜드는 2004년부터 '도브 캠페인 포 리얼 뷰티(Dove Campaign for Real Beauty)'라는 마케팅 캠페인을 진행해왔다.

이 캠페인은 여성의 자연스러운 아름다움을 기리는 것을 목표로 한다. 소비자 조사에 따르면 여성의 4%만이 자신을 아름답다고 생각하며, 54%는 자신의 외모를 가장 혹독하게 평가하는 사람이 바로 자기 자신이라고 답했다. 이런 조사 결과에서 영감을 받아 2013년 제작된 'Dove Real Beauty Sketches'는 이 캠페인의 대표적인 영상 중 하나다.

영화나 드라마에서 범인을 본 목격자가 자신이 본 범인의 외모에 대해 묘사하면, 그 범인을 한 번도 보지 못한 몽타주 화가가 그 묘사만으로도 놀라울 정도로 비슷하게 그 범인의 얼굴을 그려내는 장면들을 본 적이 있을 것이다.

영상이 시작되면 한 남성이 FBI에서 활동한 숙련된 법의학 스케치 아티스트라며 자신을 소개한다. 이런 몽타주를 그리는 전문가로서의 뛰어난 실력을 증명하는 경력이다.

실험은 다음과 같은 방식으로 진행된다. 먼저 각 참가자는 실험 전 대기실에서 다른 참가자와 자연스럽게 만나 대화를 나누는 시간을 갖는다. 이들은 서로 처음 만나는 사이로, 짧은 시간 동안 일상적인 대화를 나누며 상대방의 인상을 자연스럽게 관찰하게 된다.

이후 한 명씩 참가자가 스케치 공간으로 들어가는데, 공간 중앙에 설치된 커튼이 아티스트와 참가자를 완전히 분리시킨다. 아티스트는 참가자의 모습을 전혀 볼 수 없는 상황에서 오직 목소리로 전달되는 묘사에만 의지하여 초상화를 그려 나간다. 실험에 참여한 여성들은 자신의 외모를 묘사할 때 대부분 부정적으로 표현한다. 예를 들어, "나이가 들수록 주근깨가 많아지네요', "제 얼굴은 너무 둥글어요", "제 턱은 돌출되어 있는데 웃을 때 특히나 더 못생겨 보여요" 등과 같이 결점에만 집중하여 자신을 묘사한다.

다음 단계에서는 각 참가자가 대기실에서 만났던 상대방의 외모를 같은 아티스트에게 묘사하도록 요청받는다. 흥미롭게도 타인을 묘사할 때는 완전히 다른 양상을 보인다. "그녀는 정말 아름다운 파란 눈을 가지고 있었어요", "얇은 턱선이 매우 우아했습니다", "미소가 정말 따뜻하고 친근했어요" 등 자신을 묘사할 때와는 반대로 긍정적이고 아름다운 특징들에 초점을 맞춰 설명한다.

실험이 끝나고 아티스트는 각 참가자에게 두 개의 초상화를 보여준다. 하나는 자신이 묘사한 모습, 다른 하나는 타인이 묘사한 자신의 모습이다. 스케치의 차이는 각 여성에게 깊은 감동을 준다. 자신이 묘사한 초상화는 어둡고 결점이 부각된 모습인 반면, 타인이 묘사한 초상화는 밝고 아름다운 모습으로 그려져 있다.

한 참가자는 "여성으로서 우리는 잘못된 것을 분석하고 고치는 데 많은 시간을 보내는데, 우리가 좋아하는 것을 감상하는 데 더 많은 시간을 보내야 합니다"라고 말한다.

"Do you think you are more beautiful than you think?", 즉 당신은 당신 생각보다 더 아름답다고 생각하시나요? 법의학 아티스트

가 묻는다.

"Yes."

영상은 도브 로고를 보여주며 이렇게 끝난다.

이 캠페인은 여성들이 자신의 외모에 대해 부정적으로 여기는 경향을 인지하고, 타인의 시선으로 본 자신의 모습이 다를 수 있다는 점을 강조한다. 영상 전체에 Dove 제품은 단 한번도 직접 노출되지 않으며, 마지막 장면에서 'You are more beautiful than you think' 라는 메시지와 도브 로고만 간결하게 나타나며 끝을 맺는다.

저자는 본 영상의 주 타겟 고객이 아닌 남성임에도 이 영상을 볼 때마다 실험 참여자의 감동적인 반응에 항상 코끝이 찡해지는 감동을 느낀다. 실험 참여자들이 자기가 알아 왔던 불만족스러운 자신의 모습과는 달리 다른 사람들은 자신을 생각보다 훨씬 아름답게 생각해 준다는 사실을 알게 되면서 생긴 감사함이랄까, 아니면 그동안 자기 자신들에게 엄격했음을 깨우쳐 주며 억눌려 있던 자존감에 대해 공감(共感)해 주는 도브라는 브랜드에 더한 감사함과 호감이 생기는 것을 느낄 수 있다.

물론 이 영상을 본다고 해서 여성들이 바로 마트로 뛰어가 도브 비누를 사지는 않을 것이다. 하지만, 이 영상을 본 여성이 언젠가 마트에서 비누를 고르다가 도브 제품을 마주하게 되는 경우라면, 단순히 지나치지 않고 더 주의 깊게 살펴볼 가능성이 높다. 캠페인이 불러일으킨 감동과 공감은 도브 브랜드에 대한 긍정적인 인식을 형성했을 것이며, 이는 구매 결정 과정에서 중요한 역할을 할 수 있다.

도브의 'Real Beauty Sketches' 캠페인은 큰 성공을 거두었다. 이 캠페인 영상은 유튜브에서 출시 후 12일 만에 5천만 회 이상 조회되었으며, 현재까지 전 세계적으로 1억 6,000만 회가 넘는 누적 조회 수를 기록했다. 또한 캠페인 시작 이후 10년간 도브의 매출은 약 2배 가까이 성장했다. 이는 도브의 브랜드 이미지를 크게 개선했고, 뷰티 업계 전반에 '바디 포지티브' 트렌드를 확산시켰다. 2013년 칸 라이언즈 광고제 수상과 함께 'Love Your Curls' 등 다양한 후속 캠페인으로 이어져, 단순한 제품 판매를 넘어 사회적 변화를 이끌어내며 도브 브랜드의 가치를 크게 높였다.

상담원의 눈물을 닦아준 연결음, GS 칼텍스 '마음이음 연결음 캠페인'

수년 전 한 영상을 보며 정말 마음이 따뜻해진 적이 있다. 바로 GS 칼텍스의 마음이음 연결음 캠페인 영상이다. '우리의 에너지로 세상을 아름답게'라는 기업 가치를 실천하며 사회문제 해결에 동참하고자 한 회사의 진심이 많은 대중들에게 전달되어 많은 사람이 이 영상을 자발적으로 공유했다. 2017년 영상이 공개된 이후 단 3개월 만에 1,300만 명이 넘는 사람이 시청하며 수십만 건의 댓글과 공유 등의 참여가 이루어졌다.

GS칼텍스가 주목한 것은 감정노동자의 대표적인 직군인 고객센터 상담원들이었다. 상담원들은 폭언과 욕설을 들은 뒤에도 웃으면서 고객을 대해야 하고, 전화를 끊자마자 다시 새로운 욕설과 성희롱에 시달리는 상황에 놓여있다. 회사는 이런 문제를 색다른 방식으로 해결해보자는 믿음으로 여러 사람의 아이디어를 모았다. 다양한 아이데이션 과정 끝에 나온 것이 바로 고객과 상담원이 연결되는 첫 지점인 통화 연결음에 폭언을 방지할 수 있는 문구를 넣는 아이디어였다.

이 캠페인의 핵심은 전화 상담 시 익명성에 기댄 언어폭력을 막기 위해 통화 연결 전 '상담원 또한 누군가의 소중한 가족'임을 인식시키고, 상담원을 대하는 소비자들의 자세를 돌아보게 하는 것이었다. GS 칼텍스는 단순한 기업 홍보를 넘어 감정노동자들의 근무 환경 개선이라는 사회적 가치를 실현하고자 했다.

첫 번째 협력사로 선정된 한국지엠과의 협의 후, 한국지엠 고객센터 상담원들의 실제 아버지, 남편, 딸의 목소리를 녹음하여 마음이음 연결음을 만들었다. 상담원이 '누군가의 사랑하는 딸', '아내', 또는 '엄마'라는 메시지를 실제 가족의 목소리로 담아낸 것이다. 2017년 6월 말부터 한국지엠 고객센터에 실제 적용했고, 적용 후 약 5일간 고객반응과 상담내용을 분석했다. 상담고객들은 늘 듣던 기계음 대신 상담원도 누군가의 가족임을 알려주는 통화 연결음을 처음엔

낯설어했지만 대부분 긍정적인 반응을 보였고, 부정적 반응이 현격히 줄어들었다. 이 진정성 있는 목소리가 기계적인 연결음 대신 상담원과 연결되기 직전에 고객에게 전달되자, 화가 잔뜩 난 상태로 전화했던 고객들이 놀라울 정도로 침착해지고 태도가 누그러지는 효과가 나타났다. 결국 고객들의 변화가 상담원들의 스트레스 감소와 존중받는 느낌의 증가로 이어졌다.

영상이 공개되자 사람들의 폭발적인 반응이 이어졌다. 특히 고객센터 종사자들과 지인들이 수많은 댓글을 남겼으며, 실제 자신의 회사에도 적용되었으면 좋겠다는 상담원들과 '마음이음 연결음'에 공감하는 사람들의 목소리가 많았다.

실제 상담원들의 반응은 놀라웠다. 한국지엠 고객센터에 연결음 적용 후 상담원들의 스트레스는 54.2% 감소했고, 고객의 친절한 한마디는 8.3%, 존중받는 느낌은 25%, 고객이 친절할 것이라는 기대도 25% 증가했다. 가족 목소리를 통한 연결음이 상담원도 누군가의

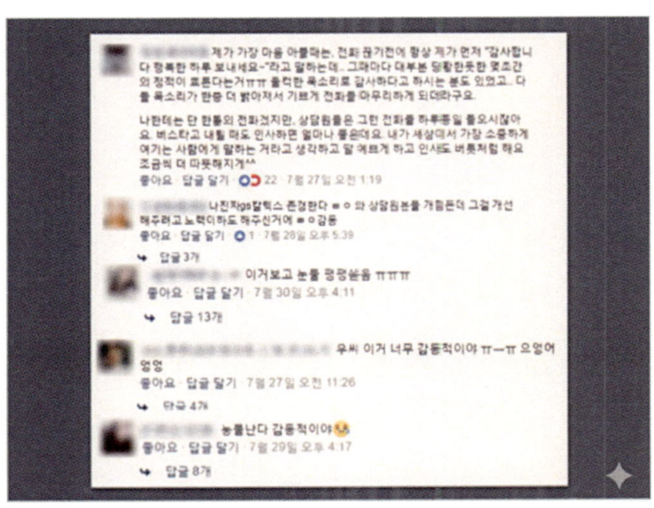

소중한 가족임을 상기시켜, 고객들의 태도를 더 배려하는 방향으로
변화시킨 것이다. 단순한 메시지 변경만으로도 고객의 감정 상태와
대화 방식이 크게 달라진 것이다.

저자는 여러 기업의 고객센터 직원들과 일한 경험을 통해, 특히
CS팀 상담사들이 회사를 대신해 하루 종일 고객 불만을 처리하는
어려움을 목격한 적이 많다. 수년 전부터 '진상 고객' 문제가 사회적
이슈로 대두되면서 감정노동자 보호법 등 제도적 개선이 이루어졌지
만, 상담 후 눈물 흘리는 직원들의 모습이 여전히 강렬하게 기억에
남아있다. 이 캠페인을 접한 저자는 깊은 인상을 받았다. 수억 원
들여 만든 그 어떤 광고보다 아름답고 공감이 가는 연결음이라고 느
꼈기 때문이다. 정말 멋진 기획이었다. 단순히 물건 하나를 더 팔고,
조금이라도 수익을 높이는 쪽으로 집중했던 마케팅을 많이 해왔던
마케터로서 부끄러운 생각이 들기도 했다.

펀(fun)슈머(sumer)를 사로잡는
재미 마케팅

펀슈머 마케팅이 최근 몇 년 사이 마케팅 업계의 핵심 전략으로 떠오르고 있다. 펀슈머는 재미(fun)와 소비자(consumer)를 합친 용어로, 단순한 소비를 넘어 즐거움과 재미를 추구하는 현대 소비자를 가리킨다. '가성비', '가심비'에 이어 '가잼비'(가격 대비 재미)라는 신조어가 시장을 지배하면서, 특히 트렌드에 민감한 MZ 세대를 겨냥한 브랜드들이 펀슈머 마케팅을 적극 활용하고 있다.

2030세대는 특히 콘텐츠와 서비스의 재미 요소가 구매 결정에 직접적인 영향을 미치는 특징을 보인다. 이들의 소비 경험은 SNS를 통해 빠르게 확산되며 브랜드 매출 증가로 이어지는 선순환 구조를 형성한다. 이러한 시장 흐름에 맞춰 선도 기업들은 펀슈머의 심리를 파고드는 혁신적인 마케팅 전략을 치열하게 경쟁하고 있다.

펀슈머 마케팅의 핵심은 바로 차별화된 독창성이다. 기존 시장에서 볼 수 없었던 신선한 경험과 창의적인 재미 요소를 제공함으로써 소비자의 관심을 자연스럽게 끌어들이고 브랜드 인지도를 높일 수 있다. 이러한 전략은 단순한 제품 판매를 넘어 브랜드와 소비자 간의 정서적 유대감을 형성하는 강력한 마케팅 무기가 되고 있다.

긴 이름으로 만든 짧은 재미,
'버거킹'의 콰트로 맥시멈… 이하 생략

"콰트로 맥시멈 미트 포커스드 어메이징 얼티밋 그릴드 패티 오브 더 비기스트 포 슈퍼 미트 프릭 4"

이 파격적인 네이밍 전략은 SNS에서 소비자들 사이에 자발적인 밈(meme) 콘텐츠를 확산시키는 촉매제가 되었다. 특히 이 긴 제품명을 주문하는 방법에 대한 유머러스한 콘텐츠가 폭발적인 인기를 끌었다. 긴 이름 때문에 SNS에서는 소비자들을 중심으로 콰트로 맥시멈 주문법에 대한 웃긴 밈들이 쏟아졌다. 매장 키오스크에서는 '콰트로 맥시멈… 이하생략'이라는 센스 있는 UI로 소비자 편의성까지 고려했다.

버거킹은 단순한 화제성 마케팅에 그치지 않았다. 공식 홈페이지를 통해 이 길고 복잡한 제품명을 빠르게 입력하는 참여형 이벤트를 기획했다. 플레이스테이션 5, 에어팟 등 프리미엄 경품을 내걸어 소비자들이 더 많이 참여하고 브랜드에 관심을 갖도록 하는 전략을 펼쳤다.

버거킹 마케팅 담당자는 "현대 소비자들은 단순한 제품 이상의 경험적 가치를 추구한다"며, "네이밍부터 비주얼까지 차별화된 즐거움을 선사하는 통합 브랜드 경험을 설계했다"고 전략의 핵심을 밝혔다.

버거킹의 이 혁신적인 제품은 출시 직후부터 시장에서 폭발적인 반응을 이끌어냈다. 출시 첫

주 판매량이 예상치의 150%를 상회하는 성과를 기록했으며, 출시 2주 만에 SNS 이벤트 참여자가 8만 명을 돌파하는 놀라운 참여율을 보였다. 제품의 독창적인 네이밍과 컨셉으로 주요 SNS 플랫폼에서 실시간 트렌드에 오르며 자연스러운 바이럴 효과를 창출했다. 프리미엄 가격 포지셔닝(단품 기준 1만 4,500원~1만 6,500원)에도 불구하고 소비자들의 호기심과 재미 요소가 구매 장벽을 낮추는 '펀슈머 마케팅'의 효과를 명확히 입증했다.

시장 분석가들은 이 제품의 성공 요인을 다각도로 평가했다. 일부 소비자들은 "프리미엄 패티 4장의 압도적인 가치가 높은 가격을 상쇄했다"고 긍정적인 반응을 보였다. 일부 전문가들은 상대적으로 높은 가격대가 일반 소비자층의 접근성을 제한할 수 있다는 우려를 제기했지만, 결국 독창적인 브랜드 스토리텔링과 차별화된 소비자 경험 설계가 초기 판매 실적과 브랜드 인지도 상승에 결정적인 역할을 했다는 평가가 지배적이다. 이 성공적인 펀슈머 마케팅 사례는 버거

킹의 2023년 영업이익 증가를 이끈 핵심 요인으로 분석되고 있다.

만우절의 장난이 정식 메뉴로
: 공차 펄볶이의 성공 스토리

만우절은 브랜드들에게 창의적인 마케팅 실험장이 되는 특별한 날이다. 하루라는 짧은 시간 동안 유쾌한 거짓말이 용인되는 이 시간적 제약은 오히려 브랜드들에게 과감한 실험과 혁신적 아이디어를 선보일 수 있는 전략적 기회가 된다. 식음료 업계에서는 특히 만우절을 겨냥한 펀마케팅이 트렌드로 자리잡았으며, 2024년 공차코리아의 '펄볶이' 캠페인은 일시적 재미를 넘어 실질적 비즈니스 성과로 연결된 탁월한 펀슈머 마케팅 사례로 업계의 주목을 받았다.

공차의 브랜드 아이덴티티를 형성하는 핵심 요소인 '펄'은 타피오카와 전분 기반의 독특한 식감으로 소비자들에게 강력한 브랜드 경험을 제공해왔다. 이 브랜드 자산을 창의적으로 재해석한 '펄볶이'는 떡볶이의 쫄깃함과 매콤한 풍미를 티 음료에 결합한 파격적 제품으로, 기존 카테고리의 경계를 허물며 소비자들에게 신선한 감각적 경험을 선사했다. 초기 유튜버들의 이색 콘텐츠를 통해 소비자 호기심을 자극하며 온라인에서 빠르게 화제가 되었다.

공차코리아는 만우절 한정 이벤트로 기획된 '펄볶이 2종'의 예상을 뛰어넘는 시장 반응에 신속하게 대응하여 정식 메뉴로 승격시키는 전략적 결정을 내렸다. 정식 출시 후 불과 10일 만에 누적 판매

gongcha_korea ✓ · 팔로우
원본 오디오

gongcha_korea ✓
공차에서 떡볶이가 나온다고?
(웅성웅성)
진짜로....?
이름은 펄볶이라고..?..
이걸 믿어야 돼 말아야 돼..

펄볶이는.....과연 공차의 만우절 장난일까요..? 🤢

#공차 #Gongcha
1주

량 10만개를 돌파하는 기록적인 성과를 달성했으며, 주요 SNS 플랫폼에서 '펄볶이 인증샷'이 자연스럽게 확산되며 추가적인 홍보 효과를 창출했다. 열성 소비자들 사이에서는 '펄볶이 원정'이라는 신조어가 등장할 정도로 제품 확보를 위한 적극적 소비 행동이 관찰되었으며, 다수 매장에서 조기 품절 현상이 발생해 희소성 가치가 더욱 상승하는 선순환 구조가 형성되었다.

이 혁신적 제품의 성공 배경에는 세 가지 핵심 전략이 있다. 첫째, 프리미엄 티 브랜드의 대표 소재와 길거리 음식의 대명사인 떡볶이의 파격적 결합으로 소비자 호기심과 화제성을 극대화했다. 둘째, 초기 한정판 전략을 통해 제품의 희소성과 경험적 가치를 효과적으로 증폭시켰다. 셋째, 소비자 주도의 자발적 콘텐츠 생산을 촉진해 비용 효율적인 홍보 효과를 달성했다.

시장 반응에 민첩하게 대응한 공차는 소비자 피드백을 적극 수용하여 '짜장 펄볶이' 등 후속 제품을 출시했다. 또한 고객 경험 최적화를 위해 주문 프로세스와 운영 방식을 지속적으로 개선하고, 비조리 상품과 같은 다양한 소비 옵션을 제공하며 시장에서의 지속적인 관심을 유지했다.

이 사례는 소비자의 흥미와 참여를 유도하는 혁신적 제품 개발, 전략적 희소성 관리, 그리고 디지털 플랫폼을 활용한 효과적인 확산의 조화로운 결합이 만들어낸 현대적 펀슈머 마케팅의 교과서적 성공 모델로 평가받고 있다. 무엇보다 단발성 이벤트를 넘어 지속 가능한 비즈니스 모델로 발전시킨 전략적 유연성이 이 캠페인의 가장 주목할 만한 성과라 할 수 있다.

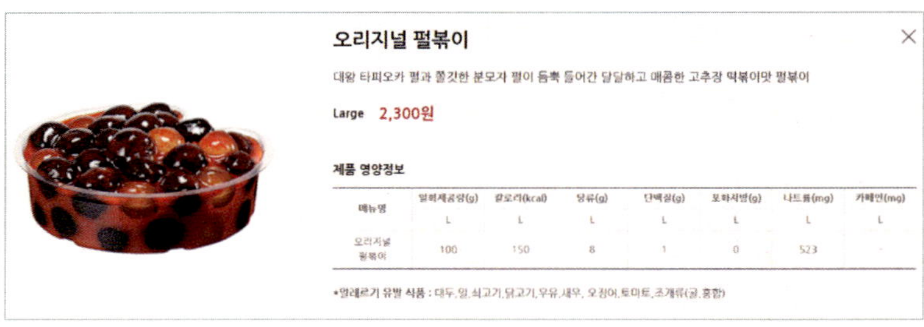

메뉴명	일회제공량(g)	칼로리(kcal)	당류(g)	단백질(g)	포화지방(g)	나트륨(mg)	카페인(mg)
	L	L	L	L	L	L	L
오리지널 펄볶이	100	150	8	1	0	523	-

말로만 하지 말고 보여주라
: 오감으로 증명하는 제품 장점

마케팅에서 '백문이 불여일견'이라는 말은 그저 관용구가 아니다. 소비자는 제품 특징을 단순히 듣는 것보다 직접 보고, 만지고, 체험할 때 훨씬 강한 인상을 받는다. 이는 인지심리학에서 증명된 사실로, 우리 뇌는 오감으로 받아들인 정보를 더 오래, 더 생생하게 기억한다.

'오감 마케팅'은 이런 인간의 본능을 활용한다. 시각, 청각, 촉각, 미각, 후각을 자극하는 마케팅은 소비자 마음속에 깊이 각인되어 제품에 대한 신뢰와 호감도를 높인다. 사람들은 스스로 경험한 것을 더 쉽게 믿고, 그 경험을 바탕으로 지갑을 연다. 음식 맛을 아무리 화려하게 설명해도 직접 맛보게 하는 한 입의 위력만 못하고, 옷의 촉감을 천 번 묘사해도 한 번 만져보게 하는 효과를 따라갈 수 없다.

디지털 시대에 오감 마케팅은 더욱 중요해졌다. 온라인 쇼핑이 일상화되면서 소비자들은 실물을 보지 못한 채 구매 결정을 내려야 하는 경우가 많아졌다. 이런 환경에서 제품의 특성을 오감으로 간접 체험할 수 있게 하는 마케팅은 소비자의 불안을 줄이고 구매 전환율을 높이는 핵심 전략이 되었다.

다음 네 가지 사례는 제품의 핵심 장점을 말로만 전달하는 것과 실제로 보여주는 것 사이의 극명한 차이를 보여준다. 글로벌 기업부

터 동네 국밥집까지, 규모와 업종을 막론하고 '시각적 증명'이 얼마나
강력한 마케팅 도구인지 확인할 수 있는 창의적 전략들이다.

첨벙첨벙 눈으로 확인시켜 바꾼,
락앤락의 100% 밀폐력

락앤락은 이제 대부분 가정에서 한두 개씩은 있는 '국민 밀폐용
기'가 되었다. 많은 이들이 외국 브랜드로 착각하지만, 사실 1978년
에 태어난 순수 대한민국 브랜드다. 1990년대 중국과의 가격 경쟁에
서 밀리자 "선택과 집중" 전략으로 반찬통에 올인했고, 시장에 없던
'100% 밀폐' 기능을 개발해 "날개로 두 번 잠근다"는 의미의 락앤락
(Lock& Lock)이라는 기억하기 쉬운 브랜드명을 만들었다.

완벽한 밀폐력으로 무장한 락앤락이었지만, 초기 국내 시장 반응
은 냉담했다. 소비자들은 '100% 밀폐'의 가치를 이해하지 못했고, 그
저 값싼 제품만 찾았다. 아무리 기능의 우수성을 강조해도 소비자
들에게는 와 닿지 않았다.

락앤락의 진가를 알아본
건 해외 홈쇼핑 채널들이었
다. 특히 QVC 독일 홈쇼핑
에서는 락앤락의 밀폐력을
입증하기 위해 라이브 방송
에서 극적인 시연을 선보였

다. 쇼호스트는 돈다발을 락앤락 용기에 넣고, 잉크를 섞은 물이 담

긴 수조에 담갔다. "이 락앤락은 한국에서 온 100% 밀폐력을 자랑하는 제품입니다"라고 설명하며, 연신 돈다발이 든 락앤락 통을 첨벙첨벙 소리를 내며 수조에서 잠기게 했다. 스 분 후 라이브 방송 중에 그 돈다발이 든 락앤락 뚜껑을 열어보니, 놀랍게도 뽀송뽀송한 현금다발이 카메라에 그대로 비쳤다. 이러한 직관적인 시연은 제품의 밀폐성과 안전성을 명확하게 입증했고, 스비자들에게 큰 반향을 일으켰다.

미국 QVC에서도 쇼호스트가 락앤락 안어 카메라를 넣고 수조에 담그거나, 용기에 케첩을 넣고 마구 흔들며 밀폐력을 시연했다. 첫 방송에서 5,000세트가 단번에 매진되는 성과를 거두었다.

해외에서 먼저 성공하자 환영을 받지 못했던 한국 시장에서도 러브콜이 쇄도하기 시작했다. 2001년 LG홈쇼핑 첫 방송에서 락앤락은 30분 만에 2,000세트가 매진되었고, 이후 5번 연속 매진을 기록했다. 2003년에는 시장점유율 80%를 넘기며 밀폐용기 시장을 평정했다.

제품과 컨셉은 동일했지만, 성공 비결은 마케팅 접근법의 변화였다. 초기에는 '100% 밀폐력'을 그저 말로만 강조했지만, 홈쇼핑에서는 소비자가 눈으로 직접 확인할 수 있게 했다. 소비자들은 락앤락의 뛰어난 기능을 직접 목격함으로써 신뢰를 갖게 되었고, 이는 폭발적인 판매로 이어졌다. 락앤락의 성공은 단순히 제품 기능을 넘어, 소비자에게 '보는 것이 믿는 것'이라는 직접적인 경험을 제공함으로써 신뢰를 구축한 시각적 마케팅의 승리였다.

"제발 좀 봐주세요"
: 절실함이 만든 마케팅의 기적, 스마트락

약 10년 전 짧은 1분 30초짜리 저화질 영상 하나가 온라인 커뮤니티를 강타한 적이 있다. ST시스템 영업 담당 안인수 부장이 나와 안전 방범창 '스마트락' 제품을 소개한 후, 유리창을 부술 기세로 열어젖히는 장면이 담긴 영상이었다.

당시 ST시스템은 답답한 상황에 놓여 있었다. 제품력은 뛰어나지만 판매는 부진하고 마케팅 예산도 전무한 상황이었기 때문이다. 그래서 화질도 안 좋은 2G 폰으로 그야말로 예산 0원으로 영상을 찍었다.

해당 영상에는 스마트락 제품의 강도를 테스트하는 장면이 우스꽝스럽게 담겨 있다. '제발 우리 제품이 이렇게 좋다는 걸 좀 알아주세요'라는 간절함이 몸동작으로 표현된 것이었다. 그런 간절한 심정이 더해져 엄청난 힘과 반동에도 제품은 끄떡없었다.

영상은 SNS와 인터넷 커뮤니티에서 큰 반향을 일으키며 98만 회의 조회수를 기록했다. 댓글에는 "살 테니까 제발 그만하세요ㅋㅋㅋ"와 같은 반응들이 쏟아졌다. 영상이 재밌어서 친구들끼리 돌려보기도 했지만, 많은 사람이 "어, 이 제품 우리 집에 딱인데, 이렇게 튼튼한 거면 나도 하나 사야겠다"라는 생각을 하게 되었다. 그렇게 안 팔리던 제품이 수일 만에 동이 날 정도로 판매가 급증했다.

무예산으로 만든 단순한 영상이 오히려 진정성 있게 받아들여져, 영상의 유머러스한 요소로 인해 사람들 사이에서 공유되며 입소문을 타게 된 것이다. 이 사례는 경영난에 허덕이던 회사의 상황을 개선시켰으며, 10년이 훨씬 지난 후에도 여전히 화제가 되고 있다.

스마트락 사례는 아무리 좋은 제품이라도 말로만 설명하는 것과 직접 눈으로 보여주는 것 사이에는 엄청난 차이가 있다는 것을 보여준다. 동일한 제품이었지만, 제품의 장점을 단순히 말로만 하는 게 아니라 시각적으로 전달했을 때 결과는 완전히 달랐다. 제품의 장점이 있다면 고객이 직접 볼 수 있도록 전달하는 것이 얼마나 중요한지를 깨닫게 해주는 사례다.

"뭘 이렇게나 많이 줘"
: 넘치는 프렌치프라이로 만드는 감동, Five Guys

파이브 가이즈는 1986년 미국 버지니아주에서 시작된 패스트 캐주얼 햄버거 체인이다. 현재 전 세계 30개국 이상에 1,700개가 넘는 매장을 운영하며, 미국에서는 '인앤아웃 버거', '쉐이크쉑'과 함께 3대 인기 버거 체인으로 손꼽힌다. 2023년 5월 한국에 진출해 빠르게 인기를 얻고 있다.

파이브 가이즈의 성공 비결은 "청결한 공간에서 좋은 음식을 만들어 합리적인 가격에 제공한다"는 창업주의 신념에 있다. 화려한 인테리어보다 음식 품질에 투자하는 전략을 택해 맛있는 햄버거 제공에 모든 역량을 집중했고, 이는 전 세계적 성공으로 이어졌다.

파이브 가이즈의 가장 주목할 만한 전략은 '프렌치프라이 듬뿍 전략'이다. 대부분의 햄버거 체인이 정량의 감자튀김만 제공하는 반면, 파이브 가이즈는 의도적으로 '넘치게' 제공한다. 종이컵에 담은 감자튀김을 테이크아웃 봉투에 옮길 때, 스쿱으로 추가 분량을 한 번 더 퍼서 봉투에 넣어 고의적으로 넘치게 만든다. 실제로 이 '추가' 비용은 이미 메뉴 가격에 반영되어 있지만, 고객은 이를 알지 못한 채 '득템했다'는 기분을 느낀다.

이는 단순한 관대함이 아닌, 치밀한 심리 마케팅 전략이다. 고객은 예상보다 많은 감자튀김을 받으며 "특별 대우를 받았다"는 느낌을 갖게 되고, 이는 브랜드 충성도로 이어진다. 고객이 파이브 가이즈 봉투를 들고 "와, 이거 진짜 무겁네!"라고 말하는 순간, 시각적으로는 넘치는 양을 보여주고, 촉각적으로는 묵직한 봉지의 무게감을 느끼게 하며, 후각과 미각으로는 풍성한 감자튀김의 향과 맛을 경험하게 한다.

작은 '감자튀김 한 스쿱'으로 고객의 마음을 사로잡는 파이브 가이즈의 전략은 제품의 장점을 고객이 직접 보고 느낄 수 있게 만드는 '보여주는 마케팅'의 힘을 증명한다. 이 감각적 전략은 단기적인 매출 증대뿐 아니라, 브랜드 가치 상승과 고객 만족도 강화를 통해 재방문율을 높여 장기적으로 파이브 가이즈의 성장 동력이 되고 있다.

보이지 않던 가치를 드러내다
: 올갱이 국밥의 변신

강원도의 한 올갱이 국밥집 할머니는 경쟁이 치열한 지역에서 식당을 운영했다. 주변 식당들과 큰 차이가 없어 보였지만, 사실 한 가지 특별한 점이 있었다. 바로 국밥에 올갱이를 유난히 많이 넣는다는 것이었다.

다른 식당들이 올갱이를 숟가락으로 몇 스푼 정도만 넣는 반면, 이 할머니는 국자로 듬뿍 떠서 아낌없이 넣었다. 이는 분명한 차별화된 강점이었지만, 문제는 이 장점이 손님들 눈에 보이지 않는다는 것이었다. 올갱이가 국물 아래로 가라앉아 눈에 잘 띄지 않았기 때문이다. 할머니는 남들보다 더 많은 올갱이를 넣기 위해 비용과 노력을 들였지만, 정작 손님들은 이를 인지하지 못했다.

고민을 거듭한 끝에 할머니는 간단한 아이디어를 떠올렸다. '올갱이를 눈에 보이게끔 하면 되잖아!' 이 발상의 전환으로 할머니는 국밥을 내는 방식을 바꿨다. 뚝배기에 올갱이 국물을 담고, 맨 위에  달걀을 띄운 다음, 그 위에 올갱이를 살포시 얹어 손님들이 한눈에 알아볼 수 있게 했다.

이 작은 변화가 가져온 결과는 놀라웠다. 그날 이후, 이 식당은 동네 대박집으로 소문나기 시작했다. 동일한 양의 올갱이를 사용했지만, 그 장점을 시각적으로 부각시킨 것만으로도 손님들의 반응은 완전히 달라졌다. "와, 이 할머니 집 올갱이 국밥은 정말 대박이야! 봐봐, 이 집은 다른 집과 다르게 올갱이가 이렇게나 많이 들어가 있잖아!"

이 사례는 제품의 강점을 시각적으로 보여주는 것만으로도 소비자 인식을 완전히 바꿀 수 있다는 마케팅의 본질을 보여준다. 마케팅은 복잡한 전략과 분석이 필요할 때도 있지만, 때로는 이처럼 단순한 아이디어가 큰 변화를 만들어낸다. 강원도 작은 국밥집 할머니도 이렇게 훌륭한 마케팅을 해낼 수 있다면, 지금 당장 작은 아이디어 하나로 시작해보는 것은 어떨까?

이처럼 시각적으로 보여주는 마케팅의 힘은 강력하다. 락앤락의 홈쇼핑 실연, 스마트락의 바이럴 영상, 파이브 가이즈의 넘치는 감자튀김, 올갱이 국밥의 비주얼 변화까지, 모든 사례가 공통적으로 보여주는 것은 '말로 하는 설명'과 '눈으로 보는 증명' 사이의 극명한 차이다.

시각 외에도 청각, 후각, 미각, 촉각 등 다른 감각들도 마찬가지로 소비자에게 강력한 인상을 남길 수 있다. 새우깡의 "손이 가요 손이 가" 같은 기억에 남는 멜로디, 러쉬 매장에서 풍기는 독특한 향기, 마트 시식 코너에서 직접 맛보는 경험, 테디베어의 포근한 촉감까지, 오감을 자극하는 마케팅은 단순한 정보 전달을 넘어 소비자에게 직접적인 체험을 제공함으로써 더 깊은 인상과 신뢰를 형성하고 구매 욕구를 자연스럽게 자극한다.

중요한 것은 제품의 핵심 장점을 소비자가 최대한 오감으로 느낄 수 있도록 만드는 것이다. 아무리 훌륭한 기능도 고객이 체감하지 못하면 의미가 없다. 지금 당장 여러분의 제품이나 서비스가 가진 강점을 고객이 오감으로 느낄 수 있는 방법은 무엇인지 생각해보자.

가치 기반 마케팅의 핵심 원칙

가격 대비 가치의 비밀
: 성공적인 마케팅의 열쇠

"소비자는 단순히 가격이 싼 제품을 고르는 것이 아니라, 지불하는 가격보다 가치가 더 클 때 상품을 구입한다."

이 문장은 마케팅의 핵심 원리를 보여준다. 일상 쇼핑에서 '가격'은 구매 결정에 영향을 미치는 여러 요소 중 하나일 뿐이며, 진정한 구매 동기는 '가치'에서 나온다. '가격'은 소비자가 지불하는 금전적 비용이고, '가치'는 그 제품이나 서비스가 제공하는 실질적 혜택을 뜻한다.

실제 구매 결정 순간을 생각해보면, 단순히 저렴하다고 해서 무조건 구매가 이루어지지 않는다는 점을 알 수 있다. 예를 들어, 가격이 1,000원인 제품이라도 소비자가 보기에 기껏 해봐야 700원짜리의 제품으로 보인다면, 소비자가 인지하는 가치는 가격보다 훨씬 낮게 형성된다. 반대로 1,000원짜리 제품이 그보다 훨씬 비싸 보인다면, 실제 소비자가 느끼는 가치는 1,000원을 크게 웃돌게 된다.

마케팅의 핵심은 바로 이 '가치' 창출에 있다. 소비자는 지불하는 '가격' 이상의 '가치'를 느낄 때 비로소 지갑을 연다.

$$\text{가격대비 가치} = \frac{\text{차별성 X 필요성 X 유형성}}{\text{가격}}$$

'가격 대비 가치' 공식

이 공식에서 '가격 대비 가치'를 높이는 방법은 수학적으로 두 가지다. 첫째는 분자에 해당하는 차별성, 필요성, 유형성 중 하나 이상을 강화하는 것이고, 둘째는 분모인 가격을 낮추는 것이다.

'유형성'은 제품이 약속하는 가치를 소비자가 실제로 오감을 통해 확인하고 경험할 수 있는 정도를 의미한다. 락앤락이나 스마트락처럼 제품의 장점을 오감으로, 직관적으로 느끼게 하는 방법이 대표적인 예다.

즉, 가격 대비 가치를 높이려면 경쟁사 대비 더욱 차별화된 제품을 개발하거나, 소비자의 잠재적 니즈를 보다 정확히 충족시키거나, 제품의 핵심 장점을 소비자가 직관적으로 체감할 수 있도록 해야 한다.

이 공식에서 주목할 점은 분자를 구성하는 세 요소가 단순 합산이 아닌 곱셈 관계라는 것이다. 즉, 이 세 요소 중 하나만 개선해도 곱셈 효과 덕분에 전체 가치가 비례하여 대폭 증가할 수 있다. 이것이 마케팅에서 핵심 차별점 개발이 중요한 이유다.

하지만 안타깝게도 대부분의 비즈니스 현장에서는 매출이 부진할 때 분자 요소를 개선하는 대신, 단순히 쉽고 빠른 해결책으로 분모를 건드린다.

"사장님, 이번에 출시한 신제품 판매가 기대에 미치지 못합니다."
"그럼, 가격을 5% 인하해봅시다."
"사장님, 여전히 시장 반응이 별로인데요."
"그럼, 추가로 10% 더 내려봅시다."

이런 대화는 비즈니스 현장에서 매우 흔하다. 가격 인하는 단기적으로 '가격 대비 가치'를 개선할 수 있지만, 수익성 저하로 이어질 수 있어 신중한 전략적 접근이 필요하다.

물론 가격 인하 전략이 무조건 잘못된 것은 아니다. 시장 상황이나 경쟁 환경에 따라 가격 인하가 필요한 경우도 분명히 있다. 하지만 판매가 부진할 때 무턱대고 가격부터 내리기보다는, 먼저 분자의 3가지 요소를 선제적으로 검토해보는 것이 중요하다.

차별성 측면에서는 경쟁사 대비 우리 제품만의 독특한 장점이 충분히 부각되고 있는지, 필요성 측면에서는 소비자의 실제 니즈와 정확히 맞아떨어지는지, 유형성 측면에서는 제품의 핵심 가치를 소비자가 직관적으로 체감할 수 있도록 전달되고 있는지를 철저히 분석해야 한다.

이러한 분자 요소들에 대한 개선 노력을 최대한 기울인 후에도 여전히 판매 촉진이 필요한 상황이라면, 그때 가서 가격 인하를 검토하는 것이 바람직하다. 왜냐하면 가격을 내리는 것은 경영진 결정만으로 즉시 실행 가능하지만, 원가 조정 없이 가격만 인하하면 인하된 만큼 판매수익이 그대로 줄어들고, 한번 낮춘 가격을 다시 올리는 것은 소비자의 강한 저항에 직면할 수 있기 때문이다.

결국 '가격 대비 가치'를 향상시키는 가장 건전한 접근법은 분자 개선을 우선순위에 두는 것이다. 이런 순서를 지킬 때 지속 가능한 비즈니스 성장과 수익성 확보를 동시에 달성할 수 있다.

의미 있는 차별화
: 고객 관점에서 바라보기

　　마케팅에서 '차별화'만큼 자주 등장하는 단어도 드물다. 글로벌 기업에서 자주 듣던 말이 있다. '브랜드는 차별화에 실패하면 죽는다.' 조금 과격하게 들릴 수 있지만, 이는 사실이다. 차별화는 브랜드의 생존과 직결된 문제다.

그렇다면 진정한 차별화란 무엇일까? 많은 사람이 차별화를 '다르게 하는 것'으로만 생각한다. 틀린 말은 아니다. 하지만 마케팅에서의 차별화는 단순한 '다름'을 넘어선다. 그 '다름' 속에 반드시 고객에게 '의미'가 있어야 한다. 즉, 고객이 그 차이점을 왜 중요하게 받아들여야 하는지, 어떤 가치를 얻을 수 있는지가 핵심이다.

저자가 강의 중에 자주 드는 예시를 소개하겠다.

무더운 여름날 에어컨이 고장 났다고 상상해보자. AS는 일주일 뒤에나 가능하다. 선풍기를 코앞에 틀어놓고 있어도 더위에 지쳐 아무것도 할 수 없다.

그때 아내가 말한다.

"여보, 수박 먹을래?"
"어, 수박? 완전 좋지!"

수박이란 단어만으로도 빨갛게 잘 익은 시원하고 달콤한 수박이 떠오른다. 서걱서걱, 수박 써는 소리가 기대감을 높인다. 잠시 후 접시에 담기는 소리가 들린다.

"여기 수박. 맛있게 먹어."

한입 베어 물기 직전, 시원하고 달콤한 맛을 기대하며 크게 한입 베어 먹는데, 그 수박이 '달랐다.'

만약 그 수박이 '따뜻했다면' 어떤 생각이 들까? 단순히 냉장고에 넣지 않은 것이 아니라, 따스한 온기가 느껴지는 온도의 수박. 생각만 해도 끔찍하지 않은가?

따뜻한 수박을 경험한 사람은 거의 없을 것이다. 그만큼 '따뜻한 수박'은 분명 '다른' 상품이다. 하지만 과연 누가 이런 수박을 찾을까? 전혀 상품성이 없다.

중소기업 컨설팅을 해보면, 안타깝게도 이런 '따뜻한 수박'을 자랑하는 경영자들을 자주 만난다.

"사장님 회사 제품의 강점이 무엇인가요? 저가 고객이라면 왜 사장님 회사 제품을 선택해야 할까요?"

"아휴, 우리 제품 정말 뛰어나요. 고객들이 잘 모를 뿐이지 우리 제품만 OOO 공법으로 만들어졌거든요. 경쟁 제품과는 완전히 다릅니다."

이렇게 시작해서 10분 가까이 전문 용어로 '공법'에 대해 설명하는 사장님들이 계신다. 가장 인상적이었던 한 사장님은 제품의 장점을 설명하면서 A4용지 10장이 넘게 손으로 그려가며 30분 동안이나 '차별점'을 설명하셨다.

안타깝게도, 그들이 말하는 '차별화'는 '따뜻한 수박'과 다를 바 없다. 고객 관점에서는 그런 차별점이 의미가 없는데, 제조자에게만 중요한 포인트를 계속 강조해도 고객은 설득되지 않는다. 더 솔직히 말하자면, 듣기 싫고 복잡해서 오히려 회피하게 된다.

그럼에도 이런 '따뜻한 수박' 포인트를 핵심 차별화 요소로 삼아 광고비까지 투자한다. 고객들은 일단 광고로 노출되니 스쳐보기는 하지만, 그들에게도 여전히 '따뜻한 수박'일 뿐이다. 결국 광고비를 많이 투자해 기대는 했지만 매출은 전혀 증가하지 않는다. 그러고는 "마케팅하는 놈들 다 사기꾼이야. 돈만 챙기고 매출은 하나도 못 올려"라며 원망한다.

물론 이런 차별화 포인트에 그대로 광고비를 투입하게 하는 마케터에게도 책임이 있다. 그러나 더 근본적으로는 우리 제품의 컨셉이나 핵심 셀링 포인트가 고객에게 '따뜻한 수박'은 아닌지 진지하게, 그리고 열린 마음으로 돌아봐야 한다. 이 글이 그런 계기가 되길 바란다.

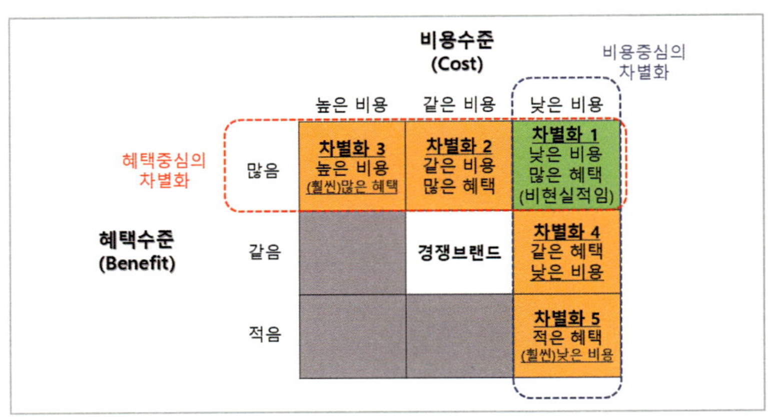

비용(Cost)중심의 차별화 vs 혜택(Benefit)중심의 차별화

차별화 전략을 수립할 때 핵심이 되는 두 가지 요소는 '비용'과 '혜택'이다. 이 두 축을 기반으로 한 차별화 매트릭스를 활용하면 우리의 시장 위치를 명확히 파악할 수 있다.

가로축은 고객이 지불하는 비용 수준을 나타낸다. 경쟁사 대비 우리 제품의 비용이 저렴할수록 우측에, 비쌀수록 좌측에 위치한다. 세로축은 고객이 얻는 혜택의 정도를 보여주며, 위로 갈수록 경쟁사 대비 혜택이 풍부하고, 아래로 갈수록 혜택이 제한적임을 의미한다.

9개의 박스로 구성된 이 매트릭스에서 중앙에 위치한 영역은 경쟁사와 가격 및 혜택이 비슷한 '무차별 지대'로, 시장에서 눈에 띄지 못하는 위치를 의미한다.

가장 이상적인 포지셔닝은 우측 상단 박스로, 경쟁사보다 가격은 낮고 혜택은 높은 '스윗 스폿'이다. 하지만 이는 현실적으로 지속 가능하기 어려운 경우가 많다.

따라서 실용적인 차별화 목표 지점은 '차별화 2'(최상단 중간 박스)와 '차별화 4'(우측 중간 박스)이다. '차별화 2'는 비용은 동일하지만 고객 가치가 더 뛰어난 '가치 우위' 전략이며, '차별화 4'는 동일한 혜택을 더 합리적인 가격에 제공하는 '가격 우위' 전략이다.

이 두 지점도 달성하기 어려운 경우, 차선책으로 '차별화 3'(최상단 좌측 박스)이나 '차별화 5'(우측 하단 박스)를 고려할 수 있다. '차별화 3'은 비용은 높지만 프리미엄급 혜택을 제공하는 '프리미엄 전략'이고, '차별화 5'는 혜택은 기본적이지만 가격 경쟁력이 탁월한 '저가 전략'이다.

그 외 회색으로 표시된 영역들은 경쟁사 대비 불리한 위치에 있는 '경쟁 취약 지대'로, 시장에서 입지를 확보하기 어려운 상황을 의미한다.

결국 이 매트릭스는 기업이 '어디에 서 있고, 어디로 갈 것인가'를 명확히 보여주는 나침반 역할을 한다. 현재 위치를 정확히 파악하고, 목표로 하는 차별화 지점을 명확히 선택했다면, 그 방향으로 나아가기 위한 구체적인 전략을 수립할 수 있다.

디지털 시대의 마케팅 혁신

지금까지 살펴본 마케팅의 기본 원리들은 시대를 초월한 진리다. 고객을 이해하고, 차별화된 가치를 제공하며, 효과적으로 소통한다는 본질은 변하지 않았다. 하지만 이 원리들이 실현되는 방식은 디지털 기술의 발전과 함께 완전히 달라졌다.

과거 마케터들이 TV 광고와 신문 지면을 놓고 치열하게 경쟁했다면, 이제는 검색 결과 상위 노출과 SNS 알고리즘을 이해해야 한다. 소비자들이 광고를 일방적으로 받아들이던 시대에서, 이제는 소비자가 직접 정보를 찾고 다른 소비자들과 경험을 공유하는 시대로 바뀌었다. 이런 변화의 핵심에는 소비자 행동 패턴의 근본적인 전환이 있다.

말랑카우는 어쩌다가 대박 제품이 되었을까? SNS 바이럴의 힘

'구름을 씹는 부드러운 캔디', '손자와 할머니가 쟁탈하는 최초의 캔디'. 이런 표현들은 마케팅팀이 고심해서 만든 문구가 아니다. 실제 소비자들이 직접 표현한 생생한 리뷰다. 말랑카우는 SNS에서 입소문을 타고 폭발적인 인기를 얻으며 제과업계의 새로운 성공 신화를 썼다.

제과업체들은 포트폴리오 관리를 위해 껌, 사탕, 쿠키 등의 다양한 제품군을 운영하며, 이 중 일부는 수익의 중심축인 캐시카우 역할을 담당한다. 당연히 기업은 캐시카우 제품에 마케팅 예산을 집중 투자하고, 어떤 제품들은 라인업 완성을 위한 구색 맞추기용으로 최소한의 자원만 배분한다.

2013년 말 출시된 말랑카우는 원래 특별한 기대 없이 라인업을 채우는 구색 제품의 위치에서 출발했다.

지드래곤의 주머니에서 시작된 기적

출시 1년 후, 예상치 못한 사건이 말랑카우의 운명을 바꿔놓았다. 'YG 바자회'에 참석한 한 팬이 지드래곤(GD)이 즐겨 입던 옷을 구매하게 되었는데, 구매 후기에서 재킷과 함께 사람들의 시선을 사로잡은 것은 바로 주머니에서 나온 캐러멜이었다.

해당 팬은 "주머니에서 말랑카우 2개가 나왔어요"라며 "아무래도 요거 좋아하시는 듯"이라고 후기에 적었다. 이 순간부터 이 사진은 순식간에 SNS를 타고 퍼져나가며 화제의 중심이 되었다. 그때까지 대중에게 생소했던 말랑카우는 이 순간을 기점으로 '지드래곤이 사랑하는 캔디'라는 강력한 브랜드 스토리를 갖게 되었다.

흥미로운 점은 말랑카우가 구색 맞추기 제품이었기에 당시 유통망이 제한적이었다는 사실이다. 최고의 셀럽이 애용하는 간식이라는 입소문이 퍼지면서 소비자들의 호기심은 폭발했지만, 정작 제품을 구하기는 쉽지 않았다. 많은 소매점 운영자들조차 이 제품을 모르는 상황이었고, 이런 희소성이 역설적으로 SNS에서 더 큰 화제를 모았다.

'말랑카우를 어디서 구할 수 있는지'에 대한 정보 공유가 활발해졌
고, 우연히 말랑카우를 발견한 소비자들은 인증샷을 올리며 온라인
커뮤니티를 달궜다. 판매처가 알려지면 곧바로 품절 사태가 벌어지
는 진풍경이 연출됐다. 아마도 이 현상에 가장 당황스러웠던 건 정
작 롯데제과 내부였을 것이다. 별도의 광고나 프로모션 없이 갑작스
럽게 주문이 폭주하고, 전국 유통망에서 입그 문의가 쇄도했으니 말
이다.

제과업계에서는 캔디 단일 제품이 연간 50억 원의 매출을 달성해
도 '대박'으로 평가하는데, 말랑카우는 불과 1년 만에 100억 원의 매
출을 기록하며 업계의 상식을 완전히 뒤엎었다. 이후 말랑카우는 매
년 200억 원 이상의 매출을 지속적으로 올리는 인기 제품으로 자리
잡았다.

전통적인 마케팅 공식의 종말

이러한 성과는 마케팅 환경의 급격한 변화라는 점에서 더욱 의미
가 있다. 저자가 마케팅을 본격적으로 배우던 시기(90년대에서 2010년
사이)만 해도, 히트 상품을 만들기 위해서는 철저한 시장 분석과 치

밀한 준비, 과감한 예산 투자, 그리고 완벽한 실행력이 뒷받침되어야만 간신히 성공 가능성을 높일 수 있었다.

특히 전국 단위의 판매량을 끌어올리려면 TV 광고에 막대한 예산을 투입해야 했기에 사전 준비 작업도 방대했고, 수억 원대의 광고 제작비와 10억을 훌쩍 넘는 매체 광고비가 필요했다. 이로 인해 마케팅 담당자로서 실패에 대한 부담감은 항상 어깨를 짓눌렀다.

하지만 디지털과 모바일이 주도하는 현재의 마케팅 환경에서는 SNS의 사진 한 장이 기폭제가 되어 순식간에 브랜드 열풍을 일으킬 수 있다. 전통적인 마케팅 공식을 따르지 않고도 대박을 터뜨릴 수 있는 이런 변화는 오랜 기간 마케팅을 해온 저자에게도 새로운 가능성의 세계를 보여주는 사례였다.

우연이 만든 성공의 네 가지 원리

그렇다면 말랑카우의 성공이 완전한 우연이었을까? 물론 지드래곤의 주머니에서 캔디가 발견된 것은 예상치 못한 우연의 산물이었다. 하지만 이 우연한 사건이 왜 이토록 큰 파급력을 가질 수 있었는지 분석해보면 디지털 시대 마케팅의 핵심 원리를 발견할 수 있다.

1. 광고가 아닌 우연한 노출이었다. 지드래곤이 의도적으로 제품을 홍보한 것이 아니라, 일상에서 자연스럽게 즐기던 제품이 팬의 구매 후기를 통해 우연히 알려져 소비자들에게 더 큰 호기심과 신뢰를 불러일으켰다.

2. 흥미로운 발견 스토리가 있었다. 단순히 "연예인이 이 제품을 좋아한다"는 정

보가 아니라, 옷 주머니에서 캔디가 나왔다는 구체적이고 재미있는 이야기가 SNS에서 화제가 되기에 충분했다.

3. 제한적인 유통망이 역설적으로 화제성을 높였다. 어디서나 쉽게 구할 수 있는 제품이 아니었고, 이로 인해 '어디서 파는지' '어떻게 구하는지'에 대한 정보 자체가 소비자들 사이에서 가치 있는 콘텐츠가 되었다.

4. 소비자들이 직접 참여하며 바이럴을 만들어냈다. 판매처 정보를 공유하고, 구매 인증샷을 올리며, 맛에 대한 리뷰를 나누는 과정에서 자연스럽게 커뮤니티가 형성되었다. 이는 전통적인 일방향 광고와 달리 소비자들이 직접 콘텐츠를 생산하고 확산시키는 디지털 시대의 특징이다.

이런 요소들이 우연히 한데 모였을 때 폭발적인 시너지를 만들어 낸 것이다. 이는 마케팅 전략의 핵심과 소비자 행동 패턴이 얼마나 근본적으로 변화했는지를 보여주며, 디지털 시대의 새로운 마케팅 법칙을 확인시켜 준다. 이제는 팬 한 명의 SNS 포스팅이 전국적인 열풍을 만들어낼 수 있는 시대가 되었다. 이런 변화를 이해하려면 소비자 행동 모델의 근본적인 변화부터 살펴봐야 한다.

광고의 역할이 바뀌었다. AIDMA vs AISAS 모델 비교

말랑카우 사례에서 확인했듯이, 디지털 시대에는 전통적인 광고 없이도 폭발적인 성공이 가능하다. 이런 변화의 핵심에는 소비자 구매 행동 패턴의 근본적인 전환이 있다. 과거와 현재의 소비자 행동을 비교 분석하면, 마케팅 전략이 왜 달라져야 하는지 명확하게 이해할 수 있다.

전통적 소비자 행동 모델 AIDMA

AIDMA 모델은 1898년 미국의 E. St. Elmo Lewis가 개발한 소비자 구매 행동 모델이다. 당시 우리나라는 일제강점기를 앞둔 혼란스러운 시기였지만, 미국에서는 벌써 소비자의 마음을 읽고 구매 행동을 체계적으로 분석하는 모델이 탄생했다는 사실은 당시 미국 마케팅의 놀라운 선진성을 보여준다. 다행히 대한민국도 그 후 놀라운 발전을 거듭하며, 이제는 삼성, LG, 현대자동차 등 글로벌 브랜드를 탄생시키고, 디지털 마케팅과 소셜 커머스 분야에서 혁신적인 전략으로 전 세계의 주목을 받는 마케팅 선진국이 되었다.

AIDMA는 Attention(주목) → Interest(관심) → Desire(욕망) →

Memory(기억) → Action(행동)의 단계로 구성되며, 매스미디어 광고의 일방향적 영향력을 명확하게 설명한다. 과거 매스미디어 광고 홍수 속에서 소비자가 광고에 주목하게 되고, 흥미와 욕구가 생겨 브랜드를 기억하며, 최종적으로 구매 행동으로 이어지는 소비자 여정을 보여준다.

일상에서 접하는 TV 광고를 예로 들면 쉽게 이해할 수 있다. 새로운 음료 광고에 인기 연예인이 등장해 시선을 사로잡는다(주목, Attention). 그 모델이 음료를 맛있게 마시는 모습을 보며 호기심이 생긴다(흥미, Interest). 청량감 있는 음료를 마시는 모습에 나도 한 번 마셔보고 싶어진다(욕구, Desire). 다음에 구매하기 위해 브랜드명과 패키지를 머릿속에 각인한다(기억, Memory). 결국 편의점에 가서 그 음료를 구매한다(행동, Action).

이 과정의 핵심은 소비자의 참여 없이 광고가 일방적으로 전달된다는 점이다. 소비자는 단순히 정보를 받아들이는 수동적 위치에 머물며, 광고가 '주목' 단계부터 '행동' 단계까지 전 과정에 강력한 영향력을 행사한다. 그만큼 과거에는 광고의 파급력이 절대적이었고, 특히 '기억' 단계를 강화하기 위해 유명 연예인을 활용하는 전략이 효과적이었다.

디지털 시대의 소비자 행동 모델 AISAS

디지털과 인터넷이 일상에 깊숙이 자리 잡으면서 소비자 구매 행태도 크게 변화했다. 이런 변화를 반영해 2004년 일본의 대형 광고회사 덴츠(Dentsu)가 개발한 모델이 바로 AISAS다. AISAS는 Attention(주목) → Interest(관심) → Search(검색) → Action(행동) → Share(공유)의 단계로 구성되며, 빠르게 진화하는 디지털 시대의 소비자 행동 패턴을 정확히 포착했다.

현대 소비자들은 상품 정보를 접하고 관심을 갖게 되면, 자연스럽게 온라인에서 추가 정보를 검색한다. 그 후 제품에 대한 확신이 생겼을 때 비로소 구매를 결정한다. 이 '검색' 단계가 현대 마케팅에서 핵심 변수로 작용한다.

앞서 언급한 음료 광고의 예를 AISAS 모델로 설명하면 다음과 같다. 새로운 음료 광고에 인기 연예인이 등장해 시선을 사로잡는다(주목, Attention). 광고 속 음료의 청량감에 관심이 생긴다(관심, Interest). 실제 맛은 어떤지 온라인에서 사용자 후기를 검색한다(검색, Search). 긍정적 평가가 많아 확신이 들면 음료를 구매한다(행동, Action). 경험 후 SNS나 리뷰 플랫폼에 나의 솔직한 평가를 올린다(공유, Share).

AISAS 모델에서 가장 특징적인 요소는 '검색'과 '공유' 단계다. AIDMA 모델이 기업에서 소비자로 향하는 일방향적 소비 여정을 보여준다면, AISAS 모델은 소비자가 능동적 주체가 되는 과정을 설명한다. 디지털 네이티브 소비자들은 제품에 관심을 갖게 되면 즉시 네이버, 구글뿐만 아니라 유튜브, 심지어 AI까지 활용해 정보를 검색한다. 구매 후에는 자신의 경험을 온라인에 공유하면서 다른 소비자들의 구매에 영향을 주는 선순환 구조가 형성된다.

이로 인해 마케팅 생태계에 지각변동이 일어났다. 광고의 주요 역할이 '주목'과 '관심' 단계까지로 한정되면서, 과거 전 과정을 장악했던 광고대행사들은 예전과 달리 역할이 현저히 축소되며 어려움에 직면하게 되었다. 반면 '검색' 단계를 장악한 네이버와 구글, '공유' 단계의 핵심인 SNS 플랫폼들이 마케팅 예산의 상당 부분을 흡수하며 급부상했다.

오늘날의 소비자들은 더욱 현명해져서 단순한 광고나 소수의 후기만으로 구매를 결정하는 경우는 저관여 저가 상품에 국한되는 경향이 있다. 대부분의 소비자들은 제품의 장단점을 명확히 파악하기 위해 다양한 채널에서 정보를 직접 수집하고, 충분한 신뢰할 만한 평가를 확인한 후에야 지갑을 연다.

이에 대응해 기업들은 소비자가 검색했을 때 자사 제품이 상위에 노출되도록 검색 마케팅에 투자를 확대하고 있다. 동시에 부정적 리뷰를 최소화하고 긍정적 경험을 확산시키기 위한 리뷰 관리에 집중하며, 후기와 SNS, 블로그 등 소비자 주도 미디어에 대한 전략적 접근을 강화하는 추세다.

주목할 점은 AISAS 모델이 AIDMA 모델을 완전히 대체한 것이 아니라는 사실이다. 두 모델은 여전히 공존하며 상호보완적으로 활용된다. 오프라인 마케팅은 무조건 AIDMA, 온라인 마케팅은 무조건 AISAS라는 이분법적 접근은 피해야 한다 두 모델의 특성과 강점을 정확히 이해하고 적재적소에 활용할 때 더욱 효과적인 통합 마케팅 전략을 구축할 수 있다.

인터넷 시대의 소비자 행동 분석과 대응 전략

AIDMA에서 AISAS로의 변화가 단순한 이론이 아닌 현실임을 보여주는 데이터가 있다. 국내 한 리서치회사에서 1천 명 이상의 다양한 연령대 국민을 대상으로 실시한 조사 결과는 마케팅 업계에 큰 충격을 주었다.

이 조사에 따르면, 광고가 제품이나 서비스의 구매 고려 및 비교 단계에서 영향을 주는 비율은 단 16.9%에 불과했다. 이는 막대한 광고 예산을 투입하는 기업들에게 냉정한 현실을 보여주는 결과다. 대다수의 소비자(약 83%)는 광고보다 다른 요인들을 통해 구매를 결정하고 있으며, 이는 마케팅 전략에서 '광고' 중심 사고에서 벗어나야 함을 시사한다.

이 수치가 더욱 충격적인 이유는 과거 광고의 절대적 위상을 생각해보면 된다. 불과 15-20년 전만 해도 TV 광고 하나로 브랜드 인지도를 높이고 매출을 견인하는 것이 가능했다. 하지만 이제는 광고의 직접적 구매 영향력이 20% 미만으로 떨어진 것이다.

그렇다면 소비자들은 무엇에 의존해 구매를 결정할까? 조사 결과, 인터넷 검색, 블로그, 소셜미디어, 온라인 게시판의 제품 리뷰나 사용 후기가 구매 결정에 가장 큰 영향을 미치는 것으로 나타났다. 대부분의 소비자들은 광고에 관심을 가져도 바로 구매하기보다는 검색

창에 제품명을 입력하고 실제 사용자들의 솔직한 리뷰와 사용 경험을 살펴본 후 최종 결정을 내린다.

이는 AISAS 모델에서 강조한 'Search(검색)' 단계의 중요성을 실증적으로 증명하는 데이터다. 소비자들은 더 이상 기업이 전달하는 일방적 메시지를 신뢰하지 않는다. 대신 동일한 제품을 실제 구매하고 사용한 다른 소비자들의 경험담에 더 큰 신뢰를 보낸다.

마지막으로, 제품이나 서비스의 이용 후기를 온라인에 공유하는 비율은 48%로 나타났다. 절반에 가까운 소비자들이 제품 사용 경험과 의견을 온라인 공간에서 적극적으로 나누고 있는 것이다. 이는 AISAS 모델의 'Share(공유)' 단계가 단순한 이론이 아닌 실제 현상임을 보여준다.

절반에 가까운 소비자가 경험을 공유한다는 사실은 마케팅 관점에서 매우 중요한 의미를 갖는다. 고객 한 명이 단순히 구매로 끝나는 것이 아니라, 그의 경험이 다시 잠재 고객들에게 영향을 미치는 순환 구조가 형성되고 있다는 뜻이다. 긍정적 경험을 한 고객은 자연스러운 브랜드 홍보대사가 되고, 부정적 경험을 한 고객은 잠재적 위험 요소가 될 수 있다.

이 조사 결과는 수년 전에 실시되었지만, 그 핵심 인사이트는 여전히 유효하다. 디지털 환경의 급속한 발전과 소비자 행동 변화를 고려할 때, 광고의 직접적 영향력은 지난 몇 년간 더욱 감소하고 이용 후기 공유의 중요성은 오히려 훨씬 더 가속화되었을 것으로 판단된다.

이 소비자 조사에서 얻을 수 있는 핵심 통찰은 명확하다. 오늘날의 소비자는 마케터가 제시하는 메시지나 제품 정보를 맹목적으로 수용하지 않는다. 의문이 생기면 즉시 검증하고, 이렇게 검증된 정보는 온라인을 통해 빠르게 확산되어 더 많은 잠재 고객에게 영향을 미친다.

과거에는 '침대는 가구가 아니라 과학이다'처럼 멋진 광고 카피 하나로도 소비자의 마음을 사로잡고 즉각적인 구매로 이끌 수 있었다. 하지만 현대 소비 환경에서는 과장된 광고가 오히려 브랜드에 치명적인 타격을 줄 수 있어, 무분별한 과장 마케팅의 시대는 지났다.

대신, 현재는 거대한 광고 예산 없이도 진정한 가치와 높은 만족도를 제공하고, 긍정적인 리뷰와 후기를 활용한 저비용 소셜 마케팅만으로도 '대박' 제품을 탄생시킬 수 있는 시대가 되었다. 뷰티 브랜드 조선미녀, 생활용품 브랜드 쓰리잘비, 의류 쇼핑몰 토모나리, 독도 토너로 유명한 라운드랩 등이 그 대표적인 사례이며, 이러한 성공 스토리는 계속해서 쏟아져 나오고 있다.

이제 마케터들은 광고 제작과 매체 구매에 집중하던 과거 방식에서 벗어나야 한다. 대신 고객이 검색할 때 우리 제품이 긍정적으로 노출되도록 하는 검색 마케팅, 고객 경험을 극대화해 자발적 추천을 유도하는 경험 설계, 그리고 온라인 평판과 리뷰를 체계적으로 관리하는 전략에 더 많은 관심과 자원을 투입해야 한다.

이런 변화는 위기가 아니라 기회다. 과거에는 막대한 광고 예산이 없으면 소비자에게 알려지기조차 어려웠지만, 이제는 좋은 제품과 진정성 있는 소통만으로도 성공할 수 있는 길이 열렸다. 중소기업이나 스타트업, 나아가 소상공인에게는 오히려 더 공평한 경쟁 환경이 조성된 셈이다.

핵심은 소비자가 원하는 것을 정확히 파악하고, 그들이 정보를 찾는 곳에 우리가 있어야 한다는 것이다. 그리고 무엇보다 고객이 우리 제품을 경험한 후 다른 사람에게 추천하고 싶어질 만큼 만족스러운 가치를 제공해야 한다.

디지털 마케팅 실전 전략

앞서 살펴본 소비자 행동 변화는 단순한 이론이 아니라 마케터들이 실제로 대응해야 할 현실이다. 광고의 영향력이 16.9%로 급감하고 검색과 리뷰가 구매 결정의 핵심이 된 상황에서, 마케팅 전략도 근본적으로 달라져야 한다.

디지털 마케팅은 다양한 분야가 얽혀있는 복잡한 영역이다. 이 책에서는 기본 개념과 핵심 원칙만 다르므로, 더 깊이 있는 내용은 디지털 마케팅 전문서나 최신 온라인 자료를 참고하길 바란다. 여기서는 중소기업과 소상공인도 당장 활용할 수 있는 실용적인 전략에 집중한다.

SEO, SNS, 콘텐츠 마케팅, 리뷰 관리는 각각 효과가 있지만, 함께 활용하면 더 큰 시너지를 낸다. 디지털 마케팅의 핵심이 되는 다음 네 가지 분야를 하나씩 살펴보자.

SEO(검색 엔진 최적화) 전략의 핵심 이해

SEO란 간단히 말해 네이버나 구글에서 내 비즈니스나 브랜드가 잘 나오도록 하는 방법이다. 소비자들이 검색을 통해 구매를 결정하는 시대에, 검색 결과에서 보이지 않으면 존재하지 않는 것과 마찬가지다. 검색 결과 1페이지나 상단에 나오려면 어떻게 해야 할까? 3가지만 기억하자: 좋은 키워드, 고객을 위한 콘텐츠, 다른 사이트의 추천(백링크)이다.

좋은 키워드 선택하기

- 키워드 설정 과정에서 가장 흔한 실수는 내가 중요하다고 생각하는 키워드에만 매달리는 것이다. 실제로 고객은 전혀 다른 단어로 검색하는 경우가 많다. 예를 들어, 화장품 회사에서는 '안티에이징 크림'이라고 부르지만 고객들은 '주름 크림'으로 검색한다.
- 구글 애널리틱스로 내 웹사이트의 실제 유입 키워드를 분석하고, 구글 키워드 플래너로 키워드별 검색량과 광고 단가를 파악해서 비용 대비 효율성을 알아내는 것이 중요하다.
- 특히 경쟁이 치열한 키워드보다는 검색량은 적더라도 구매 의도가 명확한 롱테일 키워드를 활용하는 것이 효과적이다. 롱테일 키워드란 3-4개 단어로 구성된 구체적이고 긴 검색어를 말한다. 예를 들어 '화장품' 대신 '40대 건성피부 보습크림 추천'처럼 구체적인 키워드다.
- 롱테일 키워드의 장점은 세 가지다. 첫째, 경쟁이 상대적으로 낮아 상위 노출이 쉽다. 둘째, 검색하는 사람의 의도가 명확해 전환율이 높다. 셋째, 대기업들이 놓치는 틈새 시장을 공략할 수 있다. '화장품'으로 검색하는 사람은 단

순히 정보를 찾을 수도 있지만, '40대 건성피부 보습크림 추천'으로 검색하는 사람은 당장 구매할 가능성이 높다.

고객을 위한 콘텐츠 만들기

- 콘텐츠 작성은 검색 엔진을 위해서가 아니라 실제 방문자를 위해 하는 것이다. 키워드를 억지로 넣기보다 자연스럽게 녹여내는 글이 결국 더 좋은 순위를 받는다. 네이버와 구글은 점점 똑똑해져서 키워드만 잔뜩 넣은 글은 오히려 순위를 낮춘다.
- 진짜 중요한 것은 '검색 의도'를 파악하는 것이다. 같은 키워드라도 정보를 찾는 것인지, 제품을 비교하는 것인지, 당장 구매하려는 것인지에 따라 콘텐츠 방향이 달라져야 한다.

다른 사이트의 백링크 만들기

- 백링크란 다른 웹사이트가 내 사이트 주소를 소개해주는 것이다. 친구가 맛집을 추천해주는 것처럼, 다른 사이트가 내 사이트를 추천해주면 구글이 "이 사이트는 믿을 만하구나"라고 생각한다. 하지만 백링크는 개수보다 품질이 중요하다. 유명한 사이트 3곳이 추천하주는 것이 무명 사이트 100곳보다 효과적이다.
- **주의할 점:** 저품질 링크 대량 구매는 절대 하지 말자. 구글이 이를 감지하면 오히려 사이트 순위가 떨어진다.
- 통상 SEO는 당장 효과를 보기 어렵기 때문에 최소 6개월은 꾸준히 해야 어느 정도의 결과가 나오기 시작한다. 하지만 한번 자리 잡으면 오랫동안 고객을 끌어올 수 있다

※ 백링크를 얻는 실제 방법

- **업계 블로그에 기고하기**: 내 분야의 유명 블로그에 유용한 글을 써서 게재하고 내 사이트 링크를 포함시킨다.
- **보도자료 배포**: 회사 소식이나 신제품 출시를 언론에 알린다.
- **업계 행사나 세미나 강연**: 전문성을 인정받으면 자연스럽게 사이트 언급이 늘어난다.
- **고객 성공 사례 제공**: 다른 회사의 블로그나 사이트에 고객 사례로 소개되면 링크를 받을 수 있다.
- **지역 상공회의소나 협회 가입**: 회원 사이트 목록에 링크가 포함된다.

소셜 미디어 마케팅의 실전 접근법

"SNS 계정을 꼭 만들어야 하나요?" 강의를 하다 보면 이 질문을 자주 받는다. 이 질문에 대한 답은 명확하다. 제대로 관리할 수 있는 리소스와 전략이 있다면 만들고, 그렇지 않다면 차라리 만들지 않는 것이 브랜드를 위해 더 낫다.

소비자 관점에서 생각해보자. 어떤 브랜드의 SNS를 방문했을 때, 활발하게 소통하고 유익한 콘텐츠를 꾸준히 제공하는 브랜드와 1년이 넘도록 방치된 브랜드 중 어느 쪽이 더 신뢰와 호감을 주는가? 답은 명확하다. 방치된 SNS 계정은 오히려 브랜드 관리에 악영향을 미친다.

플랫폼 선택의 전략적 접근

모든 SNS 플랫폼에 있어야 한다는 강박을 버리자. 내 고객이 주로 활동하는 1-2개 플랫폼에 집중하는 것이 효과적이다. 예를 들어보자.

- 40대 남성이 타겟 → 인스타그램보다 유튜브
- 10대가 타겟 → 페이스북보다 틱톡
- B2B 비즈니스 → 링크드인 중심

각 플랫폼의 특성을 이해하고 그에 맞는 콘텐츠를 제작하는 것이 중요하다. 같은 메시지라도 인스타그램에서는 시각적으로, 유튜브에서는 스토리텔링 중심으로 다르게 접근해야 한다.

소통 중심의 콘텐츠 전략

SNS에서 가장 중요한 것은 판매보다 소통이다. 계속 물건만 팔려고 하면 팔로워들은 금방 떠난다. 회사의 일상이나 제품 개발 과정을 보여주고, 고객의 댓글에 답변하는 등 진정한 대화를 나누어야 한다.

성공의 핵심은 꾸준함이다. 한 달에 한 번 대작을 올리는 것보다 주 2-3회 간단한 콘텐츠를 올리는 것이 더 효과적이다.

인플루언서 마케팅의 현실적 활용

인플루언서 마케팅을 할 때는 팔로워 수에 현혹되지 말자. 팔로워 10만 명의 인플루언서보다 팔로워 1만 명이지만 내 상품과 딱 맞는 취향을 가진 마이크로 인플루언서가 더 효과적일 수 있다. 중요한 것은 인플루언서의 팔로워가 우리의 타겟 고객과 얼마나 일치하느냐다.

콘텐츠 마케팅의 차별화 전략

콘텐츠 마케팅이란 직접 광고하지 않고 고객에게 도움이 되는 정보를 제공하는 것이다. 예를 들어, 화장품을 판다면 제품 광고보다 피부 관리 노하우를 알려주는 식이다. 이는 AISAS 모델의 'Search' 단계에서 고객이 찾는 정보를 미리 제공하는 전략이다.

가치 중심의 콘텐츠 기획

조회수가 많이 발생하는 콘텐츠들의 특징을 보면 크게 두 가지로 나뉜다. 매우 재미있거나, 아니면 매우 유익한 정보를 담고 있는 경우다. 좋은 콘텐츠는 이 두 요소, 즉 정보와 재미의 균형이 중요하다. 너무 딱딱하면 지루하고, 너무 재미만 추구하면 도움이 되지 않는다.

콘텐츠 형식은 타겟 고객의 라이프스타일에 맞춰야 한다.

- 바쁜 직장인 → 긴 글보다 짧은 영상이나 간단한 이미지

- 전문가 → 상세한 설명이나 데이터가 포함된 내용

- 시니어층 → 큰 글씨와 명확한 구성의 텍스트 중심

지속 가능한 콘텐츠 시스템

일회성 대박을 노리지 말고 꾸준히 가치 있는 콘텐츠를 만들자. 콘텐츠 마케팅은 100m 단거리 달리기가 아니라 마라톤이다.

리뷰와 평판 관리의 숨겨진 기회

디지털 시대에는 고객 한 명의 리뷰가 수백 명의 잠재 고객에게 영향을 미칠 수 있다. 따라서 리뷰 관리는 선택이 아닌 필수가 되었다.

적극적인 리뷰 확보 전략

리뷰는 고객이 저절로 남기는 것이 아니다. 적극적으로 요청해야 한다. 상품 구매 후 감사 메일에 리뷰 작성 링크를 넣거나, 작은 쿠폰을 제공하는 등의 방법을 활용하자. 만족한 고객 10명 중 1명만 리뷰를 남긴다고 가정하면, 100개의 긍정적 리뷰를 얻으려면 1,000명의 만족 고객이 필요하다.

부정적 리뷰의 기회 전환

부정적인 리뷰는 위기가 아니라 기회다. 진심으로 사과하고 문제를 해결해주면 오히려 신뢰가 높아질 수 있다. 완벽한 척하는 회사보다 실수를 인정하고 개선하는 회사가 더 인간적이고 믿을 만하다.

부정적 리뷰에 대응할 때의 원칙:

- 24시간 내 신속한 응답

- 감정적 대응 금지, 사실 중심의 정중한 답변

- 개별 연락을 통한 문제 해결 노력

- 개선 조치 내용의 투명한 공개

리뷰 관리의 체계적 접근

리뷰 관리의 핵심은 고객의 말을 귀담아듣는 것이다. 별점에 일희일비하지 말고, 리뷰 내용에서 개선 힌트를 찾아 제품이나 서비스를 더 좋게 만들어가자. 정기적으로 리뷰를 분석해서 고객 불만의 패턴을 파악하고, 이를 제품 개발이나 서비스 개선에 반영하는 시스템을 구축해야 한다.

통합적 디지털 마케팅 전략

이 네 가지 영역은 독립적으로 작동하는 것이 아니라 유기적으로 연결되어야 한다. SEO를 통해 유입된 고객이 SNS에서 브랜드와 소통하고, 콘텐츠를 통해 신뢰를 쌓은 후 긍정적 리뷰를 남기는 선순환 구조를 만드는 것이 진정한 디지털 마케팅 전략이다.

디지털 시대의 고객 경험 재정의

앞서 살펴본 디지털 마케팅 실전 전략들이 개별 전술이라면, 고객 경험 설계는 이 모든 것을 하나로 묶는 통합적 관점이다. 디지털 시대의 고객들은 단순히 제품을 구매하는 것이 아니라, 브랜드와의 모든 접촉점에서 일관되고 매끄러운 경험을 기대한다. 이런 기대에 부응하지 못하면 아무리 좋은 제품이라도 외면받을 수 있다.

고객 여정의 전면적 재설계

디지털 시대의 고객 경험은 단발성 이벤트가 아니라 하나의 긴 '여행'이다. 고객을 처음 만나는 순간부터 상품을 사고, 사용하고, 다시 구매하기까지 모든 과정에서 부드럽고 일관된 경험을 제공해야 한다. 한 단계라도 고객을 실망시키면 전체 경험이 망가진다.

과거에는 매장에서의 경험만 신경 쓰면 됐지만, 이제는 웹사이트 방문부터 SNS 소통, 배송 과정, 사후 서비스까지 모든 접촉점이 브랜드 경험의 일부가 되었다. 예를 들어, 온라인에서 주문한 제품이 아무리 좋아도 배송이 늦거나 포장이 엉성하면 전체 브랜드 이미지가 훼손된다.

이제 마케터들은 '고객 여정 지도(Customer Journey Map)'를 그려서 고객이 우리 브랜드와 만나는 모든 순간을 파악하고, 각 단계에서 어떤 감정을 느끼는지 이해해야 한다. 그리고 부정적 경험이 발생하는 지점을 찾아 개선하는 작업을 지속적으로 해야 한다.

데이터 기반 개인화의 진화

개인화는 이제 당연히 해야 하는 일이 됐다. "OOO님을 위한 추천" 같은 표면적인 개인화를 넘어서, 고객이 평소 어떻게 행동하고 무엇을 좋아하는지 파악해서 정말 도움이 되는 경험을 만들어야 한다. 이때 중요한 것은 고객을 '감시'하는 게 아니라 '관심'을 보이는 마음가짐이다.

진정한 개인화란 고객 개개인의 니즈를 정확히 파악해서 맞춤형 솔루션을 제공하는 것이다. 예를 들어, 온라인 쇼핑몰에서 고객의 과거 구매 이력, 검색 패턴, 체류 시간 등을 분석해서 정말 관심을 가질 만한 상품을 추천하는 것이다. 단순히 "많이 팔린 상품"을 보여주는 것이 아니라, "이 고객에게 도움이 될 상품"을 제안해야 한다.

하지만 개인화 과정에서 고객의 프라이버시를 존중하는 것이 무엇보다 중요하다. 과도한 개인정보 수집이나 지나치게 정교한 타겟팅은 오히려 고객에게 불쾌감을 줄 수 있다. 투명성을 바탕으로 고객이 자발적으로 정보를 제공하고 싶어지도록 만드는 것이 핵심이다.

기술과 인간적 터치의 균형

AI와 자동화 기술을 도입할 때 조심해야 할 점은 너무 차가워 보일 수 있다는 것이다. 챗봇은 편리하지만, 복잡한 문제나 감정이 얽힌 상황에서는 여전히 사람이 직접 상담해야 한다. 기술과 인간적인 배려의 균형점을 잘 찾는 것이 중요하다.

성공적인 디지털 경험의 핵심은 기술을 전면에 내세우는 것이 아니라, 기술을 활용해서 더 인간적인 서비스를 제공하는 것이다. 고객은 복잡한 기술에는 관심이 없다. 단지 자신의 문제가 빠르고 정확하게 해결되기를 원할 뿐이다.

예를 들어, AI 챗봇이 초기 문의를 처리하더라도 고객이 불만을 표시하면 즉시 사람 상담원으로 연결되도록 하는 것이다. 또한 자동화된 메시지라도 개인의 상황에 맞게 커스터마이징해서 마치 사람이 직접 보낸 것처럼 느끼게 만드는 세심함이 필요하다.

언택트(Untact) 마케팅의 심층 분석

언택트는 단순히 '만나지 않는 것'이 아니라, 고객 입장에서 '더 좋은 만남'을 의미한다고 본다. 불필요한 만남은 줄이면서도 고객과 더 깊은 관계를 만드는 것이 성공의 비결이다. 얼굴을 직접 보지 않더라도 고객이 우리 브랜드를 더 가깝게 느끼도록 만들어야 한다.

언택트 시대의 가장 큰 실수는 오프라인에서 하던 일을 그냥 온라인으로 옮기려는 것이다. 오프라인 경험을 단순히 복사하는 게 아니라, 디지털 환경만이 가진 장점을 활용한 새로운 경험을 만들어야 한다. VR로 가상 매장을 돌아보거나 AR로 옷을 미리 입어보는 것처럼, 오프라인에서는 할 수 없는 경험을 제공할 때 차별화가 된다.

언택트가 자칫 '차갑고 딱딱한 느낌'을 줄 수 있다는 점을 기억하자. 디지털 채널이라도 따뜻한 느낌을 전달하려면 친근한 문체의 메시지, 개인화된 영상 인사말, 손글씨 메모 카드 같은 아날로그적인 터치를 추가하는 것이 좋다.

젊은 세대뿐만 아니라 기성세대도 이제 비대면 소비에 익숙해졌다. 코로나19로 시작된 이 변화는 단순한 유행이 아니라 소비 행동의 근본적인 변화이다. 하지만 모든 연령층이 같은 방식으로 언택트를 받아들이지는 않는다. 연령대별로 디지털에 적응하는 수준이 다르므로, 각각에 맞춤 경험을 설계하는 것이 필요하다.

옴니채널 전략의 현실적 구현

옴니채널(Omnichannel)이란 여러 채널(온라인, 오프라인, 모바일 등)을 하나로 연결해 고객이 어디서든 일관된 경험을 할 수 있도록 하는 비즈니스 방식이다. 옴니채널의 핵심은 여러 채널을 하나로 합치는 게 아니라, 고객이 어디서든 부드럽게 이동할 수 있게 하는 것이다. 고객이 웹사이트에서 보던 상품을 매장에서 직접 확인하고, 모바일로 주문한 상품을 매장에서 받아가는 등, 고객 편의에 맞춰 유연하게 이동할 수 있어야 한다. 이는 단순히 기술적 연결이 아니라, 고객의 행동 패턴을 깊이 이해한 설계가 필요하다.

옴니채널을 실현하는 데 가장 큰 걸림돌은 기술이 아니라 '회사 내부 문화'다. 온라인 부서와 오프라인 부서가 따로 놀면서 서로 경쟁하는 구조에서는 진정한 옴니채널이 불가능하다. 부서끼리 협력하는 문화와 성과를 통합해서 측정하는 시스템이 먼저 만들어져야 한다.

옴니채널 성공의 핵심은 고객 정보를 하나로 모으는 것이다. 고객이 웹사이트에서 본 상품을 매장 직원도 알고 있고, 콜센터에서 처리하는 문의 내용을 소셜미디어 담당자도 파악할 수 있어야 한다. 모든 채널에서 같은 정보를 공유해 일관된 서비스를 제공하는 것이 중요하다.

중소기업이 옴니채널을 구현할 때는 완벽함보다는 핵심적인 연결부터 시작하는 것이 좋다. 예를 들어, 온라인 주문을 매장에서 픽업할 수 있게 하거나, 매장에서 본 상품을 온라인으로 주문할 수 있게 하는 것부터 시작하자.

옴니채널의 궁극적 목표는 고객이 채널을 의식하지 않게 만드는 것이다. 스타벅스 사례에서 배울 점은 기술을 자랑하려 하지 않고 고객 편의에만 집중했다는 것이다. 스타벅스는 2014년 업계 최초로 앱 주문 후 매장 픽업 서비스를 도입해 옴니채널의 선도적 역할을 했다. 당시로서는 혁신적이었던 앱으로 미리 주문하고 매장에서 빠르게 받아가는 서비스, 매장에서 모은 포인트를 온라인에서도 사용할 수 있는 시스템 등이 현재는 업계 표준이 되었지만, 스타벅스의 이러한 선도적 접근이 옴니채널 발전에 큰 영향을 미쳤다. 기술은 고객에게 보이지 않고, 편리함만 느끼게 하는 것이 진정한 옴니채널이다.

디지털 기술은 계속 발전하고 있고, 고객의 기대 수준도 끊임없이 높아지고 있다. 오늘 만족시킨 고객 경험이 내일은 당연한 것이 될 수 있다. 따라서 지속적인 혁신과 개선이 필요하다.

중요한 것은 기술 자체에 매몰되지 않는 것이다. 새로운 기술이 나올 때마다 무작정 도입하기보다는, 우리 고객에게 정말 도움이 되는지, 기존 경험을 더 좋게 만드는지를 냉정하게 판단해야 한다.

결국 디지털 시대 마케팅의 핵심은 기술이 아니라 사람이다. AIDMA에서 AISAS로의 변화, 검색과 리뷰의 중요성 증대, 개인화된 경험에 대한 요구 증가 등 모든 변화의 중심에는 더 나은 경험을 원하는 고객이 있다.

고객 경험의 본질은 결국 고객의 문제를 해결해주고, 더 나은 삶을 살 수 있도록 도와주는 것이다. 이 본질을 잊지 않으면서 디지털 기술을 현명하게 활용할 때, 진정으로 차별화된 고객 경험을 만들어낼 수 있다. 그리고 이것이야말로 디지털 시대에도 변하지 않는 마케팅의 궁극적 목표다.

AI 시대의 마케팅 패러다임 전환

AIDMA에서 AISAS로의 전환이 '광고 주도'에서 '소비자 주도'로의 변화였다면, 지금 우리는 한 걸음 더 나아간 새로운 국면을 맞이하고 있다. 바로 인공지능(AI)과 알고리즘이 마케팅 생태계를 근본적으로 재편하는 시대다. 소비자 행동은 이제 'AI 영향력 기반의 초개인화'라는 완전히 새로운 차원으로 진입했다.

AI 시대의 소비자 행동 변화

AISAS 모델에서는 소비자가 스스로 검색(Search)한다는 점이 핵심이었다. 하지만 AI 시대에는 소비자가 무언가를 검색하기도 전에, 심지어 스스로 관심사를 명확히 인식하기도 전에 이미 알고리즘이 작동한다.

틱톡이나 유튜브 쇼츠를 보다가 문득 깨닫는 순간이 있을 것이다. "내가 이 콘텐츠를 찾아본 적도 없는데, 왜 이렇게 내 취향을 정확히 알까?" AI는 우리의 과거 시청 기록, 체류 시간, 심지어 스크롤 속도까지 분석해서 우리가 좋아할 만한 콘텐츠를 미리 골라서 보여준다.

소비자의 '능동적 검색' 이전에 AI의 '선제적 제안'이 먼저 작동하는 것이다.

이런 변화를 반영한 새로운 소비자 행동 모델을 제안하면 AI (Algorithm Influence, 알고리즘 영향) → S (Search/Suggestion, 검색과 제안) → A-I (Attention & Interest, 주목 및 관심) → S (Generative Search, 생성형 검색) → A (Action, 행동) → S (Algorithmic Share, 알고리즘 공유)의 단계로 구성된다.

첫 번째 단계인 AI (알고리즘 영향)는 소비자가 의식하지 못하는 단계에서 AI 알고리즘이 잠재적 관심사를 분석하여 맞춤 정보를 선별하고 노출한다. AIDMA의 주목(Attention) 이전에 AI가 먼저 작동하는 것이다.

두 번째 단계인 S (검색과 제안)는 소비자의 '검색 의도'와 알고리즘의 '맞춤 제안'이 동시에 작용한다. 추천 피드(틱톡, 유튜브 등)에 의해 관심이 자연스럽게 유도된다.

세 번째 단계인 A-I (주목 및 관심)에서 소비자는 AI가 선별한 초개인화된 콘텐츠에 즉각적으로 주목하고 흥미를 느낀다. 정보 과부하가 사라지고 '딱 맞는 정보'만 전달되는 것이다.

네 번째 단계인 S (생성형 검색)는 단순히 웹 정보를 탐색하는 대신, 생성형 AI(챗GPT 등)에게 맞춤형 비교 및 요약 답변을 요구한다. '검색'에서 '답변(Answer)'으로의 전환이 일어나는 지점이다.

다섯 번째 단계인 A (행동)에서는 콘텐츠를 소비하는 중 라이브 커머스, 인앱 구매 등 구매 장벽이 최소화된 환경에서 즉각적인 구매가 발생한다.

마지막 단계인 S (알고리즘 공유 및 피드백)에서 공유된 후기가 다시 AI 알고리즘의 학습 데이터로 활용되어, 개인화 추천 시스템을 고도화하는 선순환 구조가 형성된다.

검색에서 답변으로: SEO와 AIO의 시대 전환

디지털 시대에 우리는 궁금한 것이 있으면 구글이나 네이버에 키워드를 입력하고, 수많은 검색 결과 중에서 원하는 정보를 직접 찾아다녔다. 하지만 AI 시대에는 챗GPT나 제미나이 같은 생성형 AI에게 질문을 던지고 하나의 요약된 답변을 즉시 받는다.

이 변화가 마케팅에 미치는 영향은 엄청나다. 과거에는 검색 결과 상단에 노출되는 것이 핵심 목표였다면, 이제는 AI가 우리 제품에 대해 어떻게 대답하게 만들 것인가가 핵심 고제가 되었다.

과거 SEO (검색 엔진 최적화) 시대에는 검색 결과 1페이지 상위 노출이 목표였고, 키워드 반복과 백링크 확보 등 순위 경쟁에 집중했다.

핵심 질문은 '어떻게 하면 더 많이 노출될까?'였다. 하지만 AEO (답변 엔진 최적화) 시대에는 AI 챗봇 답변에 우리 브랜드와 정보가 정확히 포함되도록 하는 것이 목표가 되었다. 이제는 데이터의 정확성, 신뢰도, 구조화를 통한 AI 학습 유도가 핵심이며, 'AI가 우리 제품에 대해 어떻게 대답하게 할까?'가 중요한 질문이 되었다.

마케팅 실전 전략으로는 먼저 신뢰할 수 있는 지식 기반을 구축해야 한다. AI가 정보를 학습할 수 있도록 기업 웹사이트, 블로그 등에 정확하고 구조화된 데이터를 제공해야 한다. FAQ, 표 형식 정리, 스키마 마크업 같은 기술적 구조화가 점점 더 중요해지고 있다. AI는 '많은 정보'가 아니라 '정확하고 체계적인 정보'를 선호한다.

또한 프롬프트 엔지니어링을 이해해야 한다. 소비자가 AI에게 어떤 질문(프롬프트)을 하는지 분석해야 한다. "2025년 최고의 노트북 추천해줘"라는 질문에 AI가 우리 제품을 추천하도록 만들려면, 어떤 데이터를 어떻게 제공해야 할지 미리 설계해야 한다.

알고리즘 시대의 마케팅 실전 전략

AI 시대의 마케팅 예산은 '광고(Advertising)'보다 '알고리즘 친화적인 콘텐츠(Algorithm-Friendly Content)' 제작에 더 많이 투입되어야 한다.

'노출'보다 '완주'를 목표로 한 콘텐츠 설계가 중요하다. AI 알고리즘은 콘텐츠를 본 시간과 재생 완료율(완주율)을 가장 중요하게 평가한다. 단순히 자극적인 제목으로 클릭을 유도하는 것은 더 이상 통하지 않는다. 도입부 3초 안에 시청차를 사로잡고 끝까지 시청하게 만드는 콘텐츠 구조와 스토리텔링이 필요하다. 완주율이 높으면 알고리즘이 더 많은 잠재 고객에게 자동으로 노출시켜준다.

초개인화 마케팅도 현실이 되었다. AI는 고객의 실시간 행동 데이터를 분석하여 과거 방식으로는 불가능했던 극도로 세밀한 타겟 그룹(마이크로 세그먼트)을 생성한다. 이 초세분화된 그룹별로 메시지, 채널, 타이밍을 완전히 다르게 설정하여 마치 1:1 대화처럼 느껴지는 마케팅을 전개해야 한다. 더 이상 '20-30대 여성'이라는 거대 집단에 동일한 메시지를 보내는 시대가 아니다.

예측적 고객 경험 관리도 가능해졌다. AISAS 시대의 리뷰 관리는 '사후 대응'에 가까웠다. 고객이 불만을 표현하면 그때 대응하는 방식이었다. 하지만 AI 시대의 고객 경험은 '사전 예측'을 통해 불만을 선제적으로 방지한다.

AI는 고객의 과거 구매 패턴, 웹사이트 체류 시간, 상담 기록, SNS 언급 등을 종합 분석하여 '이탈하거나 부정적 리뷰를 남길 가능성이 높은 고객'을 미리 예측한다. AI가 우험 신호를 포착하면, 자동화된 메시지가 아닌 실제 상담원이 개입하여 맞춤형 해결책을 제시함으로써 부정적 경험을 긍정적 기회로 전환할 수 있다.

AI 챗봇과 인간적 터치의 조화도 중요하다. AI 챗봇은 단순 문의(환불, 배송 조회 등)를 신속하게 처리하여 고객 만족도를 높인다. 하지만 복잡하거나 감정이 얽힌 문제에 대해서는 즉시 인간 상담원에게 연결하는 시스템을 구축해야 한다. 기술의 편리함 뒤에 인간적인 배려가 숨어 있을 때 브랜드 신뢰도는 극대화된다.

AI 시대, 마케터가 갖춰야 할 새로운 역량

AI가 단순 업무를 대체하면서, 마케터는 데이터 분석가가 아닌 '인간적인 통찰력을 가진 스토리텔러'로 거듭나야 한다.

먼저 AI 프롬프트 설계 능력이 필요하다. AI 도구에 어떤 명령(프롬프트)을 입력하느냐에 따라 결과물의 품질이 완전히 달라진다. 마케터는 AI에게 '가치 있는 질문'을 던지고, '최적의 결과'를 끌어내는 프롬프트 엔지니어링 능력을 길러야 한다.

하지만 무엇보다 중요한 것은 진정성과 투명성의 관리다. AI는 콘텐츠를 대량 생산할 수 있지만, 소비자는 오히려 '진짜 사람'의 경험과 진정성을 더욱 갈망한다. 브랜드는 AI 사용에 대한 투명성을 유지하고, 최종적으로는 인간적이고 공감할 수 있는 브랜드 스토리를 만드는 데 집중해야 한다.

AI는 도구일 뿐이다. 인간의 공감을 얻는 것이 마케팅의 영원한

숙제임을 잊지 말자. AIDMA에서 AISAS로, 그리고 이제 AI 시대로의 변화 속에서도 변하지 않는 것은 결국 사람의 마음을 움직이는 것이 마케팅의 본질이라는 점이다.

솔직히 고백하자면, 저자인 나 역시 AI의 급격한 발전 앞에서 때로는 당황스럽다. 수십 년간 마케팅을 해왔지만, 챗GPT가 처음 나왔을 때는 "이제 내 경험도 무용지물이 되는 건가?"라는 두려운 생각이 들기도 했다.

하지만 곧 깨달았다. 도구가 바뀌어도 본질은 변하지 않는다는 것을. 이 책을 쓰는 지금도 AI 기술은 매일같이 발전하고 있다. 어쩌면 이 책이 출간될 무렵이면 여기서 언급한 내용 중 일부는 이미 구식이 되어 있을지도 모른다. 그만큼 변화의 속도가 빠르다.

하지만 그것이 두려움의 이유가 되어서는 안 된다. 오히려 기회다. 왜냐하면 모두가 같은 출발선에 서 있기 때문이다. 대기업이든 소상공인이든, 베테랑이든 신입이든, AI 앞에서는 모두가 초보자다.

중요한 것은 이 책에서 배운 마케팅의 본질을 얼마나 깊이 이해하고 있느냐다. 고객을 진정으로 이해하고, 그들에게 가치를 제공하며, 신뢰를 쌓아가는 것. 이 본질을 제대로 알고 있다면, 새로운 도구가 나올 때마다 그것을 어떻게 활용해야 할지 자연스럽게 알 수 있다.

앞 장에서 배운 SEO, SNS, 콘텐츠 마케팅이 쓸모없어진 게 아니다. 그것들은 여전히 중요한 기본기다. 다만 거기에 AI라는 새로운 도구가 추가된 것뿐이다. 기본기가 탄탄한 사람이 새 도구를 더 잘 활용할 수 있다.

그러니 독자 여러분께 부탁드리고 싶다. 이 변화를 두려워하지 말고, 오히려 즐기자. 오늘 챗GPT에게 질문 하나 던져보고, 내일은 AI 이미지 생성기로 광고 이미지를 만들어보고, 모레는 틱톡에 짧은 영상을 올려보자. 완벽할 필요는 없다. 서툴러도 괜찮다. 중요한 것은 멈추지 않고 계속 시도하는 것이다.

저자도 여러분과 함께 배워가는 중이다. 이 빠른 변화의 물결 속에서 우리 모두 함께 성장해나가길 바란다. AI는 우리의 적이 아니라 친구다. 그 친구와 함께, 고객에게 더 큰 가치를 전달하는 마케터가 되기를 진심으로 응원한다.

매출을 극대화하는 실전 마케팅 전략

매출 증대의
핵심 공식

많은 사람들이 매출을 올리려면 단순히 '많이 팔면' 된다고 생각한다. 하지만 매출 증대는 체계적으로 접근해 본다면 새로운 시각을 이해할 수 있다.

매출은 다음과 같은 간단한 공식으로 구성된다.

매출 = 방문객 수(구매고객 수) × 평균객단가(평균구매단가)

이 공식이 매출을 계산하는 기본 원리다. 매출을 높이는 방법은 딱 두 가지뿐이다. 방문객 수(구매고객 수)를 늘리거나 평균객단가(평균구매단가)를 높이는 것이다. 이는 마케팅의 근본적인 원칙이다.

예를 들어 오늘 매장에 100명의 손님이 방문해서 각각 평균 1만 원씩 구매했다면 오늘 매출은 100만 원이다. 이달에 1,000명이 방문해서 평균 1만 원씩 구매했다면 이달 매출은 1,000만 원이다. 아주 간단한 계산이다.

이제 실제 현장에서 이 공식이 어떻게 활용되는지 살펴보자. 다음은 여느 마케팅 서적이나 칼럼에 공개되지 않았던 내용으로, 저자의 경험과 기억에 기반한 실제 사례에 약간의 각색을 더해 독자의 이해를 돕고자 한다.

미끼 상품의 숨겨진 전략
: 맥도날드 3천 원 세트의 사례 분석

2008년경 한국 맥도날드는 매일 오전 11시부터 오후 2시까지 모든 세트를 3천 원에 제공하는 파격적인 프로모션을 실시했다. 당시 물가 수준을 고려해  도 단품이 아닌 세트 메뉴가 3천 원이라는 것은 상당히 충격적인 가격이었다.

당시 TV, 라디오, 인터넷 등 다양한 매체에서 오전 11시만 되면 맥도날드 광고가 경쾌한 행진곡 BGM과 함께 쏟아져 나왔다. 대체로 직장인들은 11시 30분에서 12시 30분 사이에 삼삼오오 점심식사를 하기 위해 사무실에서 나오며 대화를 나눈다.

“오늘 점심 뭘로 할래?”

“중국집 어때?”

“그거 그저께 먹었잖아.”

“차라리 설렁탕 먹자.”

“설렁탕? 아 맞다 맥도날드 3천 원 세트 어때?”

"그래 맞다. 오늘은 그냥 맥도날드에서 점심 싸게 먹고, 들어오면서 커피나 사들고 오자."

이들은 사무실에서 가까운 맥도날드 매장으로 발길을 향한다. 매장 근처에서 '3천 원 세트'를 홍보하는 대형 현수막과 배너가 눈에 들어온다.

"그래, 저거야 저거. 3천 원 세트."
"와, 매장에 저 사람들 봐봐. 벌써 손님들 줄 장난 아니다. 빨리 들어가자. 근데 맥도날드는 이렇게 해서 돈이 남나?"

이들은 서둘러 긴 줄에 합류한다. 한 명씩 차례대로 주문을 받으며 주문 대기줄이 차차 줄어들고, 드디어 자신의 주문 차례가 된다.

"네, 다음 분 주문 도와드리겠습니다."
"아, 네, 저는… 어?"

주문하려다 주문할 때 늘 보던 메뉴보드를 둘러봤는데, 3천 원 세트가 보이지 않는다. 그렇게도 많던 '맥도날드 3천 원 세트' 홍보물이 정작 메뉴보드에서는 찾을 수 없다. 매장 안을 이리저리 둘러봐도 전혀 눈에 띄지 않고 '새로 나온 ○○○ 버거 6,900원 출시' 배너만 즐비하다. 매우 당황스럽다.

"죄송한데, 혹시 3천 원 메뉴…?"

소심하게 기어 들어가는 목소리로 주문이 가능한지를 물어본다.

"네, 고객님, 3천 원 세트 메뉴 주문 가능하십니다. 그리고, 500원만 추가하시면 프렌치프라이를 라지 사이즈로 업그레이드해 드리는데 어떠신가요?"
"아, 네… 좋습니다…."

다음 손님이 주문을 한다. 마찬가지로, 메뉴보드에서 3천 원 세트를 찾지 못해 당황한다.

"네, 다음 분 주문 도와드리겠습니다."
"아, 네, 저는… 어? 에잇… 저는 그냥 저 신제품 세트로 하나 주세요."

이 고객은 계획도 없던 6,900원짜리 신제품 세트를 얼떨결에 주문하게 됐다.

가격 인하 판촉의 성공 조건

맥도날드의 3천 원 세트 프로모션은 마케팅에서 '밸류 프로모션' 또는 '가격 인하 판촉'이라고 부른다. 이는 가격을 대폭 낮춰서 '방문객 수'를 늘리는 전략이다.

이런 판촉 행사가 성공하려면 두 가지 핵심 요소가 필요하다.

첫째, 행사를 광범위하게 알려야 한다. 평소라면 오늘 다른 곳에 갔을 고객들이 '이 행사 때문에' 이 대장을 선택하게 만드는 것이 프로모션 성공의 열쇠다.

특히 신규 고객이나 오랜 기간 방문이 뜸한 고객들에게 최대한 널리 알려야 한다. 맥도날드처럼 고객을 매장으로 유치해야 하는 외식업이나 소매업에서는 매장 밖 광고에 집중하는 것이 효과적이다.

가격 인하 판촉에서 가장 피해야 할 상황은 추가 방문객은 거의 없는데, 행사인 줄 모르고 방문한 기존 손님들에게만 대폭 할인 혜택을 제공하게 되는 것이다. 굳이 할인하지 않아도 방문했을 고객에게 불필요한 혜택을 주는 셈이기 때문이다.

예를 들어 어떤 고객이 맥도날드 3천 원 세트행사 내용을 모르고 맥도날드에 와서 3천 원 세트 구성과 동일하게 주문을 했다고 가정해 보자.

"네 고객님, 3천 원입니다."

"네? 정말요? 5천 5백 원 아니에요?"

"네 고객님, 현재 행사 기간이라 현재 주문하신 세트는 3천 원에 제공되고 있습니다."

할인을 받는 고객 입장에서는 예상치 못한 이득이지만, 맥도날드 입장에서는 할인 없이도 판매할 수 있었던 기회를 놓친 것이다. 매출 공식에 대입해보면, 방문객 수는 그대로인데 평균객단가만 하락하는 경우라서 오히려 행사를 하지 않았을 때보다 더 큰 손해를 보게 된다.

둘째, 객단가 상승을 위한 보조 전략이 필요하다. 가격 인하 판촉을 강력하게 추진하면 자연스럽게 방문객 수는 증가하지만, 객단가는 현저하게 하락할 수밖에 없다. 만약 방문객 수가 20% 증가했는데 객단가가 20% 하락한다면 결국 본전이다. 더 정확히 말하면, 광고비 지출까지 고려하는 경우 오히려 손해다. 따라서 하락하는 객단가를 조금이라도 보전할 수 있는 장치를 마련해야 한다.

맥도날드는 매장 밖에서는 3천 원 세트를 대대적으로 홍보했지만, 일단 고객이 매장에 들어온 순간부터는 전략을 바꿨다. 굳이 저가 프로모션을 강조할 필요가 없어서 매장 내부에서는 오히려 객단가를 높일 수 있는 다른 메뉴 홍보에 집중한 것이다.

맥도날드가 이 행사기간 동안 적용한 객단가 보전 장치는 크게 두 가지로 볼 수 있다. 첫째는 프렌치프라이 500원 추가 업그레이드 권유판매다. 이 권유판매는 특별한 비용이 발생하지 않으면서도 고객이 제안을 거절하면 본전이고, 수락하면 객단가가 상승하는 매우 효과적인 전략이다. 둘째는 위에서 언급했듯이 높은 객단가의 대안 노출 비중을 늘리는 방법이다. 이를 통해 고객이 저렴한 프로모션 제품을 목적으로 매장에 들어왔더라도, 더 비싸지만 더 매력적인 대안을 접하고 현장에서 선택을 바꿀 가능성이 높아진다.

반대로 직원이 절대 해서는 안 되는 행동도 있다. 예를 들어 어떤 고객이 고가의 신제품을 주문하려 할 때 "고객님, 저희 지금 세트 메뉴가 3천 원 행사 중인데, 6,900원짜리 신제품 대신 3천 원 세트 메뉴 어떠세요?"라고 제안한다면 그 직원에게 어떤 일이 벌어질지는 쉽게 예상할 수 있다.

대형마트에서도 미끼 상품을 내세워 대대적으로 홍보하는 사례를 흔히 볼 수 있다. 상품 종류와 할인 폭은 다를 수 있어도 기본 메커니즘은 앞서 본 맥도날드의 사례와 거의 동일하다.

마트들은 미끼 상품 자체의 판매량으로 수익을 내려는 것이 아니다. 고객들이 마트에 와서 다른 상품은 전혀 구매하지 않고 미끼 상품만 사간다면 마트는 상당한 손실을 감수해야 할 것이다.

하지만 마트 운영자들은 이런 손실을 기꺼이 감수한다. 미끼 상품만 구매하고 바로 나가는 고객도 있지만, 대부분은 그렇지 않다는 것을 알고 있기 때문이다. 어렵게 주차하고 마트에 들어온 고객들은 '이왕 온 김에' 하는 심리로 다른 상품들도 둘러보고 추가 구매를 하게 된다.

이런 기대를 바탕으로 마트는 큰 손해가 나지 않는 선에서 적절하고 매력적인 미끼 상품을 선정해 널리 홍보한다. 여기서도 맥도날드의 사례와 같은 원칙이 적용된다. 미끼 상품을 홍보할 때는 마트 외부에서 대대적으로 알리는 것이 효과적이다.

반면 마트 내부에서는 전략이 달라진다. 미끼 상품에 대한 홍보를 최소화하고, 진열 위치도 입구 앞 눈에 잘 띄는 곳이 아닌 매장 안쪽 찾기 쉽지 않은 곳에 배치하는 것이 현명하다. 어차피 이 미끼 상품을 목적으로 방문한 고객이라면 진열 위치가 다소 불편하더라도 찾아내 구매할 것이기 때문이다.

게다가 이 미끼 상품을 찾으려 마트를 돌아다니다 보면 '이왕 온 김에' 다음 주에 사도 되는 우유도 한 통 사고, 바닥이 슬슬 보이는 시리얼도 한 봉지 집게 된다. 일본의 유명한 대형 할인 소매점 체인 돈키호테의 매장 구조가 출구조차 찾기 힘들 정도로 마치 미로처럼 설계된 이유도 바로 여기에 있다. 고객이 목적 상품을 찾아 매장을 헤매는 동안 자연스럽게 다른 상품들을 접하고 구매하게 만드는 것이다.

맥도날드의 3천 원 세트메뉴 가격 인하 판촉은 개인적으로 저자에게 매출 증대를 위한 스마트한 접근법에 대해 깊은 통찰을 준 계기가 됐다. 비록 단기적으로는 수익성이 낮아 보일 수 있지만, 궁극적으로는 현명한 마케팅의 본질을 보여주는 사례였다.

다만, 이런 가격 인하 판촉은 자주 시행하건 추가 고객 유입 효과가 점차 감소할 수밖에 없다. 고객들이 이런 행사에 익숙해지면 평상시에는 방문하지 않고 할인 행사 때만 찾는 패턴이 생길 수 있기 때문이다. 따라서 절대 자주 실시해서는 안 되며, 정말 매출이 급히 필요한 특별한 상황에서만 가끔 활용해야 하는 '극약처방'임을 반드시 명심해야 한다.

매출 증대의 체계적 접근법

맥도날드 사례를 통해 살펴본 것처럼, 매출 증대는 감에 의존하거나 무작정 시도하는 것이 아니라 명확한 전략적 사고가 필요하다. 앞서 제시한 매출 공식을 다시 한번 살펴보면서, 실제 현장에서 어떻게 적용할 수 있는지 구체적으로 알아보자.

매출 = 방문객 수(구매고객 수) × 평균객단가(평균구매단가)

이 공식에서 매출을 높이는 방법은 결국 두 가지다. 방문객 수를 늘리거나 평균객단가를 올리는 것이다. 맥도날드는 3천 원이라는 파격적인 가격으로 방문객 수를 늘리는 전략을 택했지만, 동시에 프렌치프라이 업그레이드나 고가 메뉴 노출을 통해 객단가 하락을 최소화하려 했다.

두 가지 방법을 동시에 추진할 수도 있지만, 현실적으로는 하나씩 집중하는 것이 효과적이다. 먼저 방문객 수를 늘리는 방법부터 구체적으로 살펴보겠다.

방문객 수 증가 방법은 크게 세 가지로 나눌 수 있다.

첫째, 신규 고객 확보다. 우리 매장이나 서비스를 한 번도 이용하지 않은 고객을 끌어들이는 것이다. 신규 고객이 늘면 당연히 총 방문객 수도 함께 증가한다.

둘째, 기존 고객의 구매주기 단축이다. 예를 들어 4주마다 구매하던 고객을 3주마다 오도록 유도하거나, 원래 다음 달에나 방문할 고객을 이달 내에 방문하게 만드는 방법이다. 구매 예정일을 앞당기는 것도 여기에 포함된다. 방문 주기가 짧아지면 자연스럽게 총 방문객 수가 증가한다.

셋째, 이탈 고객 최소화다. 한번 떠난 고객을 다시 데려오는 것보다 떠나지 않게 만드는 것이 훨씬 효율적이다. 당연히 이탈 고객이 줄면 총 방문객 수가 증가한다. 이 영역은 고객관계관리(CRM)의 핵심 영역으로, 신규 고객 확보보다 비용 효율성이 높아 마케팅 전략에서 중요한 부분을 차지한다.

이제 방문객 수를 늘리는 세부적인 방법브터 자세히 살펴보도록 하겠다.

객수 증대 전략
: 더 많은 고객 유치로 매출 기반 확장하기

1. 신규 고객을 늘리는 전략

비즈니스 성장의 근간은 고객 기반의 확장에 있다. 아무리 충성도 높은 기존 고객이 있더라도 자연스러운 고갟 이탈과 시장 변화에 대응하려면 지속적인 신규 고객 유입이 필수적이다.

디지털 환경이 발달하면서 소비자들은 그 어느 때보다 많은 정보와 선택지를 가지게 되었고, 신규 고객 확보는 점점 더 치열한 경쟁 속에서 이루어지고 있다. 효과적인 신규 고객 유치를 위해서는 단순한 노출이나 인지도 향상을 넘어 타겟 고객의 니즈와 행동 패턴을 깊이 이해하고 그에 맞는 전략적 접근이 필요하다.

신규 고객을 늘리는 방법은 정말 다양하다. 이 분야만으로도 별도의 책 한 권이 나올 수 있을 정도로 많은 전략과 접근법이 존재한다. 이러한 방법들은 인터넷 검색만으로도 쉽게 찾을 수 있으므로, 여기서는 핵심적인 내용만 간추려 정리하겠다.

다만 신규 고객 확보에는 거의 대부분 비용이 수반된다. 광고비, 프로모션 비용, 콘텐츠 제작 비용 등 다양한 형태로 투자가 필요하므로, 자사 업종과 고객 특성에 맞는 채널을 우선적으로 집중 공략하는 것이 중요하다.

디지털 마케팅

- SEO (Search Engine Optimization): 네이버나 구글 같은 검색 엔진에서 상위에 노출되도록 웹사이트를 최적화하는 기법이다. 주요 키워드의 검색 순위를 높여 자연스러운 트래픽을 유도할 수 있다. 장기적인 관점에서 지속적인 효과를 얻을 수 있는 방법이다.

- PPC (Pay-Per-Click): 클릭당 비용을 지불하는 온라인 광고 방식이다. 구글 애즈(Google Ads), 네이버 검색광고, 페이스북 광고 등을 통해 목표 고객층에게 직접적으로 접근할 수 있다. 즉각적인 효과를 볼 수 있지만 지속적인 비용 투자가 필요하다.

- 소셜 미디어 마케팅: 페이스북, 인스타그램, 트위터 등 소셜 미디어 플랫폼을 활용한 마케팅이다. 브랜드 인지도 향상과 고객 참여 유도에 효과적이며, 특히 젊은 세대를 타겟으로 할 때 높은 효율성을 보인다.

구전 마케팅(Word of Mouth Marketing)

- 인플루언서 마케팅 (Influencer Marketing): 소셜 미디어에서 영향력 있는 인플루언서를 통해 제품이나 서비스를 홍보하는 방식이다. 인플루언서의 신뢰도를 통해 잠재 고객의 관심을 효과적으로 유도할 수 있다. 인기 유튜버가 제품 리뷰를 하거나 인스타그램 인플루언서가 특정 브랜드 제품을 사용하는 모습을 게시하는 것이 이에 해당한다.

- 추천 프로그램 (Referral Programs): 기존 고객이 새로운 고객을 소개하면 양측 모두에게 혜택을 주는 방식이다. 고객이 친구를 초대하면 두 사람 모두에게 할인 쿠폰이나 포인트를 제공하는 프로그램이 이에 해당한다. 고객 신뢰를 기반으로 하기 때문에 전환율이 높은 편이다.

- 리뷰 및 평가 (Reviews and Testimonials): 고객들이 직접 작성한 리뷰나 평가를 통해 제품이나 서비스의 신뢰성을 높이는 방식이다. 온라인 쇼핑몰의 고객 리뷰, 평점 등은 일반 광고보다 잠재 고객에게 더 큰 신뢰를 줄 수 있으며, 구매 결정에 결정적인 영향을 미치는 경우가 많다.

콘텐츠 마케팅

- 블로그 포스팅: 유용한 정보, 업계 뉴스, 실용적인 팁 등을 담은 블로그 글을 정기적으로 작성한다. 이를 통해 전문성을 어필하고 잠재 고객의 관심을 끌어낼 수 있으며, SEO와 결합하면 더욱 효과적이다.

- 영상 콘텐츠: 유튜브나 기타 비디오 플랫폼을 통해 브랜드 관련 영상을 제작 및 배포한다. 시각적 콘텐츠는 텍스트보다 더 높은 참여율과 공유율을 기대할 수 있으며, 복잡한 제품이나 서비스를 설명하기에 적합하다.

- 이메일 마케팅: 뉴스레터, 프로모션 0 메일 등을 통해 잠재 고객과 직접적으로 소통한다. 타겟 세분화를 통해 맞춤형 메시지를 전달할 수 있으며, 비용

대비 높은 ROI를 기대할 수 있다.

오프라인 마케팅

- 이벤트 마케팅: 박람회, 세미나, 제품 런칭 행사 등을 통해 잠재 고객과 직접 대면하는 기회를 마련한다. 실제 제품을 경험하게 하고 즉각적인 피드백을 얻을 수 있는 장점이 있다.
- 인쇄물 광고: 잡지, 신문, 브로셔 등 전통적인 매체를 통해 브랜드와 제품을 홍보한다. 특정 타겟층을 대상으로 할 때 여전히 효과적인 방법이며, 특히 지역 기반 비즈니스에 유용하다.

제휴 및 파트너십

- 코마케팅(Co-Marketing): 유사한 고객층을 가진 다른 브랜드와 협력하여 공동 마케팅 캠페인을 진행한다. 비용을 절감하면서도 각 브랜드의 고객을 상호 공유하는 시너지 효과를 기대할 수 있다.
- 어필리에이트 마케팅(Affiliate Marketing): 제휴사를 통해 제품이나 서비스를 홍보하고, 실제 판매가 이루어질 때마다 커미션을 지급하는 방식이다. 성과 기반으로 비용이 발생하기 때문에 비용 효율적으로 신규 고객을 유치할 수 있다.

지역 마케팅(Local (Store) Marketing)

식당이나 카페, 일반 소매점처럼 '매장'을 기반으로 고객을 유치하는 비즈니스는 '네이버 플레이스'와 '구글 비즈니스 프로필'과 같은 위치 기반 서비스를 적극 활용해야 한다. 네이버와 구글의 광범위한 사용자 기반과 위치 기반 기능을 통해 주변의 잠재 고객들에게 효과적으로 접근할 수 있다.

이러한 플랫폼에서는 영업시간, 메뉴, 가격 등 상세한 정보와 함께 매장 내부와 외부 사진, 주차 정보 등을 제공함으로써 고객의 방문을 유도하고 불필요한 헛걸음을 방지할 수 있다. 또한 고객 리뷰에 적극적으로 응대하고 관리하는 기능을 활용하면 신규 고객 유치와 기존 고객의 재방문을 동시에 촉진할 수 있다. 정기적인 정보 업데이트와 이벤트 소식 공유를 통해 검색 상위 노출을 이끌어내 자연스럽게 방문자 수를 늘리고, 별도의 광고비 없이도 높은 노출 효과를 얻을 수 있다.

2. 기존 고객의 구매 주기를 앞당기는 효과적인 전략

매출 증대를 위한 여러 방법 중에서도 기존 고객의 구매 주기를 앞당기는 전략은 특별한 가치를 지닌다. 신규 고객을 유치하는 것이 기존 고객을 유지하는 것보다 5배에서 25배까지 비용이 더 든다는 연구 결과가 있듯이, 이미 우리 제품과 서비스를 경험하고 신뢰하는 기존 고객은 귀중한 자산이다.

이들은 충성도의 정도와 상관없이 최소한 우리 브랜드나 제품, 서비스를 인지하고 있는 고객이다. 따라서 상대적으로 적은 노력으로도 재구매를 유도할 수 있다. 또한 기존 고객은 우리 제품이나 서비스의 존재와 기본적인 특징을 이미 알고 있기 때문에 구매 결정 과정이 더 짧고 단순하다. 이들의 구매 주기를 조금만 앞당길 수 있다면 추가적인 마케팅 비용 없이도 매출을 효과적으로 증가시킬 수 있다.

따라서 기존 고객이 다음 구매를 미루지 않고 조금 더 일찍 방문하거나 구매하도록 유도하는 전략은 비용 효율적인 매출 증대 방법이다. 아래에 소개하는 다양한 전략들은 단순히 일시적인 매출 증가가 아닌, 고객과의 장기적인 관계 구축을 통해 지속가능한 비즈니스 성장을 도모하는 방법들이다.

멤버십 프로그램

- 고객에게 멤버십 혜택을 제공하여 반복 방문을 유도한다. 포인트 적립, 등급별 할인, 멤버십 전용 이벤트 등을 통해 소속감과 혜택을 동시에 느끼게 한다.

정기 프로모션 및 할인

- 일정 주기마다 특별 할인이나 프로모션을 진행하여 계획적인 구매를 유도한다. 월간 할인 이벤트, 시즌별 세일, 특정 요일 할인 등을 통해 고객의 구매 패턴을 형성한다.

타임 세일(Limited Time Offer) 및 플래시 세일

- 짧은 시간 동안 한정된 할인 혜택을 제공하여 즉각적인 구매 결정을 촉진한다. 하루 동안만 적용되는 타임 세일, 한정 수량 플래시 세일 등을 통해 구매 긴박감을 조성한다. 전 단원에서 소개한 맥도날드 3,000원 세트도 이에 속하며, 이런 강력한 '가격 인하 판촉' 행사는 신규 고객 창출에도 상당한 효과를 발휘할 수 있다.

새로운 제품 및 서비스 출시

- 지속적으로 새로운 제품이나 서비스를 선보여 그객의 관심과 호기심을 유지한다. 신메뉴, 시즌 한정 상품, 특별 서비스 등을 통해 고객이 브랜드를 주기적으로 확인하도록 유도한다.

개인화된 마케팅

- 고객의 구매 이력과 선호도를 세밀하게 분석하여 맞춤형 혜택을 제공한다. 개인 맞춤 할인 쿠폰, 생일 축하 혜택, 고객 맞춤 추천 상품 등을 통해 고객이 자신에게 특별한 관심을 받고 있다고 느끼게 한다.

리뷰 및 피드백 보상

- 리뷰 작성이나 피드백 제공 시 실질적인 보상을 제공하여 재방문 동기를 부여한다. 리뷰 작성 시 포인트 지급, 피드백 제공 시 할인 쿠폰 제공 등을 통해 고객 참여와 재구매를 동시에 촉진한다.

이벤트 및 커뮤니티 참여

- 다양한 이벤트와 커뮤니티 활동을 통해 고객의 적극적인 참여와 브랜드 애착을 형성한다. 고객 참여 이벤트, 온라인 커뮤니티 활성화, 오프라인 모임 등을 통해 브랜드와의 지속적인 관계를 구축한다.

고객 맞춤형 리마인더

- 고객이 다시 방문하거나 구매할 적절한 시기를 파악하여 효과적인 리마인더를 발송한다. 제품 재구매 시점 알림, 서비스 이용 시기 알림, 특별 이벤트 알림 등을 통해 고객의 구매 결정 과정을 자연스럽게 지원한다.

충성 고객 프로그램(Loyalty Program)

- 장기적으로 브랜드를 이용하는 충성 고객에게 차별화된 특별 혜택을 제공하여 지속적인 관계를 유지한다. VIP 전용 할인, 깜짝 선물, 우선 예약 혜택 등을 통해 고객이 브랜드에 대한 충성도를 높일 수 있도록 동기를 부여한다.

3. 이탈 고객 최소화 전략

앞서 언급했던 바와 같이, 신규 고객을 유치하는 것이 기존 고객을 유지하는 것보다 5배에서 25배까지 비용이 더 든다는 연구 결과가 있듯이 이탈 고객을 최소화하기 위한 전략도 효율성 측면에서 매우 중요하다. 이탈 고객 최소화를 할 수 있는 핵심 방법들을 살펴보자.

이탈 위험 신호 모니터링 시스템 구축

- 이탈 위험 징후를 조기에 포착하는 것이 중요하다. 방문 주기가 늘어나거나 구매량이 줄어들거나 문의와 불만이 증가하는 고객은 이탈 가능성이 높다. 이런 신호를 포착할 수 있는 간단한 모니터링 시스템을 구축하는 것만으로도 이탈률을 크게 줄일 수 있다.

효과적인 고객 만족도 조사

- 정기적인 만족도 조사를 통해 고객의 목소리에 귀를 기울여야만 한다. 가장 효과적인 질문은 "다음에 다시 구매하실 의향이 있으십니까?" 또는 "저희 매장에 다시 방문하실 계획이십니까?"와 같이 재구매나 재방문 의향을 직접 묻

는 것이다. 이는 고객의 미래 행동을 예측하는 가장 정확한 지표가 된다.

- 중요한 점은 설문 문항을 5개 내외로 간결하게 유지하는 것이다. 궁금한 것이 많더라도 고객의 시간을 뺏는 긴 설문은 오히려 부정적 인상을 줄 수 있다. 핵심 질문만 간략히 물어서 응답률과 답변의 질을 높이는 것이 중요하다.

- 꼭 공식적인 설문조사가 아니더라도 고객 만족도를 파악할 방법은 많다. 특히 외식업의 경우 '잔반'의 양이 매우 직접적인 피드백이다. 음식이 맛있으면 고객은 대부분 깨끗이 비운다. 특정 메뉴의 잔반량이 갑자기 늘어났다면 즉시 점검해야 한다. 특히 주방장이 바뀌었거나 신메뉴를 출시했을 때는 더욱 세심하게 관찰해야 한다. 맛의 변화는 고객이 직접 불만을 표현하기 전에 이미 잔반으로 나타나기 때문이다.

- 따라서, 음식점 운영자라면 서빙 직원들에게 잔반 상태를 항상 체크하고 보고하도록 교육하는 것이 효과적이다. 만약 식당을 운영하고 있는데 계속 장사가 안 되고 있다면, 본인이 오늘 찍히는 매출에 더 신경을 많이 썼는지 아니면 손님이 남긴 잔반의 양에 더 관심을 가졌는지를 돌이켜보는 것도 의미가 있다고 생각한다.

서비스 문제의 효과적 해결

- 문제가 발생했을 때의 대응이 이탈 여부를 결정한다. 완벽한 서비스는 불가능하지만, 문제 발생 시 진정성 있는 사과와 신속한 해결책 제시는 오히려 고객 충성도를 높이는 기회가 될 수 있다. 학계 연구에 따르면, 문제를 경험했지만 만족스럽게 해결된 고객이 문제를 전혀 경험하지 않은 고객보다 더 충성도가 높은 '서비스 회복의 역설' 현상이 존재한다.

가치 중심의 고객 유지 프로그램

- 고객 유지 프로그램을 전략적으로 설계하자. 단순히 할인만 제공하는 로열티 프로그램은 가격에 민감한 고객만 남게 된다. 대신 구매 횟수에 따른 특별 서비스, 선구매 기회, 전용 이벤트 초대 등 감성적 혜택을 포함시키는 것이 효과적이다.

이러한 이탈 고객 최소화 전략은 고객관계관리(CRM)의 중요한 영역에 속한다. CRM은 단순한 기술 시스템이 아닌 고객과의 관계를 전략적으로 관리하는 전사적 접근법이다. 이 주제는 매우 복잡하고 심도 있어 이 책에서 모두 다루기에는 한계가 있다. 고객 생애 가치 분석, 고객 세분화, 맞춤형 커뮤니케이션 전략 등 더 깊이 있는 내용은 CRM 전문 서적이나 최신 온라인 자료를 참고하길 권한다.

객단가 향상 전략
: 더 높은 가치 판매로 수익 극대화하기

객단가 상승은 추가적인 광고비나 마케팅 비용 없이도 즉각적인 매출 증가로 이어진다. 예를 들어, 하루 100명의 고객이 방문하는 매장에서 객단가를 단 1,000원만 높일 수 있다면, 하루에만 10만 원, 한 달이면 300만 원의 추가 매출이 발생한다. 이는 고정비가 변하지 않는 상황에서 순이익 증가로 직결되는 효율적인 전략이다.

단순히 전반적인 제품의 판매 가격을 올리는 것도 방법이 될 수 있지만, 가격을 무리하게 올릴 경우 수요와 공급의 법칙에 따라 고객 수가 현저하게 줄어들 수 있다. 따라서 이 부분은 신중하게 고민한 후 결정해야 한다.

더욱이 현대 소비자들은 단순히 가격만을 따지기보다 '가치 소비'를 중요시하는 경향이 강해지고 있다. 적절한 객단가 상승 전략은 고객에게 더 큰 가치와 만족감을 제공하면서도 비즈니스의 수익성을 높일 수 있는 효과적인 접근법이다.

여기서는 객단가를 효과적으로 높일 수 있는 세 가지 핵심 전략을 살펴보겠다.

1. 업셀링 전략
: 프리미엄 제품으로 고객을 유도하기

고객이 선택하려던 기본 제품 대신 상위 버전이나 프리미엄 옵션을 제안하여 객단가를 높이는 전략이다.

용량/사이즈 업그레이드

맥도날드에서 "프렌치프라이 라지 사이즈는 500원만 추가하시면 됩니다"라고 제안하는 것이 대표적이다. 이미 구매 결정을 한 고객에게 적은 추가 비용으로 더 많은 양을 제공하여 만족도를 높이면서 객단가를 올린다.

상위 등급 제안

호텔 예약 시 "스탠다드룸에서 오션뷰룸으로 업그레이드하시면 3만 원만 추가됩니다"처럼 같은 카테고리 내에서 더 나은 등급을 제안한다. 자동차 구매 시 기본 트림 대신 프리미엄 트림을 권유하는 것도 여기에 해당한다.

시그니처 제품 포지셔닝

고급 또는 고가의 '시그니처 제품'을 개발하여 브랜드의 대표 상품으로 포지셔닝하는 방법도 효과적이다. 특히 요즘 소비자들은 단순히 저렴한 제품보다는 가성비를 중요시하는 경향이 있다. 일반적으로 상품의 품질과 가격이 비례한다고 인식되기 때문에 이는 좋은 전략이 될 수 있다.

여기서 중요한 점은 고객에게 가격 차이의 이유를 명확하게 설명할 수 있어야 한다는 것이다. 소비자 입장에서 가격 차이가 이해되지 않는다면 오히려 구매를 망설이게 되거나, 최악의 경우 기업에 대한 신뢰가 떨어져 고객 이탈로 이어질 수 있기 때문이다.

2. 부가가치 전략: 추가 서비스로 가치 높이기

동일한 제품 라인 내에서 사양이나 추가 서비스에 따라 가격을 차별화하여 고객이 자신의 필요와 예산에 맞게 선택할 수 있도록 하는 전략이다.

사양 차별화

스마트폰 구매 시 저장 용량, 카메라 화소 등 사양에 따라 달라지는 가격 모델이 대표적인 예다. 동일한 제품 라인에서 사양 차이로 가격 차별화를 만들어 고객이 선택할 수 있도록 한다. 이런 방식은 고객층을 넓히면서도 높은 객단가를 유지할 수 있는 장점이 있다.

부가 서비스 옵션

통신사 요금제 선택 시 데이터 용량이나 부가서비스에 따른 가격 차등이 대표적이다. 기본 요금제에서 시작해 다양한 부가 혜택을 추가함으로써 고객들이 자연스럽게 상위 요금제로 이동하도록 유도한다. 호텔 숙박 예약 시 '조식 포함', '스파 이용권 추가' 등의 옵션도 부가가치 전략의 전형적인 사례다.

맞춤형 제품

고객의 구매 패턴이나 개인적 니즈에 맞춘 '맞춤형' 또는 '커스터마이징(customizing)' 제품을 제안하는 방법도 효과적이다. 대량 생산 제품에 비해 맞춤형 제품은 프리미엄을 부과할 수 있어 객단가 향상에 직접적으로 기여한다. 이러한 전략은 고객에게는 특별함을, 비즈니스에는 수익성을 동시에 제공한다.

3. 번들링 전략
: 연관 상품의 묶음 판매로 구매액 늘리기

여러 제품이나 서비스를 하나로 묶어 판매함으로써 객단가를 높이는 방법이다. 이 전략의 핵심은 개별 구매보다 번들 구매가 더 큰 가치를 제공한다고 고객을 설득하는 데 있다.

세트 메뉴 전략

패스트푸드점의 햄버거 단품과 세트 메뉴의 가격 차이는 가장 친숙한 번들링 사례다. 단품으로 주문할 때보다 세트로 주문할 때 약간의 할인을 적용해 고객이 더 많은 제품을 구매하도록 유도한다. 고객은 합리적인 가격에 더 다양한 메뉴를 즐길 수 있고, 매장은 객단가 상승을 통해 더 높은 매출을 올릴 수 있다.

소프트웨어 패키지

마이크로소프트의 오피스 365 패키지는 성공적인 번들링 전략의 예시다. 워드, 엑셀, 파워포인트 등 다양한 소프트웨어를 하나의 패키지로 묶어 판매함으로써, 개별 구매보다 합리적인 가격으로 느끼게 한다. 이는 고객에게는 비용 절감을, 기업에게는 전체 라이선스 판매량 증가를 가져오는 효과가 있다.

멤버십 번들링

쿠팡의 와우회원십과 쿠팡플레이의 연계도 주목할 만한 사례다. 와우회원십 가입자는 쿠팡플레이를 무료로 시청할 수 있어 하나의 멤버십으로 배송 혜택과 OTT 서비스를 모두 제공받는 번들링 전략을 활용하고 있다.

수량 번들링

전국 편의점에서 볼 수 있는 2+1 프로모션은 고객이 고민할 정도의 혜택을 제공하여 1개 구매 예정이던 고객을 2개 이상 구매하도록 유도하는 효과적인 번들링 전략이다.

저자의 핵심 조언 : 균형 잡힌 매출 전략의 비밀

선택과 집중: 산발적 접근의 함정을 피하라: 매출이 떨어졌다고 해서, 또는 매출을 급히 올려야 한다고 해서 단순히 '매출을 올리러 다들 나가자'라는 접근보다는, 먼저 객수를 올릴 것인지 객단가를 올릴 것인지를 명확히 결정해야 한다.

그 후에 구체적인 전략을 세워야 한다. 신규 고객 창출에 집중할지, 기존 고객의 재구매를 유도할지, 또는 번들링을 통해 객단가를 올릴지 등 구체적인 방법을 정하고 '선택과 집중'하는 편이 모든 방법을 동시에 시도하는 것보다 훨씬 효과적이라는 것이 저자의 다년간의 경험에서 얻은 교훈이다.

객수-객단가 균형의 중요성: 저자의 경험상 객단가를 올리는 방법이 객수를 올리는 방법보다 비교적 수월했다. 더 고가의 제품을 노출시키고 번들링으로 묶어 판매하는 방법은 어렵지 않기 때문에 쉽게 실행할 수 있다.

그러나 주의해야 할 중요한 점은, 객단가를 올리는 전략이 고객 수 감소로 이어질 수 있다는 것이다. 예를 들어, 커피 전문점에서 가격을 3,000원에서 4,000원으로 올렸을 때 일부 가격 민감 고객들이 이탈하면서 하루 방문객이 1,000명에서 800명으로 줄어들 수 있다.

여기서 중요한 것은 객수 확보의 가치다. 3,000원짜리 아메리카노 1,000잔을 판매하는 것과 6,000원짜리 캐러멜 마키아또 500잔을 판매하는 경우 모두 300만 원의 동일한 매출이 발생한다. 후자가 노동력 측면에서는 효율적일 수 있지만, 전자처럼 더 많은 객수를 확보하고 있는 것이 특히 경기가 좋지 않을 때 훨씬 안정적으로 운영하는 데 도움이 된다. 고객 수가 많다는 것은 충성 고객층이 두텁다는 의미이며, 불황이 왔을 때 객단가를 조정하거나 프로모션을 활용할 수 있는 여지가 크기 때문이다.

명품 비즈니스나 프리미엄을 지향하는 사업은 예외일 수 있지만, 일반적인 비즈니스에서는 현재 매출을 발생시킬 수 있는 실제 고객의 수가 더 중요한 요소다. 극단적으로 말하면, 아무리 객단가가 높아도 객수가 없다면 아무런 의미가 없다. 따라서 객단가를 올리는 것이 상대적으로 쉽다고 해서 객수를 무시하고 객단가 향상에만 치중하는 실수를 범하지 않아야 한다.

수익 vs 수익률
: 무엇을 우선시해야 하는가?

기업을 대상으로 컨설팅을 진행하다 보면, '수익률' 하락에 대한 우려 때문에 매출 증대의 좋은 기회를 놓치는 경영자들을 종종 만나게 된다. 수익과 수익률 중 어떤 것이 더 중요한지에 대한 논의는 비즈니스의 본질적인 질문이며, 많은 기업의 의사결정 과정에서 중요한 갈림길이 된다.

수익과 수익률의 딜레마: 실제 사례 분석

상품 구매시 상품 B 30% 할인조건

	상품 A	상품A+B
판매가	10,000	17,000
원가	3,000	6,000
수익	7,000	11,000
수익율	70%	65%

	상품 A
판매가	10,000
원가	3,000
수익	7,000
수익율	70%

다음 사례를 통해 이 딜레마를 구체적으로 살펴보자.

상품 A는 이미 시장에서 안정적인 판매량을 기록하고 있지만, 상품 B는 제품력은 우수함에도 인지도가 낮아 판매가 저조한 상황이다. 두 상품 모두 판매가는 1만 원이고 원가는 3천 원이라고 가정해 보자.

상품 A만 판매할 경우:

- 수익: 7천 원 (1만 원 - 3천 원)
- 수익률: 70% (7천 원 ÷ 1만 원 × 100)

상품 A + B 번들 판매 시:

- 판매 금액: 1만 원(A) + 7천 원(B, 30% 할인) = 1만7천 원
- 원가: 3천 원(A) + 3천 원(B) = 6천 원
- 수익: 1만 1천 원 (1만7천 원 - 6천 원)
- 수익률: 약 65% (1만 1천 원 ÷ 1만 7천 원 × 100)

이러한 상황에서 일부 경영자들은 수익률이 70%에서 65%로 하락한다는 점을 우려하여 번들 판매를 꺼리게 된다. 그러나 여기서 반드시 주목해야 할 점은, 비록 수익률은 5%p 하락하지만 실제 수익은 7천 원에서 1만 1천 원으로 무려 57%나 증가한다는 사실이다.

수익률은 단지 종이 위의 숫자에 불과하지만, 수익은 실제로 기업의 통장에 쌓이는 현금이다. 아무리 수익률이 높더라도 절대적인 수익 규모가 작다면, 비즈니스 성장과 지속가능성 측면에서 큰 의미를 갖기 어렵다.

더 나아가, 번들 판매를 통해 상품 B의 인지도가 높아지고 고객 경험이 쌓이면, 이후에는 더 이상 할인 없이도 정상가로 판매가 가능해질 수 있다. 이러한 장기적 관점에서 보면, 일시적인 수익률 하락은 미래 성장을 위한 전략적 투자로 볼 수 있다.

배달 플랫폼, 포기할 것인가 활용할 것인가

이러한 수익과 수익률의 딜레마는 소상공인들이 배달 플랫폼을 이용할 때 늘 고민하는 문제에서도 동일하게 나타난다.

식당을 운영하는 많은 사장님들이 "배달 앱 수수료가 너무 비싸서 남는 게 없다"며 배달 서비스를 중단하는 경우를 자주 본다. 실제로 배달 플랫폼 수수료는 주문 금액의 30~40%에 달하기 때문에, 겉으로 보기에는 충분히 손해 보는 장사처럼 느껴질 수 있다.

하지만 정말 그럴까? 구체적인 숫자로 살펴보자.

음식 한 그릇 판매가가 1만원이고 음식원가가 2,500원(25%)이라고 가정하면:

매장 내 식사 손님:

- 판매가: 1만원
- 음식원가: 2,500원
- 수익: 7,500원
- 수익률: 75%

배달 플랫폼 주문 (수수료 35% 가정):

- 판매가: 1만원
- 음식원가: 2,500원
- 포장재료: 1,000원
- 플랫폼 수수료: 3,500원
- 수익: 3,000원
- 수익률: 30%

숫자만 보면 매장 내 식사의 수익률이 75%인 데 비해 배달은 30%로 확실히 낮다. 음식원가나 포장재료에 따라서는 이 마저도 안 나올 수 있다. 이 때문에 많은 사장님들이 "배달은 손해"라고 판단한다. 하지만 여기서 놓치는 중요한 사실이 있다.

배달을 받지 않으면 그 3,000원의 수익은 아예 0원이 된다는 점이다.

식당 운영에서 가장 큰 부담은 임대료, 인건비, 공과금 같은 고정비다. 이 비용들은 손님이 많든 적든 매달 일정하게 지출된다. 만약 월세가 300만원이고 인건비가 200만원이라면, 매달 500만원은 무조건 나가는 돈이다.

이런 상황에서 배달로 하루 10건을 받고 한 건당 3,000원씩 남는다면, 하루 3만원, 월 90만원의 추가 수익이 생긴다. 수익률은 낮지만, 이 90만원은 월세 300만원을 충당하는 데 분명히 도움이 된다. 배달을 포기하면 이 90만원조차 벌지 못하는 것이다.

더 중요한 점도 있다. 매장 좌석이 20석이라면, 점심시간에 아무리 손님이 많아도 한 번에 20명밖에 받을 수 없다. 하지만 배달 주문은 이 한계를 넘어서는 추가 매출이다. 매장이 꽉 찼을 때도, 영업시간 외에도 매출을 올릴 수 있는 기회인 것이다.

최근 몇 년간의 경험을 돌이켜보면 더욱 명확해진다. 팬데믹 기간 동안 매장 내 식사 손님이 급감했을 때, 배달 매출이 있던 식당들은 그나마 버틸 수 있었다. 배달을 포기했던 식당들은 매출이 절반 이하로 떨어지는 경험을 했다. 게다가 궂은 날씨를 생각해 보면, 비가 오거나 추운 날씨에 매장 매출은 많이 떨어질 확률이 높은데, 배달은 이런 외부 환경 변화에 오히려 더 증가하면서 수익에 대한 안전망 역할을 한다.

운영 역량을 고려한 현실적 접근

물론 배달 플랫폼을 무조건 이용하라는 말은 아니다. 중요한 것은 우리 가게의 운영 역량을 정확히 파악하는 것이다.

만약 점심시간 피크타임에 홀 손님만으로도 주방이 벅차고 서빙이 빠듯한 상황이라면, 여기에 배달 주문까지 받는 것은 오히려 독이 될 수 있다. 음식이 늦게 나가고, 서빙 품질이 떨어지고, 홀 손님들의 불만이 쌓이면 단골 손님을 잃을 수 있다. 이런 경우라면 배달로 벌어들이는 추가 수익보다 홀 손님 이탈로 인한 손실이 더 클 수 있다.

하지만 이런 상황에서도 '배달을 완전히 포기'하는 것보다는 탄력적으로 운영하는 방법이 있다. 많은 성공적인 식당들이 활용하는 전략이 바로 '시간대별 배달 오픈'이다.

점심시간 피크타임인 12시~1시30분에는 배달 주문을 받지 않고, 오후 2시 이후 주방 여유가 생기는 시간부터 배달을 재개하는 것이다. 또는 저녁 피크타임 이후인 밤 8시부터 마감까지만 배달을 받는 방법도 있다. 이렇게 하면 주방 운영에 무리를 주지 않으면서도 추가 매출 기회를 살릴 수 있다.

실제로 많은 배달 플랫폼들이 이런 시간대별 주문 설정 기능을 제공한다. 피크타임에는 배달을 일시 중지하고, 한산한 시간대에 다시 오픈하는 것이 가능하다.

결국 핵심은 '우리 가게에 플러스가 되는가'를 종합적으로 판단하는 것이다. 배달로 인한 추가 수익만 볼 것이 아니라, 운영 부담, 음식 품질 유지 가능성, 홀 손님 만족도까지 함께 고려해야 한다. 그리고 그 고민 끝에 나온 답이 '시간대별 탄력 운영'이라면, 그것이 바로 현명한 선택이다.

배달 플랫폼을 효율적으로 활용하는 방법

배달의 수익률이 낮다면, 이를 개선할 방법을 찾아야 한다.

첫째, 배달 전용 메뉴를 개발하는 것이다. 원가율을 20% 이하로 낮춘 메뉴를 별도로 구성하거나, 홀 메뉴보다 5~10% 정도 높은 가격을 책정하여 수수료 부담을 줄일 수 있다. 실제로 많은 성공적인 식당들이 이런 전략을 활용하고 있다.

둘째, 포장 주문을 적극 활성화하는 것이다. 배달 플랫폼에 노출은 되지만 직접 방문해서 포장해가는 주문은 수수료가 훨씬 낮거나 없다. 단골 손님들에게 포장 주문을 유도하고, 포장 주문 시 작은 혜택을 제공하는 방법도 효과적이다. 예를 들어, 매장에서 1만원짜리 식사를 하고 추가 포장주문 시 포장 주문건에 대해서만 30% 할인을 한다고 가정해 보자. 30% 할인을 하게 되면 당연히 수익률은 많이 떨어지지만, 포장 주문을 받지 않는 경우에는 건당 3~4천원의 기대수익이 0이 되는 것이다.

셋째, 광고비를 전략적으로 관리하는 것이다. 배달 앱의 상위 노출 광고는 비용이 만만치 않다. 이보다는 리뷰 관리나 쿠폰 이벤트 같은 실질적인 주문 유도 마케팅에 집중하는 것이 더 효율적일 수 있다.

핵심은 배달 주문 한 건당 수익이 마이너스가 아니고 조금이라도 가게 전체 수익에 보탬이 된다면, 그리고 운영에 무리를 주지 않는다면, 그 주문은 가게의 고정비를 조금이라도 덜어주는 역할을 한다는 점이다. 배달 플랫폼을 아예 포기하는 것이 아니라, 우리 상황에 맞게 현명하게 활용하는 방법을 찾는 것이 정답이다.

실전 적용: 수익 중심 사고의 중요성

결국 핵심은 명확하다. 수익률이 아닌 실제 수익에 집중해야 한다는 것이다.

물론 수익률이 지나치게 낮아진다면 기업의 건전성에 영향을 줄 수 있으므로 적절한 균형을 찾는 것이 중요하다. 하지만 일반적인 비즈니스 의사결정에서는 수익률보다 실질적인 수익 증가에 더 중점을 두는 것이 현명한 접근법이다.

번들 판매 사례에서 보았듯이, 수익률 5%p 하락을 우려하여 57%의 실제 수익 증가 기회를 놓치는 것은 현명한 선택이 아니다. 배달 플랫폼 사례도 마찬가지다. 수익률 30%가 75%보다 낮다는 이유만으로 월 90만원의 추가 수익 기회를 포기하는 것은, 결국 고정비 부담을 스스로 키우고 외부 환경 변화에 대응할 안전망을 버리는 것과 같다.

특히 배달 플랫폼 사례는 또 다른 중요한 교훈을 준다. 실제 수익 증가를 추구하되, 그것이 우리의 운영 역량 범위 내에서 이루어져야 한다는 점이다. 피크타임에 홀 손님 서비스가 무너질 정도로 배달을 받는다면, 당장의 추가 수익보다 장기적 손실이 더 클 수 있다. 하지만 이런 경우에도 '완전 포기'가 아닌 '시간대별 탄력 운영'이라는 현명한 대안이 있다.

결국 현명한 경영자는 두 가지를 함께 볼 수 있어야 한다. 첫째, 수익률이라는 단기적 지표에 얽매이지 않고 실질적 수익 증가를 추구하는 용기. 둘째, 그 수익 증가가 우리의 역량과 장기적 지속가능성을 해치지 않는지 냉정하게 판단하는 지혜.

수익과 수익률, 그 균형을 어떻게 가져갈 것인가는 각 기업의 상황과 전략에 따라 달라질 수 있다. 하지만 궁극적으로는 '실제 통장에 남는 숫자'인 수익이 기업 성장의 더 직접적이고 강력한 동력이 된다는 점, 그리고 그 수익 증가를 우리 상황에 맞게 현명하게 추구해야 한다는 점을 항상 기억해야 한다.

"수익률은 높은데 돈이 안 남는다"는 말보다, "수익률은 조금 낮지만 실제로 버는 돈이 더 많고, 우리가 감당할 수 있는 방식으로 번다"는 것이 훨씬 건강한 비즈니스다. 종이 위의 퍼센트보다 통장의 잔고를, 그리고 지속가능한 성장을 보자.

기존 고객 유지 vs 신규 고객 창출
: 효율적인 자원 배분

"교수님, 기존 고객 유지가 중요한가요, 아님 신규 고객 창출이 중요한가요?"

강의 중에 종종 마주하게 되는 이 질문에 대한 답은 얼핏 보면 간단하다. 둘 다 중요하다. 비즈니스 성장을 의해서는 새로운 고객을 끊임없이 유치하면서 동시에 기존 고객을 지켜나가야 한다는 것은 누구나 알고 있는 사실이다.

그러나 제한된 자원과 시간 속에서 우선순위를 결정해야 한다면, 저자는 주저 없이 '기존 고객 유지'에 무게를 둘 것이다. 물론 사업의 성숙도나 형태에 따라 판단이 달라질 수 있지만, 일반적인 상황에서 '효율성' 관점에서는 그렇다는 뜻이다.

예를 들어 우리가 작은 곰탕집을 3년째 운영하고 있다고 가정해 보자. 하루에 1만 원짜리 곰탕 50그릇 정도는 팔아야 주방 직원 급여도 지급하고, 임대료와 은행 이자도 갚으며, 생계를 유지할 수 있을 것이다.

매일 50명의 고객이 매장을 방문해야 하는 상황에서, 이들이 단골이든 아니면 한 번이라도 방문했던 '기존 고객'이든 상관없이, 이미 한 번 방문했던 '기존 고객'을 다시 매장으로 유도하는 노력과, 우리 매장을 전혀 모르는 사람을 새롭게 유치하는 노력 중 어느 쪽이 더 효율적일까?

답은 자명하다. '기존 고객'을 한 번 더 방문하게 하는 노력과 비용이 훨씬 적게 든다. 이유는 간단하다.

- 기존 고객은 이미 우리 매장의 위치와 메뉴, 맛, 분위기 등에 익숙하다
- 고객 데이터베이스가 있다면 직접적인 소통이 가능하다
- 매장 방문 시 추가 홍보가 별도 비용 없이 가능하다

반면, 신규 고객을 유치하기 위해서는 다음과 같다.

- 우리 매장의 존재를 알리는 광고 비용이 발생한다
- 메뉴의 특징, 위치, 주차 가능 여부, 가격대 등 기본 정보를 설명해야 한다
- 경쟁업체와의 차별점을 설득해야 한다

앞서 간략히 언급했듯이, 신규 고객 창출 비용이 기존 고객 유지 비용의 5배에서 25배까지나 든다고 알려져 있다. 이 통계가 실제 현

장에서는 어떤 의미를 갖는지 더 자세히 살펴보자. 제한된 예산과 시간 내에서 한 명의 고객을 추가로 확보해야 한다면, 선택지는 명확해진다.

"악순환의 함정: 한 뷔페 레스토랑 브랜드의 사례"

저자가 한 대기업의 뷔페 레스토랑 브랜드 재건 프로젝트에 참여했던 경험을 나누고자 한다. 이 브랜드는 한때 시장을 선도했으나, 25% 이상 저렴한 가격으로 공략해온 모방 경쟁자로 인해 어려움을 겪고 있었다.

이 레스토랑이 빠져있던 악순환의 고리는 다음과 같았다.

1. 경쟁사 등장으로 인한 객수 감소와 매출 하락

2. 단기적 매출 보전을 위한 과도한 할인 쿠폰 남발

3. 할인율 증가에 따른 객단가 하락과 수익성 악화

4. 수익성 악화로 인한 불가피한 인력 감축

5. 인력 감축으로 인한 현장 서비스 품질 저하 (테이블에서 직원을 불러도 오지 않는 등)

6. 비용 절감 압박으로 인한 식자재 품질 및 메뉴 다양성 저하

7. 서비스와 품질 하락으로 인한 고객 만족도 감소와 재방문율 급락

8. 더 공격적인 할인과 프로모션으로 신규 고객 유치 시도

9. 브랜드 가치 하락과 함께 1번으로 돌아가는 악순환 반복

이 과정에서 점장들은 본사의 매출 달성 압박에 쫓겨 할인 쿠폰

배포에만 집중하느라 정작 고객 경험과 현장 서비스는 방치하는 상황이 발생했다. 할인을 통해 일시적으로 객수를 늘려도, 근본적인 서비스와 품질 저하로 인해 재방문율이 떨어지는 악순환이 계속되었다.

만약 이 브랜드가 할인율을 줄이고 그 여유 자금으로 더 맛있고 다양한 메뉴를 제공하며, 적절한 인력 배치를 통해 서비스 품질을 높이는 데 집중했다면 어땠을까? 고객 만족을 최우선으로 두고 재방문율을 높이는 전략이 장기적으로는 더 효과적이었을 것이다.

기존 고객 유지를 위한 실질적 접근법

우리 비즈니스가 일회성이 아닌 지속적인 성장을 목표로 한다면, '오늘의 매출'보다 더 중요한 것은 '오늘 방문한 고객 중 몇 명이 다시 찾아올 것인가'에 대한 관심이다. 다시 말해, '오늘 방문한 고객에게 최선을 다하는 것'이 장기적 성공의 열쇠다.

기존 고객 유지를 위한 구체적인 전략은 다음과 같다.

- **제품과 서비스의 가치 지속적 상기시키기**: 고객이 이미 우리를 선택했더라도, 왜 좋은 선택인지 반복적으로 알려주는 것이 중요하다. 예를 들어, 온라인 주문 배송 시 작은 브로셔나 리플릿을 통해 제품의 특장점을 다시 한번 상기시키면, "아 맞다, 이 제품은 이런 점이 좋다고 했지" 또는 "어쩌다 선택했는데 이 제품이 이렇게 좋은 거였구나"라는 긍정적 인식을 강화할 수 있다.
- **혜택의 가시화**: 할인이나 추가 혜택을 제공할 때는 영수증이나 내역서에 그 내용을 눈에 띄게 표기하는 것이 중요하다. 수년 전부터 카드명세서나 핸드폰 요금 고지서에서 이런 변화를 볼 수 있는데, 고객이 받은 혜택을 명확히 인지하게 함으로써 만족감을 높이는 전략이다.

위대한 마케팅은 고객을 똑똑하게 느끼게 한다

이 책 초반부에 언급한 조 체르노프(Joe Chernov)의 명언 "Good Marketing makes the company look smart, Great Marketing makes the customer feel smart"에는 마케팅의 핵심 철학이 담겨 있다.

많은 기업들이 자사의 혁신성, 우수성, 전문성을 강조하는 데 집중한다. 물론 이러한 접근법도 브랜드 이미지 구축에 도움이 될 수 있다. 그러나 진정으로 고객의 마음을 사로잡고 장기적인 관계를 구축하는 위대한 마케팅은 한 걸음 더 나아간다.

위대한 마케팅은 고객이 우리 제품이나 서비스를 선택했을 때, 그들이 '현명한 결정'을 내렸다고 느끼게 해준다. 고객이 자신의 선택에 대해 자부심과 만족감을 느낄 때, 그들은 단순한 일회성 구매자가 아닌 브랜드의 지지자이자 옹호자로 변모한다.

이것이 바로 앞서 언급한 '기존 고객 유지'의 핵심 전략과 맞닿아 있는 부분이다. 고객이 우리를 선택한 것이 얼마나 현명한 결정이었는지 지속적으로 상기시켜 주는 것은, 그들의 재방문과 재구매를 자연스럽게 유도하는 강력한 동력이 된다.

어떻게 하면 고객이 자신의 선택에 대해 똑똑하다고 느끼게 할 수 있을까? 몇 가지 실질적인 방법은 다음과 같다.

- 선택의 가치 강화하기: 구매 후에도 제품이나 서비스의 가치, 품질, 차별점을 지속적으로 커뮤니케이션한다.
- 선택에 따른 혜택 가시화하기: 할인, 적립 포인트, 특별 서비스 등 고객이 받은 혜택을 명확히 보여준다.
- 고객의 지식과 안목 칭찬하기: "이 제품의 가치를 아는 분들만 선택합니다" 같은 메시지를 통해 고객의 안목을 인정한다.
- 실질적 가치 지속 제공하기: 단순한 말이 아닌, 실제로 고객이 기대 이상의 가치를 지속적으로 경험하게 한다.

신규 고객 유치도 중요하지만, 기존 고객 유지는 비용 효율성뿐 아니라 비즈니스의 건강한 기반을 만드는 근본적인 전략이다. 오늘의 매출에만 집착하여 할인과 원가 절감에 치중하다 보면, 결국 고객 만족도와 재방문율이 떨어지는 악순환에 빠질 수 있다.

이러한 접근법들이 일관되게 적용된다면, '재방문과 재구매율'은 자연스럽게 상승할 것이다. 그 결과 매출도 증가하게 되지만, 더 중요한 것은 이것이 단기적인 반등이 아닌 안정적이고 건강한 비즈니스 성장으로 이어진다는 점이다.

마케팅의 궁극적 목표는 단순히 판매를 늘리는 것이 아니라, 고객과의 지속가능한 관계를 구축하는 것이다. 고객이 자신의 선택을 통해 똑똑함을 느끼게 해주는 위대한 마케팅은, 이러한 관계 구축의 핵심 원칙이자 성공적인 비즈니스의 토대가 된다.

마케팅 효율성을 높이는 고급 전략

마케팅의 세계에서 '효율성'은 단순한 키워드를 넘어 기업 생존의 핵심 요소다. 소상공인부터 대기업까지, 비즈니스 규모에 상관없이 마케팅 예산은 항상 부족하다. 저자 역시 글로벌 대기업에서 연 수백억 원의 마케팅 예산을 운용해 봤지만, 예산은 늘 모자랐다. 수행해야 할 프로젝트들이 그만큼 많았기 때문이다. 결국 모든 기업이 '제한된 예산' 안에서 최대 성과를 창출해야 하는 현실에 직면해 있으며, 이때 중요한 것은 마케팅 예산을 무작정 늘리는 것이 아니라 주어진 자원을 얼마나 영리하고 효율적으로 활용하느냐이다.

이 장에서는 마케팅 투자 대비 최대 성과를 얻을 수 있는 구체적이고 실행 가능한 전략들을 다룬다. 대기업 마케터부터 카페나 미용실을 운영하는 소상공인, 그리고 마케팅을 처음 접하는 초보자까지 누구나 자신의 비즈니스에 바로 적용할 수 있는 내용으로 구성했다. 유입부터 전환, 재구매까지 이어지는 고객 여정에서 각 단계별로 어떻게 효율성을 극대화할 수 있는지, 저자가 현장에서 직접 경험하고 검증하여 이후로도 매우 효과적으로 활용하고 있는 방법론을 공유한다. 또한 소비자 조사의 함정부터 최신 가격 전략까지, 규모와 업종에 관계없이 모든 사업자가 알아두면 도움이 되는 고급 전략들을 쉽게 이해할 수 있도록 정리했다.

이제 제한된 예산 안에서 최대한의 결과를 낼 수 있는 실용적이고 검증된 전략으로 진정한 마케팅 효율성을 실현해보자.

유입(모객) vs 전환 vs 재방문
: 효율적인 마케팅을 위한 균형

마케팅 효율성이 중요한 이유를 구체적으르 파악하기 위해서는 먼저 마케팅 과정을 체계적으로 분해해 볼 필요가 있다. 실제로 어느 단계에서 가장 많은 비용이 들어가고, 어느 단계에서 가장 효율적인 개선이 가능한지 명확히 이해해야 전략적 접근이 가능하다.

마케팅의 세 가지 핵심 단계

마케팅 과정은 크게 세 가지 단계로 나눌 수 있다. 각 단계의 특성과 중요성을 명확히 이해하는 것이 효율적인 마케팅 전략 수립의 첫걸음이다.

1. 유입(Inflow) 또는 모객(Attracting Customers)

'유입'은 잠재 고객이 웹사이트나 랜딩 페이지로 들어오는 것을 뜻한다. 검색 엔진 최적화(SEO), 소셜 미디어 마케팅, 콘텐츠 마케팅, 유료 광고 등을 통해 이뤄진다.

'모객'은 디지털 환경에 국한되지 않은 보드 일반적인 용어로, 전통적인 광고나 프로모션을 통해 잠재 고객의 관심을 끌고 매장 방문이나 상담 신청 등의 행동을 유도하는 활동을 모두 포함한다. 이 단계에서는 배너 광고, 검색 광고, TV 광고 등 다양한 마케팅 방법으로 비용을 지불하여 잠재 고객의 관심을 유도하는 것이 일반적이다. 물론 자사 채널이나 바이럴 마케팅 등 비용 효율적인 방법도 함께 활용된다.

중요한 점은 이 단계에서는 아직 실제 매출이 발생하지 않는다는 것이다. 그러나 유입이나 모객이 없으면 다음 단계인 전환도 일어날 수 없기 때문에, 이 과정 역시 마케팅 전략에서 중요한 위치를 차지한다.

2. 전환(Conversion)

'전환'은 잠재 고객이 실제 구매, 회원 가입, 구독, 다운로드 등 기업이 원하는 행동을 취하는 것을 의미한다. 이 장에서는 특히 '구매 전환'에 초점을 맞추고 있다.

전환 단계에서는 주로 '자사 매체(owned media)'가 중요한 역할을 한다. 기업 웹사이트, 상세 페이지, 블로그, 소셜 미디어 계정 등 기업이 직접 소유하고 관리하는 디지털 자산을 통해 구매 결정을 이끌어내는 과정이다.

디지털 마케팅 외에도 영업 담당자의 상담, 매장 내 고객 응대 등도 전환 단계에 해당한다고 볼 수 있다.

이 단계에서는 '상세 페이지'의 역할이 특히 중요하다. 상세 페이지는 제품이나 서비스에 대한 정보 제공과 신뢰 구축뿐만 아니라, 검색 엔진 최적화에도 큰 영향을 미친다.

특히 '상세 페이지'의 중요성은 다음과 같은 비유로 이해할 수 있다. 멋진 파티를 준비하는 상황을 생각해 보자. 맛있는 음식, 고급 와인, 신나는 음악, 독특한 분위기, 그리고 유명 인사들이 참석하는 특별한 파티를 기획했다.

그러나 이런 훌륭한 파티를 준비하면서 정작 '초대장'은 대충 만들어 보내게 된다면 어떻게 될까? 초대장의 글씨가 잘 보이지 않거나, 장소와 시간이 명확하지 않거나, 파티의 특별함을 제대로 전달하지 못한다면, 아무리 멋진 파티라도 참석자는 적을 수밖에 없을 것이다.

고급스러운 파티를 위해 많은 준비와 투자를 했음에도, 초대장에 충분한 노력을 기울이지 않아 참석률이 저조하다면 얼마나 안타까운 일인가!

디지털 마케팅에서 상세 페이지는 바로 이 '초대장'과 같은 역할을 한다. 아무리 좋은 제품이나 서비스를 제공하더라도, 상세 페이지가 매력적이지 않거나 필요한 정보를 제대로 전달하지 못한다면 전환율은 낮을 수밖에 없다.

반대로, 제품이나 서비스가 다소 부족한 점이 있더라도 상세 페이지를 매력적으로 구성하여 장점을 효과적으로 부각시키고 잠재적 우려사항을 해소한다면, 전환율을 크게 높일 수 있다.

3. 재방문/재구매(Retention/Repurchase)

마지막 단계는 '재방문' 또는 '재구매'로, 전적으로 '고객 경험'과 '고객 만족도'에 달려 있다. 제품 품질, 서비스 수준, 애프터서비스 등 전반적인 고객 경험이 이 단계의 성공을 결정한다.

이 단계는 이미 앞 장에서 자세히 다루었으므로, 여기서는 마케팅 효율성의 관점에서 재방문/재구매의 중요성을 살펴볼 것이다.

각 단계별로 숫자를 대입한 예를 들어 보자. 먼저 '유입' 단계에서 다양한 광고에 투자해 웹사이트로 1,000명이 방문했다고 가정해 보자. 이 중 제품에 호감을 갖고 100명의 고객이 구매로 연결되었다면, '전환율'은 10%이다. 그리고 이 100명 중 30명이 실제 제품을 사용해 보고 재구매를 한다면, '재구매율'은 30%이다.

한 단계 더 나아가서, 이 3가지 수치를 각각 2배씩 늘려야 한다면 어떤 행동이 필요할까?

먼저, '유입'을 1,000명에서 2,000명으로 2배 증가시키려면, 필연적으로 상당한 추가 비용이 발생한다. 이론적으로는 광고비를 거의 2배 가까이 늘려야 하는 상황이 된다. 물론 매체별 광고비 규모에 따른 효율성이 일부 발생할 수 있지만, 결국 유입 단계에서 성과를 크게 높이기 위해서는 그에 비례하는 예산 증액이 불가피하다. 이는 유입 단계가 가장 많은 자금이 투입되는 마케팅 활동임을 보여준다.

둘째, '전환'을 100명에서 200명으로 2배 늘리려면 유입 단계보다 훨씬 적은 비용으로 큰 효과를 볼 수 있다. 자사 홈페이지나 블로그, 상세페이지를 고객 관점에서 더 매력적으로 개선하는 정도의 투자만으로 충분한 경우가 많다. 마케터의 관심과 노력, 그리고 소량의 디자인 비용 정도만 투자하면 가능하다. 즉, 전환 단계는 대규모 예산 증액 없이도 효율적인 성과 개선이 가능한 영역이다.

마지막으로, '재구매'를 30명에서 60명으로 2배 늘리려면 '고객 만족도'를 높여야 한다.

이 부분은 전 장에서 이미 자세히 설명했으므로 여기서는 생략한다.

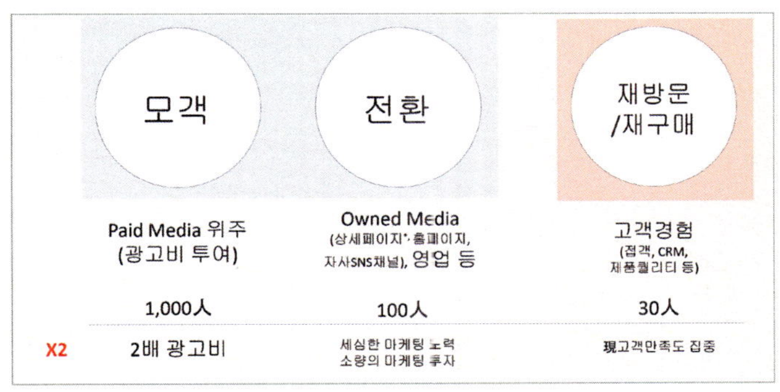

마케팅 효율성의 함정

안타깝게도 많은 기업이 '유입' 단계에만 지나치게 많은 비용을 투자한다. 매출이 부진할 때 가장 먼저 광고비를 늘리는 것이 일반적인 대응책이다. 물론 광고비를 늘리면 유입은 증가하지만, '전환' 단계에서 효과적인 설득이 이뤄지지 않는다면 마케팅 예산의 심각한 낭비로 이어질 수 있다.

조금만 생각해봐도, 유입을 2배로 늘리기 위해 광고비를 2배로 늘리는 것보다 전환율을 10%에서 20%로 높이는 것이 훨씬 비용 효율적이라는 걸 알 수 있다. 단순 계산만 해도, 전자는 기존 비용의 100% 추가 투자가 필요한 반면, 후자는 사이트 최적화와 콘텐츠 개선에 들어가는 일회성 비용만으로 동일한 성과를 얻을 수 있다. 유입을 늘리기 위한 광고비는 지속적으로 투입해야 하지만, 전환율 개선을 위한 투자는 한 번의 최적화로 장기적인 효과를 본다.

또한 신규 고객 획득 비용이 기존 고객 유지 비용보다 훨씬 높다는 사실을 고려하면, 재구매율을 높이는 것이 비용 효율적인 매출 증대 전략임을 알 수 있다. 이미 우리 제품을 경험한 고객은 브랜드에 대한 신뢰가 형성되어 있어, 우리를 전혀 모르는 잠재 고객보다 마케팅 메시지에 반응할 확률이 훨씬 높다. 특히 긍정적인 첫 경험을 한 고객은 추가 구매로의 전환이 더욱 쉽다.

효율적인 마케팅을 위한 실전 전략

제한된 마케팅 예산으로 최대의 효과를 얻기 위해서는 다음과 같은 접근이 필요하다.

- 균형 잡힌 투자: 유입에만 집중하지 말고, 전환과 재구매 단계에도 적절한 자원을 배분한다.
- 전환율 최적화 우선: 유입을 늘리기 전에, 현재의 전환율을 최대한 개선하는 데 집중한다. 상세 페이지 최적화, 사용자 경험 개선, 신뢰 요소 강화 등이 여기에 해당한다.
- 고객 만족도 향상: 이미 확보한 고객의 만족도를 높여 재구매율을 향상시키는 데 투자한다. 이는 장기적으로 가장 높은 ROI를 제공하는 전략이다.
- 데이터 기반 의사결정: 각 단계별 성과를 지속적으로 측정하고 분석해, 가장 효율적인 영역에 자원을 집중한다.

결론적으로, 효과적인 마케팅 전략은 무조건 예산을 줄이는 것도, 무작정 늘리는 것도 아니라, 제한된 자원을 가장 개선이 필요한 곳에 집중하는 것이다. 유입, 전환, 재구매의 세 단계 중에서 현재 가장 개선이 필요한 영역을 파악하고, 그곳에 집중적으로 투자하는 전략이 성공적인 마케팅의 핵심이다.

네이버나 구글, 유튜브 같은 광고 매체만 배를 불리는 '밑 빠진 독에 물 붓기'식 마케팅에서 벗어나, 보다 균형 잡히고 효율적인 마케팅 전략을 수립하는 것이 중요하다.

구매전환율 극대화를 위한 5단계 전략

구매전환율의 중요성

앞서 설명한 바와 같이 '구매전환율'은 마케팅에서 가장 중요한 지표 중 하나다. 매출과 수익에 직접적이고 즉각적인 영향을 미치기 때문이다. 구체적인 예를 들어보자.

우리가 집행한 광고를 통해 100명이 우리 홈페이지에 '유입'되었다고 가정하자. 이 100명이 우리 홈페이지에서 제품을 꼼꼼히 검토한 후, 이들 중 3명이 평균 1만 원짜리 제품을 구매했다면, '구매전환율'은 3%이고 매출은 3만 원이다.

이때 '구매전환율'을 2배로 올린다는 것은 곧 '매출'을 2배로 올린다는 말과 같다. 위 예시에서 '구매전환율'을 3%에서 6%로 높인다면 매출은 3만 원에서 6만 원으로 정확히 2배가 된다. 동일한 유입 규모에서 전환율 향상만으로 매출이 비례적으로 증가하는 것이다.

이처럼 '구매전환율'은 마케팅 효율성을 결정하는 핵심 요소다. 이 중요한 '구매전환율'을 극대화할 수 있는 5단계 전략을 소개한다.

1단계: 고객에게 어필할 수 있는 차별화 포인트 찾기

앞서 여러 차례 강조한 바와 같이 결국 고객이 많은 대안 중에서 우리 제품을 선택해야 하는 분명한 이유를 제시해야 한다. 이는 마케팅의 기본이자 출발점이다. 차별화 포인트를 찾기 위해 다음과 같은 질문을 던져보자.

- 우리 제품이나 서비스만이 가진 독특한 특징은 무엇인가?
- 경쟁사와 비교했을 때 우리만의 강점은 무엇인가?
- 고객의 어떤 문제나 니즈를 가장 효과적으로 해결할 수 있는가?

이 단계에서는 고객 입장에서 생각하는 것이 중요하다. 제품 특징(feature)이 아닌 고객이 얻을 수 있는 혜택(benefit)에 초점을 맞춰야 한다.

2단계: 제안하는 솔루션을 통한 'Before & After' 비교

현재 고객이 겪고 있는 문제를 해결하는 과정을 가장 직관적으로 보여줄 수 있는 방법이다.

"이 제품을 알기 전에는 이런 문제가 있었으나, 우리 제품을 사용한 후에는 이렇게 문제가 말끔히 해소되었다"라는 내용을 시각적으로 또는 스토리텔링 방식으로 보여준다면 강력한 설득력을 갖게 된다. Before & After 비교는 다음과 같은 형태로 제시할 수 있다.

- 시각적 비교(사진, 그래프, 도표)
- 수치적 비교(시간 절약, 비용 절감, 효율성 향상 등)
- 경험적 비교(사용자의 감정적/심리적 변화)

이 단계에서는 문제 상황을 다소 극적으로 표현하고, 해결 후의 상태를 이상적으로 묘사하는 것이 효과적이다.

3단계: 제안하는 '해결책'이 어떻게 문제를 해결하는지 특장점 비교

이 단계에서는 우리 제품이 가진 장점을 최대한 풀어내는 일종의 '자랑질'을 통해 제품에 대한 관심을 극대화한다. 특장점을 설명할 때는 다음 사항에 유의하자.

- 기술적 장점뿐만 아니라 실생활에서의 활용 가치를 함께 설명한다.
- 업계 평균이나 일반적 제품과의 객관적 성능 차이를 통해 우리 제품의 차별화된 가치를 부각시킨다.
- 특허, 독자 기술, 혁신적 방법론 등 경쟁사가 쉽게 모방할 수 없는 요소를 강조한다.

이 단계에서는 고객이 이해하기 쉬운 언어로 설명하되, 전문성과 신뢰감을 주는 용어를 적절히 활용하는 것이 좋다.

4단계: 이미 '솔루션'을 통해 해결된 문제의 사례 제시

이 단계는 우리 제품이 이미 다른 고객들에게 검증되었다는 점을 강조해 잠재 고객에게 안심감을 준다. 효과적인 사례 제시 방법은 다음과 같다.

- 실제 고객들의 구체적인 성공 사례
- 실제 데이터와 수치를 활용한 결과 입증
- 다양한 고객층과 사용 환경에서의 적용 사례

이 단계에서는 가능한 한 구체적이고 사실적인 정보를 제공해 신뢰도를 높이는 것이 중요하다. 모호하거나 과장된 표현은 오히려 의심을 불러일으킬 수 있다.

5단계: 고객의 목소리와 개발자 또는 전문가의 의견

마지막으로 '신뢰도 굳히기' 단계다. 4단계에서 한 걸음 더 나아가 다양한 신뢰 요소를 추가한다.

효과적인 신뢰 구축 요소:
- 다양한 고객 후기(한두 줄씩이라도 여러 고객의 목소리가 효과적)
- 개발자의 개발 스토리나 품질에 대한 확신
- 업계 전문가(예: 광고에서 흰 가운을 입은 박사)의 전문적 의견
- 관련 인증서, 수상 경력, 언론 보도 자료 등

이 단계에서는 다양한 출처에서의 인정과 확인을 통해 제품의 가치를 객관적으로 입증하는 것이 핵심이다.

5단계 전략의 심리적 효과

위의 5단계 전략은 궁극적으로 고객에게 일종의 FOMO(Fear Of Missing Out), 즉 '놓치는 것에 대한 두려움'을 유발한다. 고객들은 이 제품을 구매하지 않으면 중요한 가치나 기회를 놓치게 될 것 같은 불안감을 느끼게 된다.

"당신만 모르고 있던 것"이라는 메시지를 홈쇼핑에서 자주 볼 수 있는 '매진 임박' 문구가 대표적인 예다. 빨리 구매하지 않으면 다른 사람들이 다 사버려서 나만 좋은 제품을 살 기회를 놓치게 될 것 같은 조급함과 불안이 바로 FOMO의 전형적인 심리 메커니즘이다. 결국 이 전략의 핵심은 간접적으로 전달함으로써, 고객의 구매 욕구를 자극하는 것이다. 이 5가지 단계를 순서대로 모두 제대로 실행한다면, 그렇지 않을 때보다 '구매전환율'은 반드시 증가할 것이다.

다시 한 번 강조하지만, '구매전환율'의 증가는 곧 매출의 비례적 증가로 직결된다. 동일한 마케팅 비용으로 더 높은 매출을 달성할 수 있는 가장 효율적인 방법이 바로 구매전환율 향상인 것이다.

소비자 조사의 함정
: 평균 점수를 넘어 호불호 제품의 가치 이해하기

마케팅 의사결정에서 소비자 조사는 필수적인 도구다. 하지만 그 결과를 어떻게 해석하고 활용하느냐에 따라 성공과 실패가 갈린다. 특히 신제품 출시 과정에서 진행하는 소비자 만족도 평가는 이후 마케팅 투자 방향과 직결되기에 그 중요성이 크다.

저자가 현장에서 직접 경험한 실제 사례를 통해 소비자 조사에서 놓치기 쉬운 중요한 함정을 소개하고자 한다. 평균 점수만으로는 파악하기 어려운 소비자 반응의 복잡한 속성과 그 전략적 의미를 보여주는 사례다.

본 장에서는 소비자 조사 방법론이나 일반적인 분석 기법을 설명하지 않는다. 대신 단순히 기계적인 분석만 했다면 놓칠 수 있었던 중요한 인사이트와, 그러한 인사이트를 간과했을 때 초래될 수 있는 손실에 관한 이야기를 다룬다. 비록 소비자 조사라는 광범위한 영역에서 작은 부분일 수 있지만, 실무에서 마주할 수 있는 현실적인 도전과 그 해결책에 대한 하나의 시각을 제공하고자 한다.

이 내용은 어떤 마케팅 전문서적이나 칼럼에도 소개된 적 없는 저자만의 관점이다. 검증된 이론이나 정립된 방법론이 아닌 현장 경험에서 도출한 인사이트이기에, 여기서 주장하는 내용에 대해 다양한 의견이 있을 수 있음을 이해한다. 다만 실무에서 직접 겪은 경험을 독자들과 나누고, 비슷한 상황에 처한 실무진들이 보다 나은 의사결정을 내릴 수 있도록 돕고자 한다.

제품 A

	평가인	배점	평가점수
대단히 만족	20	5	100
만족	26	4	104
보통	8	3	24
만족하지 않음	28	2	56
아주 만족하지 않음	18	1	18
평균			3.02

제품 B

	평가인	배점	평가점수
대단히 만족	12	5	60
만족	18	4	72
보통	50	3	150
만족하지 않음	18	2	36
아주 만족하지 않음	2	1	2
평균			3.20

두 제품의 소비자 만족도 비교 사례

실제 글로벌 외식기업에서 신제품 출시 전 진행했던 소비자 조사 사례를 살펴보자. 제품 A와 제품 B에 대해 각각 100명의 고객을 대상으로 시식 후 '맛'에 대한 만족도를 5점 척도로 평가했다.

- 5점: 대단히 만족
- 4점: 만족
- 3점: 보통
- 2점: 만족하지 않음
- 1점: 아주 만족하지 않음

제품 A는 평균 점수가 3.02로, '보통'보다는 '대단히 만족'과 '아주 만족하지 않음'의 비중이 상대적으로 큰 전형적인 '호불호가 갈리는' 제품으로 평가되었다. 반면 제품 B는 '보통'의 평가가 과반수를 차지하고, 극단적인 평가(5점 또는 1점)의 비중이 상대적으로 적었다. 평균 점수는 3.20으로 제품 A보다 높았다.

이런 경우 어떤 제품을 출시하는 편이 나을까? 호불호가 갈리는 제품과 그렇지 않은 제품 중 어떤 제품이 성공 확률이 높을지에 대한 고민이다. 평균 점수는 호불호가 없는 제품 B가 높기 때문에 일반적인 상식으로는 제품 B를 선택하는 것이 '무난한 선택'이라고 판단하기 쉽다.

물론 제품 A와 B 중 어떤 것을 선택할지는 충분히 논쟁의 여지가 있는 문제이며, 여기서 제시하는 의견이 무조건 정답이라고 주장하지는 않는다. 다만 누군가 저자에게 선택을 요구한다면, 저자는 평균 점수가 높은 제품 B가 아닌 호불호가 갈리는 제품 A를 오랜 실무 경험을 바탕으로 주저 없이 선택할 것이다.

왜 호불호가 있는 제품이 더 유리할까?

제품 B를 자세히 살펴보면, 극단적으로 매우 좋아하거나 매우 싫어하는 사람은 별로 없고 만족도가 '보통'인 고객이 많이 집중되어 있다. 이는 곧 '싫어하는 고객이 그리 많지 않은 제품'이 될 확률이 높지만, 동시에 '매우 만족하는 고객도 많지 않은 제품'이라는 의미다.

반면 제품 A는 싫어하는 고객도 많지만 매우 만족하는 매니아층이 꽤 많은 제품이 될 확률이 높다. 즉, 호불호가 분명한 제품이다.

소비자 행동의 핵심을 생각해보면, 고객은 제품을 선택할 때 '그리

싫지 않아서' 선택하기보다는 '매우 만족해서' 선택한다. 소비자의 주머니에서 돈이 나가야 하는 상황에서, 매우 좋아할 때 지갑을 열지, 그리 싫지 않다고 해서 지갑을 쉽게 열지 않는다. 즉, 실제 매출은 '보통'이라고 평가하는 다수가 아니라, '매우 만족'하는 매니아층이 만들어낸다. 이 관점에서 보면 제품 A가 제품 B보다 시장에서 성공할 가능성이 높다.

그렇다면 제품 A의 많은 '불호(不好)'는 어떻게 해야 할까? 이는 당연히 나올 수 있는 질문인데, 명쾌하게 답변하자면 - 이 고객들은 우리의 타깃이 아니라고 간주를 해야 한다. 따라서, 이들은 다소 과한 표현으로 느껴질 수 있겠지만 버려야 한다. 이는 매우 중요한 포인트다. 어떤 신제품을 출시하고 어떤 마케팅을 하더라도 모든 고객을 만족시킬 수는 없다. 물론 불만족 요소에 더해 고민하고 그 격차를 줄이는 노력은 필요하지만, 마케팅에서는 장점에 더 우선순위와 집중을 두는 것이 효과적이다.

실질적인 매출은 제품을 매우 만족하는 매니아층과 긍정적으로 판단하는 고객들의 '재구매'를 통해 꾸준히 형성된다. 매출 성장과 지속가능한 비즈니스의 핵심은 단발성 구매가 아닌 충성도 높은 고객들의 반복적인 구매에 있다. '매우 좋아하는 소비자', 즉 '매니아층'이 지속적으로 재구매를 할 때 비로소 안정적인 매출 기반이 형성되며, 이들 층이 충분히 크다면 이들이 핵심 타깃이 되어야 한다.

실제 사례: 짠맛 조정의 딜레마

이 주장을 뒷받침할 실제 사례를 좀 더 구체적으로 살펴보자. 처음 개발된 제품 A로 소비자 조사를 했을 때, 평균 점수가 회사에서 정한 최소 기준에 미치지 못해 출시가 불가능한 상황이었다. 당연히 평균 점수를 올리기 위해 조사 결과를 더 자세히 분석했다.

"아니, '매우 만족하지 않음'으로 평가한 이 18명은 도대체 뭐가 문제라는 거에요?"라고 리서치 담당자에게 물었다. 담당자는 "네, 이분들은 제품의 염도가 좀 불만족스러웠다고 합니다"라고 답했다. 즉, 18%에 해당하는 고객들은 제품이 자신들의 입맛에 너무 짜다고 느꼈던 것이다.

"아, 그렇다면 염도를 좀 줄입시다. 페퍼로니 양도 좀 줄이고…"라며 짠맛을 줄이기 위한 레시피 수정을 지시했다. 이러한 조정을 거쳐 탄생한 것이 제품 B였다.

염도 조정 후, '아주 만족하지 않은' 고객들의 비율은 확실히 줄어들었다. 그러나 예상치 못한 문제가 발생했다. "매우 만족한" 고객의 비율도 동시에 감소한 것이다. 알고 보니 이 고객들은 원래 제품의 짭조름한 맛을 특별히 좋아했던 사람들이었다. 그 특징적인 맛이 사라지면서 제품은 그저 평범해졌고, 결국 이 제품은 '그렇게 싫어하는 고객이 많지 않은' 무난한 제품으로 변모했다.

제품 B의 평균 점수를 봤을 때, 제품 A에서 염도를 조정한 제품 B가 분명 개선된 것으로 판단되었기 때문에, 회사는 제품 B 스펙으로 확정해 제품을 출시했다. 그러나 결과적으로 이 제품은 시장에서 기대한 성과를 내지 못했다. 누구에게도 강한 인상을 주지 못하는 평범한 제품이 되어버린 것이 주요 원인이었다.

호불호 제품의 전략적 가치

소비자 조사는 중요한 인사이트를 제공하지만, 그 자체로 완벽한 해답을 주지는 않는다. 데이터를 단순히 표면적으로 해석하는 것을 넘어, 그 이면에 숨겨진 의미를 파악할 수 있어야 한다.

실제로 시장에는 호불호가 극명하기 갈리면서도 강력한 팬층을 확보한 제품들이 많다. 예를 들어 실란트로(고수)는 유전적 요인으로 인해 사람들의 호불호가 극단적으로 나뉘는 대표적인 사례다. 어떤 사람에게는 상쾌하고 향긋한 맛이지간, 다른 사람에게는 비누 맛으로 느껴진다. 하지만 실란트로를 좋아하는 사람들은 매우 강한 선호도를 보이며, 이들을 대상으로 한 요리나 조미료 제품들이 견고한 시장을 형성하고 있다.

물론 호불호 제품이 항상 무난한 제품보다 좋다는 것은 아니다. 중요한 것은 각각의 상황과 시장 환경을 종합적으로 고려하는 것이다. 마케팅 전략 수립 시 호불호가 강한 제품의 잠재적 가치를 재평가하고, 이를 효과적으로 활용할 수 있는 방안을 고려해야 한다. 이러한 접근은 차별화된 포지셔닝과 강력한 브랜드 로열티 구축에 기여할 수 있다.

마케팅의 효율성 끝판왕 깔때기
– 마케팅 퍼널(funnel)의 이해와 활용

마케팅을 오랫동안 해 온 전문가로서 단언할 수 있는 것은, '마케팅 깔때기'라고 불리는 '마케팅 퍼널'만큼 마케팅의 '효율성'을 극대화할 수 있는 도구는 없다는 점이다. 저자는 2008년경 Johnson&Johnson(존슨 앤 존슨)에서 일회용 컨텍트렌즈 업계 1위인 아큐브 사업의 마케팅 디렉터로 근무하며 이 마케팅 퍼널의 활용도와 중요성을 깊이 이해하게 되었고, 그 이후로도 이 퍼널의 다양하고 높은 활용 가치를 지속적으로 경험해 왔다.

퍼널(Funnel)은 영어로 "깔때기"를 뜻하며, 마케팅 퍼널은 잠재 고객이 제품이나 서비스를 인지하는 순간부터 최종 구매에 이르고 충성 고객이 되는 과정을 체계적으로 보여주는 모델이다. 일반적인 깔때기처럼 위의 입구가 넓고 아래로 갈수록 좁아지는 구조를 가지고 있으며, 마지막 출구에서 최종 구매 고객이 나오는 형태를 띤다.

마케팅에서 '고객 여정(consumer journey)'이라고 불리는 프로세스는 고객이 제품이나 서비스를 인지하고, 관심을 갖고, 구매하며, 최종적으로 충성 고객이 되어가는 과정을 말한다. 이 여정의 각 단계를 거치면서 자연스럽게 고객의 수가 줄어들어 깔때기와 같은 형상을 보이기 때문에 '퍼널'이라고 부른다.

마케팅 퍼널의 핵심 가치

퍼널 분석의 주요 목적은 상품의 발견부터 구매, 재구매까지의 고객 행동을 세분화해 파악하고, 각 단계에서 이탈하는 고객과 다음 단계로 진행하는 고객을 분석하는 것이다. 이를 통해 어느 단계에서 이탈하는 고객이 많은지, 그 이유가 무엇인지 추측 및 파악한 후 집중적으로 개선점을 찾을 수 있다. 결과적으로 한정된 마케팅 예산을 효율적으로 활용할 수 있게 된다.

이 퍼널 모델은 마케팅 방법과 비즈니스 성격에 따라 조금씩 달라질 수 있으며, 기본적인 틀은 이 책 제6장에서 다룬 AIDMA/AISAS 모델 중 AISAS 모델과 연계해 이해할 수 있다.

마케팅 퍼널의 가장 큰 장점은 단계별 성과를 측정하고 구체적인 개선점을 파악할 수 있다는 점이다. 퍼널 분석을 통해 어느 단계에서 고객 이탈이 가장 많이 발생하는지 확인할 수 있으며, 이를 통해 문제가 되는 병목 지점을 정확히 식별할 수 있다.

각 단계별 전환율을 측정함으로써 명확한 개선 목표를 설정하고, 가장 취약한 단계에 마케팅 자원을 집중적으로 투입해 효율적인 자원 배분이 가능하다. 궁극적으로 제한된 마케팅 예산으로 최대 효과를 얻을 수 있는 영역을 파악함으로써 ROI(투자수익률)를 극대화할 수 있다.

예를 들어, 많은 잠재 고객이 인지 단계에서 관심 단계로 전환되지만 고려 단계에서 구매 단계로의 전환율이 낮다면, 제품의 가격 정책이나 구매 과정에 문제가 있을 수 있다. 이러한 문제점을 해결함으로써 전체 퍼널의 효율성을 크게 향상시킬 수 있다.

마케팅 퍼널의 5단계

마케팅 퍼널은 잠재 고객이 충성 고객으로 전환되는 여정을 5개의 핵심 단계로 구조화한다. 단계마다 고객의 심리와 행동 패턴이 달라지므로, 이에 맞춘 차별화된 마케팅 전략이 필수적이다. 이 단계별 접근법을 통해 제한된 마케팅 자원으로 최대 효과를 창출할 수 있다.

1단계: 인지(Awareness)

인지 단계는 고객이 제품 또는 서비스를 처음 발견하게 되는 시점이다. 이 단계에서는 마케팅 활동을 통해 제품 또는 서비스의 존재를 알리고, 잠재 고객의 관심을 효과적으로 유도해야 한다.

주요 마케팅 활동:

- 광고(TV, 라디오, 인쇄 매체 등 전통 채널)
- 소셜 미디어 콘텐츠 및 페이지 운영
- 옥외 광고 및 현장 프로모션
- 검색 엔진 최적화(SEO) 및 검색 광고(SEM)
- 보도자료, PR 활동 및 업계 행사 참여
- 인플루언서 콜라보레이션 및 바이럴 마케팅

이 단계의 핵심 목표는 타겟 고객층에게 효과적으로 브랜드나 제품의 존재감을 형성하는 것이다. 단순한 노출보다는 타겟 오디언스에게 관련성 있는 메시지를 전달하는 것이 중요하다.

 브랜드 인지도, 웹사이트 트래픽, 소셜 미디어 도달률, 노출 빈도, 검색어 순위

2단계: 관심/흥미(Interest)

관심 단계는 고객이 제품 또는 서비스에 호기심을 갖고 더 자세히 알아보려는 단계다. 이 단계에서는 제품이나 서비스의 특징과 이점에 대한 더 상세한 정보를 제공해 고객의 흥미를 유지해야 한다.

주요 마케팅 활동:

- 제품 상세 페이지 및 사양 정보 최적화
- 가치 중심의 블로그 콘텐츠 및 인포그래픽
- 타겟팅된 이메일 마케팅 캠페인
- 교육 목적의 웨비나 및 정보성 영상 콘텐츠
- 소셜 미디어 스토리텔링 및 인게이지먼트 콘텐츠

이 단계에서는 고객의 관심을 지속시키고 더 깊은 정보 탐색으로 이끄는 것이 핵심이다. 제품이나 서비스가 어떻게 고객의 구체적인 문제를 해결하거나 욕구를 충족시킬 수 있는지 명확하게 전달해야 한다.

성과 측정 지표(KPI): 페이지 체류 시간, 이메일 오픈율과 클릭률, 콘텐츠 소비율, 소셜 미디어 참여도, 재방문율

3단계: 검색/고려(Consideration)

고려 단계는 고객이 제품 구매를 진지하게 검토하고 대안들을 비교 평가하는 단계다. 이 단계에서는 경쟁사 대비 자사 제품의 장점과 차별화 포인트를 효과적으로 강조해야 한다.

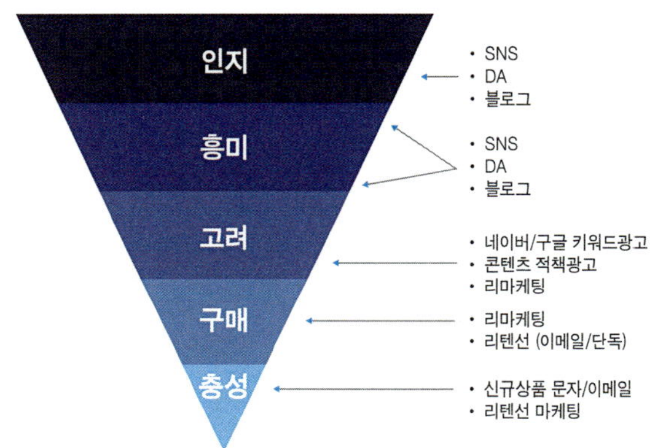

주요 마케팅 활동:

- 경쟁 제품 대비 차별화된 가치 비교 자료
- 신뢰할 수 있는 고객 후기 및 성공 사례
- 상세한 FAQ 페이지와 지식 베이스
- 무료 체험, 데모 또는 샘플 제공
- 타겟팅된 리타겟팅 광고 및 맞춤형 제안

이 단계에서는 고객의 구매 결정을 촉진하는 데 필요한 모든 정보와 확신을 제공하는 것이 핵심이다. 제품의 구체적인 가치를 입증하고 구매 과정에서 발생할 수 있는 우려 사항이나 장애물을 선제적으로 해소해야 한다.

성과 측정 지표(KPI): 제품 비교 페이지 방문, 장바구니 추가율, 무료 체험 신청, 상담 요청 건수, 견적 요청

4단계: 구매(Purchase)

구매 단계는 고객이 실제로 제품을 구매하는 중요한 전환점이다. 이 단계에서는 구매 과정을 최대한 원활하게 만들고, 최종 결정을 촉진하는 적절한 인센티브를 제공해야 한다.

주요 마케팅 활동:

- 시의적절한 프로모션 및 개인화된 할인 제공
- 다양하고 안전한 결제 옵션과 간편한 결제 시스템
- 무료 배송 또는 배송비 할인 혜택
- 명확한 구매 보증, 환불 및 반품 정책
- 단계별 구매 안내 및 결제 프로세스 최적화
- 장바구니 포기 방지를 위한 리마인더 캠페인
- 긴급성을 부여하는 한정 시간 오퍼

이 단계에서 가장 중요한 것은 구매 과정에서 발생할 수 있는 모든 마찰 요소를 제거하는 것이다. 복잡한 결제 절차, 불명확한 정보, 예상치 못한 추가 비용 등은 고객의 최종 구매 결정을 방해할 수 있으므로 특별한 주의가 필요하다.

성과 측정 지표(KPI): 전환율, 평균 주문 금액, 장바구니 포기율, 결제 프로세스 완료율, 프로모션 코드 사용률

5단계: 충성(Loyalty)

충성 단계는 고객이 제품에 만족해 재구매하고 주변에 자발적으로 추천하는 단계로, 장기적인 수익성과 지속 가능한 성장의 원동력이다. 이 단계에서는 지속적인 고객 관계 관리와 차별화된 가치 제공이 핵심이다.

주요 마케팅 활동:

- 체계적인 고객 만족도 조사 및 피드백 시스템
- 구매 후 맞춤형 지원 서비스 및 사용 가이드
- 차별화된 혜택을 제공하는 충성도 프로그램
- 고객 생애 가치(CLV)를 고려한 개인화된 추천
- 활발한 고객 커뮤니티 구축 및 참여 유도
- 옴니채널 경험을 통한 일관된 브랜드 접점 관리
- 상향 판매(upselling)와 교차 판매(cross-selling) 전략

이 단계는 비즈니스의 장기적 성장과 수익성에 결정적인 영향을 미친다. 앞서 수차례 강조한 바와 같이 기존 고객을 유지하는 비용이 신규 고객을 획득하는 비용보다 훨씬 저렴하며, 충성 고객은 브랜드 옹호자가 되어 입소문을 통한 새로운 고객 유입을 촉진한다. 특히 디지털 환경에서 고객 리뷰와 추천의 영향력은 어떤 마케팅 메시지보다 강력할 수 있다.

성과 측정 지표(KPI): 고객 유지율, 재구매율, NPS(순추천지수), 고
객 생애 가치(CLV), 리뷰 참여율, 추천을 통한 신규 고객 비율

다음 장에서는 아큐브의 실제 사례를 통해 이 개념을 더욱 실용적
으로 이해할 수 있을 것이다.

마케팅 퍼널 활용
- 존슨앤드존슨(Johnson & Johnson)의
아큐브(Acuvue) 실사례

아큐브 비즈니스의 특성

아큐브는 1886년 설립된 미국 존슨앤드존슨사의 대표 브랜드로,
일회용 콘택트렌즈 시장에서 글로벌 및 국내 1위 자리를 굳건히 지
키고 있다. 한국 시장에서는 과거에 비해 점유율이 현재는 하락하긴
했으나, 여전히 상당한 시장점유율을 유지하며 시장을 확실히 주도
하고 있다. 아큐브의 퍼널 활용 사례를 더 정확히 이해하기 위해 먼
저 아큐브 비즈니스의 핵심 특성을 살펴보자.

일회용 콘택트렌즈의 핵심 가치는 안경 착용자와 기존 소프트렌즈 사용자들에게 매일 소독해야 하는 불편함을 해소하고, 장기간 착용으로 발생할 수 있는 눈 건강 문제를 효과적으로 예방한다는 점이다. 그러나 이러한 편의성에는 비용이라는 단점이 따른다. 기존 소프트렌즈가 6개월 이상 사용 가능한 반면, 일회용 렌즈는 하루만 착용 후 버려야 하므로 소비자에게 비용 부담으로 다가올 수 있다.

이러한 가격 장벽을 넘기 위해 아큐브는 전략적으로 마케팅 자원을 집중 투입해 잠재 고객에게 샘플렌즈 체험 기회를 적극 제공한다. 이를 통해 소비자들은 편리함과 탁월한 착용감 같은 우수한 가치를 직접 체험하게 된다.

앞서 다룬 '오감 마케팅'의 핵심 원리가 여기서 그대로 적용된다. 아큐브는 오랜 경험을 통해 일회용 콘택트렌즈의 장점을 말로만 설명하는 것보다 소비자가 실제로 눈에 착용해 봄으로써 착용감과 일회용에서 오는 편리성을 직접 체험하는 것이 구매 전환율을 현저히 높인다는 사실을 발견했다. 이처럼 실제 사용 경험을 통해 소비자는 가격 대비 얻는 혜택이 충분히 크다는 점을 스스로 체득하게 된다.

결과적으로 소비자들은 단순한 비용 계산을 넘어 일상에서 누리는 편안함과 눈 건강의 이점이 추가 비용을 충분히 상쇄한다고 판단하게 된다. 안경 착용자나 기존 소프트렌즈 사용자에게 이러한 가치 중심의 제품 경험을 제공하는 것이 실

제 구매로 이어지는 핵심 성공 요인이며, 아큐브는 이러한 체험 기반 접근법에 마케팅 자원을 집중함으로써 효과적인 결과를 얻고 있다.

아큐브 비즈니스 모델의 성패는 얼마나 많은 잠재 고객에게 샘플 렌즈를 배포하고 실제 사용 경험을 제공하느냐에 달려 있다고 해도 과언이 아니다. 제품의 실제 체험이 구매 의사결정에 미치는 영향력이 매우 크기 때문이다.

아큐브의 고객 여정과 마케팅 퍼널

아큐브 렌즈 비즈니스의 고객 여정(consumer journey)을 마케팅 퍼널을 통해 분석하기 위해, 일회용 렌즈의 잠재 고객이 충성 고객으로 발전하는 과정을 살펴보자. 이 여정은 십여 년 전 존슨앤드존슨에서 근무했을 당시의 경험을 토대로 한 것으로, 현재는 디지털 마케팅 환경의 변화에 따라 일부 차이가 있을 수 있다. 다음 분석은 1억 원의 마케팅 예산 투자 시 최종 구매 고객까지 이르는 전체 여정을 개념적으로 이해하기 위한 예시 수치로, 교육 목적으로 최대한 단순화되었기 때문에 실제 비즈니스 환경에서는 이 수치가 크게 달라질 수 있음을 유념해 주기 바란다.

1단계: 인지 - 광고 메시지 도달

아큐브는 잠재 고객층에게 샘플렌즈를 알리기 위해 네이버와 같은 주요 포털사이트에 전략적으로 '배너광고'를 전개한다. 이 배너는 "아큐브 콘택트렌즈 '무료 샘플렌즈' 신청"과 같은 강력한 행동 유도 문구(call-to-action)로 구성되어 소비자의 즉각적인 반응을 이끌어낸다.

핵심 지표:

- 총 노출 횟수: 1천만 회 (21-39세 여성 타겟)
- 1회 노출당 비용: 10원 (1억 원 ÷ 1천만 회)

개선 방안:

- 타겟 오디언스별 최적 광고 매체 발굴 및 A/B 테스트 실시
- 소비자 행동 데이터에 기반한 마이크로 타겟팅 도입
- 매체별 ROI 분석을 통한 예산 최적 배분

이 단계에서 중요한 것은 단순 노출이 아닌, 관련성 높은 타겟 고객에게 효과적으로 메시지를 전달하는 것이다. 주목할 점은 이 수치가 실제 클릭 이전, 단순히 배너 이미지가 잠재 고객의 시야에 노출된 수치라는 것이다.

2단계: 관심 - 홈페이지 유입

1단계에서 배너광고에 노출된 잠재 고객 중 일부가 '무료 샘플렌즈'라는 강력한 인센티브에 호기심을 느껴 배너를 클릭하고 아큐브 공식 홈페이지로 유입된다. 이 단계에서는 클릭을 유도하는 광고 메시지의 설득력과 시각적 디자인이 중요한 역할을 한다.

핵심 지표:

- 클릭률(CTR): 5%
- 홈페이지 유입 인원: 50만 명

- 1인당 홈페이지 유입 비용: 200원 (1억 원 ÷ 50만 명)

개선 방안:

- 배너 디자인 및 광고 카피 개선을 통한 클릭률 향상

- 데이터 기반 A/B 테스트로 효과적인 소재 개발

- 랜딩 페이지의 모바일 및 사용자 경험(UX) 최적화

이 단계에서는 다양한 채널별 효율성 비교가 필수적이다. 동일 예산으로 더 많은 양질의 트래픽을 유입시킬 수 있는 채널이 있다면, 해당 채널로 리소스를 전환해 전체 퍼널 효율성을 높일 수 있다.

3단계: 고려 – 샘플렌즈 신청

샘플렌즈 신청 홈페이지로 유입된 잠재 고객들은 '무료 샘플렌즈 신청' 랜딩 페이지를 통해 제품의 핵심 가치(눈 건강, 편안함, 편리성 등)를 전달받고 샘플 신청 단계로 진입한다.

핵심 지표:

- 신청 전환율: 25%

- 샘플렌즈 신청자 수: 12.5만 명

- 1인당 샘플렌즈 신청 유도 비용: 800원 (1억 원 ÷ 12.5만 명)

개선 방안:

- 신청 프로세스 간소화 및 마찰 요소 제거

- 추가 인센티브 제공(한정 기간 내 신청자 대상 이벤트 등)

- 실시간 챗봇 상담 도입으로 즉각적 의문점 해소

홈페이지 내 샘플 신청 페이지의 설득력과 신청 과정의 사용자 친화성이 이 단계의 전환율에 결정적 영향을 미친다. 마케팅 효율성 극대화를 위해 디지털 채널 외 대안적 접근도 검토할 필요가 있다.

예를 들어, 온라인 배너 광고 대신 지역 안경점 네트워크를 활용한 오프라인 프로모션, 대학교 캠퍼스 내 부스 운영, 직장인 대상 점심시간 체험 이벤트 등이 고려될 수 있다. 다만, 오프라인 이벤트는 일반적으로 비용이 급증하는 경향이 있어 ROI 관점에서 면밀한 분석이 선행되어야 한다.

각 채널별로 1인당 샘플렌즈 신청 유도 비용을 산출하여 현재 온라인 채널의 800원과 비교 분석한 후, ROI 관점에서 가장 효율성이 높은 옵션을 선택하는 것이 핵심이다. 비용 효율성뿐만 아니라 브랜드 인지도 향상, 장기적 고객 관계 구축 등의 부가적 효과도 종합적으로 고려해 최적의 마케팅 믹스를 구성해야 한다.

4단계: 구매 전 – 샘플렌즈 픽업 및 착용

이 단계는 잠재 고객이 실제 제품을 직접 체험하는 중요한 전환점이다. 샘플 체험을 통해 고객은 제품의 가치를 직접 경험하고 구매 결정에 필요한 확신을 얻게 된다. 국내 의료기기 규제로 콘택트렌즈는 안과나 안경점을 통해서만 유통이 가능하므로, 아큐브는 고객이 지정한 안경점으로 샘플렌즈를 배송하고 고객이 직접 픽업하는 프로세스를 구축했다. 무료 샘플임에도 불구하고 신청자 중 일부는 픽업하지 않는 경우가 있는데, 이는 고객이 직접 안경점을 방문해야 하는 추가적인 노력이 필요하기 때문이다.

핵심 지표:

- 픽업 비율: 80%

- 실제 픽업 인원: 10만 명

- 1인당 샘플렌즈 착용 유도 비용: 1,000원 (1억 원 ÷ 10만 명)

개선 방안:

- 미픽업 고객에게 리마인더 발송

- 픽업 기한 설정을 통한 urgency(긴급 행동 유도) 창출

- 픽업 프로세스 간소화

픽업을 완료한 고객은 '샘플렌즈 착용 완료' 고객으로 간주한다. 사실 픽업 후 실제 착용 여부를 일일이 확인하는 것은 불필요한 비용과 고객 불편을 초래하기 때문에, 이 단계어서는 픽업 완료 고객은 모두 샘플렌즈를 실제 착용한 것으로 과감히 간주한다. 실제로 여러 고객 행동 패턴 분석 결과, 픽업까지 완료한 고객의 대부분이 샘플렌즈를 착용해보는 것으로 나타났기 때둔에 이러한 가정은 충분히 합리적이다.

5단계: 구매 – 실제 구매 전환

샘플렌즈를 체험한 고객 중 일부는 제품 경험에 만족해 실제 구매로 이어진다. 이 단계에서 비로소 브랜드 입장에서 실질적인 매출과 수익이 창출된다. 결국 퍼널의 1단계부터 5단계까지 세밀하게 분석하는 이유는, 최종적으로 매출이 발생하는 이 구매 단계를 이해하고 극대화하기 위함이다.

핵심 지표:

- 구매 전환율: 30%

- 실제 구매자 수: 3만 명

- 1인당 구매 유도 비용(고객 획득 비용, CAC): 3,333원 (1억 원 ÷ 3만 명)

개선 방안:

- 샘플 사용 후 일정 기간 내 구매 시 특별 혜택 제공

- 개인화된 CRM 활동으로 구매 의사결정 지원

- 사용자 리뷰 및 전문가 추천을 통한 신뢰도 강화

이 단계는 전체 마케팅 퍼널에서 가장 중요한 성과 지표를 제공한다. 고객 1명의 획득 비용(CAC)을 정확히 파악하는 것은 전체 마케팅 전략 수립과 예산 관리에 핵심 기준점이 된다. 이러한 데이터를 기반으로 주어진 마케팅 예산으로 얼마나 많은 잠재 고객을 실제 구매로 전환시킬 수 있는지 예측 가능해진다.

더 나아가, 고객 획득 비용을 최적화할 수 있다면 마케팅 효율성을 극대화할 수 있다. 예를 들어, 고객 획득 비용을 10% 낮출 수 있다면, 즉, 본 예시에서는 현재 고객 획득 비용인 3,333원에서 3천원대 초반으로 낮출 수 있다면, 동일한 마케팅 예산으로 10% 더 많은 고객을 창출할 수 있다는 의미다. 이것이 바로 마케팅 효율성을 극대화하는 핵심 전략이다.

6단계: 충성 – 지속적 구매

최초 구매 이후, 제품에 만족한 고객들은 반복 구매를 통해 '충성 고객'으로 발전한다. 이는 고객관계관리(CRM) 영역에 속하며, 별도의 심층적인 논의가 필요한 주제이므로 본 사례에서는 개략적으로만 다룬다.

개선 방안:

- 로열티 프로그램 도입

- 고객 맞춤형 정기 방문 안내 및 예약 시스템 구축으로 재구매 편의성 제고

- 개인화된 리텐션 전략 수립

퍼널 분석의 핵심 인사이트

아큐브 사례를 실제 수치에 맞게 퍼널로 시각화하면 일반적인 깔때기보다 훨씬 더 극단적인 형태가 드러난다. 최상위 단계인 '메시지 노출'은 1천만 명으로 시작해 퍼널의 입구가 마치 거대한 원형 경기장처럼 넓게 펼쳐져 있으며, 이후 각 단계를 거치며 급격하게 좁아진다. 최종 구매 단계에서는 3만 명 수준으로, 마치 넓은 바다가 좁은 모래시계의 목을 통과하듯 극적으로 압축되는 형태를 보인다. 이는 일반적인 깔때기라기보다는 상단은 광활한 분지, 하단은 가느다란 실과 같은 대비가 극명한 구조에 가깝다.

마케팅 퍼널 최적화의 핵심 목표는 각 단계에서 다음 단계로의 전환율을 지속적으로 향상시키는 것이다. 상위 단계에서 더 많은 고객을 유지할수록, 하위 단계에서도 자연스럽게 더 많은 고객을 확보할 수 있다. 궁극적으로 실제 매출과 수익이 발생하는 '구매' 단계에서의 고객 규모를 확대하는 것이 목표다.

예를 들어, '샘플렌즈 착용' 단계에서 전환율을 10% 개선할 수 있다면, 이는 직접적으로 최종 매출 10% 증가로 이어질 수 있다. 매출을 10% 향상시키기 위해 광고비 증액이나 신규 채널 개발과 같은 다양한 접근법이 존재하지만, 이미 구축된 퍼널의 단계별 전환율을 개선하는 방식은 추가 예산 투입 없이도 성과를 극대화할 수 있는 비용 효율적인 전략이다. 특히 제한된 마케팅 예산 환경에서는 퍼널 최적화가 투자 대비 수익(ROI)을 극대화하는 가장 효과적인 방법이 될 수 있다.

마케팅 퍼널의 핵심 가치는 '잠재 고객'을 '구매고객'으로 전환하는

과정을 체계적으로 분석하고, 각 단계별 비용 효율성을 극대화하는
데 있다. 퍼널의 각 단계별 마케팅 효율성을 지속적으로 모니터링하
고, 다양한 대안을 검토하며 데이터 기반의 테스트를 통해 최적의
접근법을 발견하는 것이 중요하다. 이러한 체계적인 접근법은 비즈
니스의 안정성과 성장성을 동시에 강화한다.

특히 주목할 점은 퍼널 상위 단계에서의 작은 개선이 하위 단계
에 미치는 누적 효과가 최종 매출에 큰 영향을 미칠 수 있다는 것이
다. 예를 들어, 인지 단계에서의 타겟팅 정교화나 홈페이지 유입 단
계에서의 사용자 경험 최적화는 연쇄적으로 모든 후속 단계의 성과
를 향상시킨다. 이러한 데이터 중심의 분석과 지속적인 개선 활동을
통해 마케팅 활동 전반의 효율성을 극대화하고, 궁극적으로 마케팅
투자 대비 수익을 크게 높일 수 있다.

당신의 비즈니스에 적용하는 마케팅 퍼널

마케팅 퍼널의 활용 가치는 아큐브와 같은 글로벌 브랜드에만 국
한되지 않는다. 규모나 퍼널의 복잡성과 관계없이, 소상공인부터 대
기업까지 모든 비즈니스 모델에 효과적으로 적용할 수 있다. 핵심은
마케팅 활동에서 최종 목표 달성까지의 전체 과정을 고객 여정으로
시각화하고, 이를 퍼널 관점에서 최적화하는 것이다.

예를 들어, 식당 비즈니스의 경우 광고를 통한 인지도 확보부터 실
제 방문, 재방문까지의 여정을 퍼널로 구조화할 수 있다. 구체적으
로는 ① 지역 SNS 광고 노출(인지), ② 웹사이트 방문 또는 전화 문의

(관심), ③ 예약 진행(고려), ④ 실제 방문 및 식사(구매), ⑤ 만족도 평가 및 재방문(충성)과 같은 단계로 구성된다. 식당이 100만 원의 마케팅 예산을 투자해 신규 고객을 유치할 때, 각 단계별 전환율과 최종 방문 고객 수를 측정함으로써 고객 1인당 획득 비용을 산출할 수 있다. 이는 마케팅 활동의 효율성을 평가하고 개선하는 핵심 지표가 된다.

주목할 점은 실제 비즈니스 환경에서 퍼널의 모든 단계를 완벽하게 측정하기는 어렵다는 것이다. 앞서 아큐브 사례에서 보았듯이, 샘플 픽업 이후 실제 착용 여부까지 추적하는 것은 비용 대비 효용이 낮을 수 있다. 마케팅 실무에서는 일부 단계에서 합리적인 가정과 추정을 통해 퍼널을 완성하는 경우가 많다. 중요한 것은 이러한 한계에도 불구하고 퍼널 분석을 시작하는 것이다.

불완전한 데이터로 시작하더라도, 퍼널을 구축하고 분석하는 과정 자체가 마케팅 효율성 향상의 첫걸음이 된다. 처음 구축한 퍼널은 기준점으로 활용하고, 이후 지속적인 측정과 개선을 통해 점차 데이터의 정확도와 퍼널의 효율성을 높여갈 수 있다. 특히 퍼널 분석이 반복될수록 추세와 패턴이 드러나며, 이는 단일 시점의 정확한 수치보다 때로 더 가치 있는 통찰을 제공한다.

따라서 완벽한 데이터를 기다리기보다는, 현재 가용한 정보와 합리적 가정을 바탕으로 퍼널 분석을 시작하고, 이를 지속적으로 정교화하는 접근법이 실질적인 비즈니스 성과 향상에 더 효과적이다.

B2B 환경에서는 사업 설명회 같은 이벤트를 통한 신규 고객 유치 과정을 퍼널로 분석할 수 있다. ① 타겟 기업 리스트 확보 및 초대장 발송(인지), ② 설명회 참석 신청(관심), ③ 실제 설명회 참석(고려), ④

후속 미팅 진행(의도), ⑤ 계약 체결(구매), ⑥ 유지보수 계약 갱신(충성)과 같은 단계로 구성된다. 설명회 홍보 비용부터 잠재 고객의 참석, 그리고 최종 계약 체결까지의 전체 여정을 퍼널로 구성해 각 단계별 전환율과 비용을 분석함으로써 영업 프로세스의 효율성을 높일 수 있다.

마케팅 퍼널의 진정한 가치는 고객 획득 비용을 명확히 파악하고, 각 단계별 전환율을 지속적으로 개선함으로써 마케팅 투자 대비 성과를 극대화하는 데 있다. 각 산업과 비즈니스 모델 특성에 맞게 최적화된 퍼널을 설계하고, 지속적인 데이터 분석과 개선을 통해 마케팅 효율성을 높이면 궁극적으로 비용 효율적이고 지속가능한 성장 전략 수립이 가능해진다. 이러한 퍼널 방법론의 유연성과 확장성은 규모와 업종에 관계없이 모든 비즈니스에 적용 가능한 강력한 마케팅 프레임워크로서의 가치를 갖는다.

B2B vs B2C 마케팅 퍼널의 차이

B2B(기업 간 거래) 환경에서의 마케팅 퍼널은 B2C(기업과 소비자 간 거래)와 비교해 몇 가지 중요한 차이점이 있다.

- **의사결정 과정**: B2B에서는 일반적으로 구매 결정에 여러 이해관계자가 참여하며, 이로 인해 구매 주기가 더 길고 복잡하다 평균적으로 B2C 구매가 몇 분에서 며칠 내에 이뤄지는 반면, B2B 구매는 몇 주에서 몇 개월까지 소요될 수 있다.

- **콘텐츠 특성**: B2B 마케팅은 더 깊이 있는 기술적, 전문적 콘텐츠에 중점을 두며, 특히 고려 단계에서 백서, 사례 연구, 기술 명세서 등이 중요한 역할을 한다. B2C는 감성적 요소와 즉각적인 혜택을 강조하는 반면, B2B는 논리적 가치와 장기적 ROI에 초점을 맞춘다.

- **관계 구축**: B2B에서는 장기적인 비즈니스 관계 구축이 특히 중요하며, 개인화된 영업 접근과 고객 성공 관리가 핵심이 된다. B2C가 일회성 거래에 초점을 맞추는 경향이 있는 반면, B2B는 지속적인 파트너십 구축에 중점을 둔다.

- **판매 가격과 규모**: B2B 거래는 일반적으로 거래 규모가 크고 계약 금액이 높기 때문에, 더 세심한 리드 관리와 정교한 영업 프로세스가 요구된다. 따라서 퍼널의 중간 단계(고려, 의도)가 더 세분화되고 복잡하게 설계된다.

- **채널 전략**: B2C는 소셜 미디어, 이메일 마케팅, 광고 등 다양한 대중 채널을 활용하는 반면, B2B는 전문 네트워크, 산업 컨퍼런스, 직접적인 영업 접촉 등 보다 표적화된 채널에 집중한다.

성공적인 마케팅 전략을 위해서는 비즈니스 모델(B2B/B2C)과 업종의 특성에 맞게 각 퍼널 단계를 맞춤화하는 것이 필수적이다.

패키지 비용에 돈을 더 쓰는 게
남는 장사일 수 있다

마트에서 장을 볼 때 구매할 상품이 미리 정해져 있지 않다면 여러 옵션 중 패키지가 더 예쁜 것을 고를 확률이 높다. 패키지의 디자인과 내용물의 품질이 무관함을 알지만, 패키지가 예쁘면 왠지 품질도 좋을 것으로 기대하게 된다. 마케팅 전문가인 저자도 패키지 디자인에 따라 품질을 추측하는 경향이 있는데, 일반 소비자들에게는 분명 이런 외관에 현혹되는 현상이 더 강하게 나타날 것이다. 이러한 심리적 현상은 미적 효과(aesthetic effect)라고 불리며, 소비자의 구매 의사결정에 강력한 영향을 미친다.

패키지는 제품의 첫인상을 결정하는 핵심 요소다. 현대 마케팅에서 그 중요성은 아무리 강조해도 지나치지 않다. 패키지는 단순히 제품을 담는 용기를 넘어 '무언의 세일즈맨(silent salesman)'으로 작용한다. 매장에서 3-7초 내에 소비자의 시선을 사로잡고 구매 결정을 이끌어내는 결정적 역할을 한다.

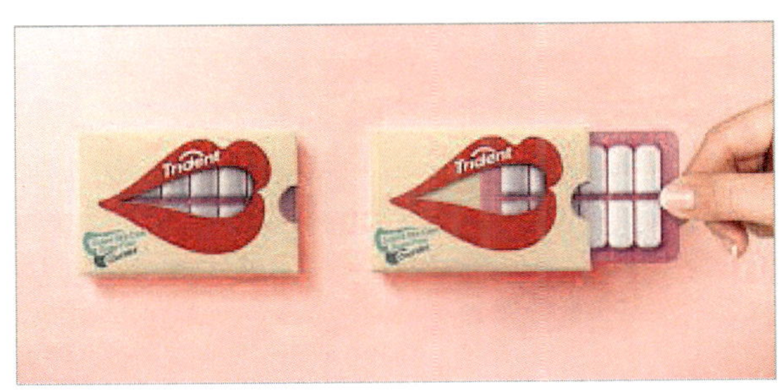

예를 들어, 해외 시장에서 Trident가 출시한 특별히 디자인된 패키지의 껌은 비록 국내에는 출시되지 않은 것으로 알고 있지만, 이러한 패키지 디자인 전략의 효과를 잘 보여주는 사례다. 이렇게 패키지가 차별화되어 특별하게 제작된 제품은 일반 껌보다 가격이 몇 백 원 비싸게 판매될 수 있으나, 세련된 디자인으로 많은 소비자들의 눈길을 끌어 상당한 인기를 끌 수 있다. 특히 미적 디자인 요소를 중요시하는 소비자층에게는 제품을 선택하는 중요한 이유가 된다. 현대 소비자들은 제품을 SNS에 공유하거나 일상에서 사용하며 자신의 취향을 표현하는 수단으로도 활용한다. 패키지 디자인에 투자하는 비용은 단순한 지출이 아니라 매출 증대로 이어지는 효과적인 마케팅 전략이다.

웅진식품의 '든든한 콩' 두유 제품은 패키지 디자인의 성공적 사례로 볼 수 있다. 이 제품의 패키지는 콩의 원재료 이미지와 영양 성분을 강조한 그래픽 요소를 효과적으로 활용하여, 소비자들에게 직관적으로 '콩이 가득 들어있는' 건강한 두유라는 인상을 준다. 실제로 이 패키지 디자인을 접한 소비자들은 다른 경쟁 제품과의 콩 함유량을 정확히 비교하지 않더라도, 또한 맛이나 정확한 영양성분을 알지 못하더라도, 왠지 이 제품이 '콩이 가장 많이 들어있을 것 같은' 느낌을 갖게 된다. 이는 패키지 디자인이 제품의 핵심 가치와 속성을 시각적으로 효과적으로 전달할 때 소비자의 인식과 선택에 얼마나 강력한 영향을 미칠 수 있는지 보여주는 좋은 예시다.

이러한 패키지 디자인의 효과는 한국야쿠르트의 'LOOK 팻스타핑' 다이어트 음료와 동국제약의 '다제스' 소화제에서도 확인할 수 있다. 'LOOK 팻스타핑'은 날씬한 실루엣과 깔끔한 디자인으로 체중 감량과 관련된 직관적 연상을 불러일으킨다.

'다제스' 소화제는 소화 관련 3가지 기능을 다른 색으로 표현하고 캡슐 한 알 안에 3가지 색의 각기 다른 미니 소화제가 들어 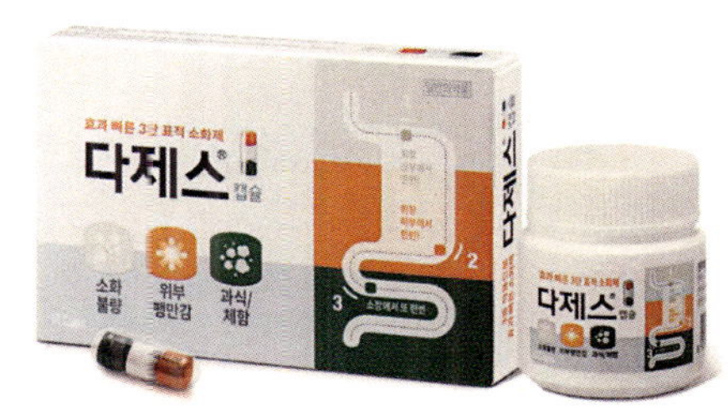

있는 디자인을 통해 다양한 소화 불량 증상에 대한 '맞춤형 솔루션' 이라는 이미지를 강화했다. 이들 제품 모두 패키지 디자인을 통해 소비자들에게 실제 효능 이상의 심리적 가치와 기대감을 효과적으로 전달하고 있다.

최근에는 패키지 디자인의 영역이 더욱 확장되고 있다. 예를 들어, 친환경 소재를 활용한 패키지는 환경 의식이 높은 소비자들에게 강력한 구매 동기를 제공한다. 또한 QR코드나 AR(증강현실) 기능을 탑재한 스마트 패키지는 소비자에게 제품 정보뿐만 아니라 브랜드 스토리와 엔터테인먼트 경험까지 제공하며 소비자 참여를 유도한다. 이러한 혁신적 패키지는 단순한 제품 보호 기능을 넘어 브랜드-소비자 관계를 강화하는 강력한 커뮤니케이션 도구로 진화하고 있다.

물론 이러한 차별화된 패키지는 제조 원가가 더 비쌀 것이다. 하지만 이런 패키지 디자인을 통해 소비자가 제품을 더욱 쉽게 인식하고, 제품의 가치를 한층 높여줄 수 있다. 패키지 디자인 투자는 다음과 같은 다양한 비즈니스 이점을 제공한다.

- 브랜드 인지도 강화: 차별화된 패키지는 매장 진열대에서 소비자의 시선을 사로잡아 브랜드 인지도를 높인다.
- 프리미엄 가격 책정 가능: 고품질 패키지는 제품의 지각된 가치를 높여 프리미엄 가격을 정당화한다.
- 소셜미디어 확산 효과: 시각적으로 매력적인 패키지는 소비자들이 SNS에 자발적으로 공유하게 만들어 무료 홍보 효과를 창출한다.
- 고객 충성도 증가: 특별한 패키지 경험은 소비자의 브랜드 애착을 형성하여 재구매율을 높인다.
- 매장 진열 우위 확보: 뛰어난 패키지는 소매업체로부터 더 좋은 진열 위치를 얻는 데 도움이 된다.

이러한 이점들은 모두 매출 증대로 이어질 수 있어, 패키지에 투자하는 비용이 장기적으로는 이익이 될 수 있다. 실제 연구에 따르면, 패키지 디자인 개선만으로도 매출이 평균 5-30% 증가한 사례가 다수 보고되고 있다.

핵심은 단순히 생산원가 절감을 통한 가격 경쟁력 확보보다는, 전략적인 원가 투자를 통해 소비자의 선호도를 높이는 차별화된 패키지를 개발하는 것이 더 효과적이라는 점이다. 단기적인 비용 증가에도 불구하고 장기적으로 브랜드 가치 상승과 매출 증대로 이어질 수 있는 전략적 선택이다.

예를 들어 우리가 A라는 생수를 제조 및 판매하는 사업을 한다고 가정해 보자. 이해를 돕기 위해, 페트병의 제조원가가 100원이고, A의 판매가가 500원이라고 하자. (이는 실제 페트병 원가나 유통금액과는 무관하며, 독자의 이해를 돕기 위한 예시임을 유의해 주길 바란다.)

아마도 우리는 페트병의 구매단가를 줄이기 위해 수많은 공급업체를 만나고, 단 1~2원이라도 저렴하게 공급받기 위해 노력을 할 것이다. 이렇게 공급받은 페트병은 일반 편의점이나 마트에서 흔히 볼 수 있는 평범한 디자인의 제품이 될 가능성이 높다.

하지만 만약 우리가 현재 100원의 페트병 제조원가에 50원을 추가 투자하여 150원짜리 페트병을 사용한다면, 일반 유통채널에서 볼 수 없는 차별화된 디자인의 페트병으로 만들어진 음료를 만들 수 있을 것이다. 이러한 특별한 패키지로 제작된 상품들이 앞서 예시에서 본 제품들이 될 확률이 크다. 이렇게 차별화된 패키지로 만든 제품의 경우, 다음과 같은 전략적 선택지가 있다.

- **프리미엄 전략**: 판매 가격을 700원으로 올려 판매할 수 있다. 이 경우 50원의 추가 원가 투자로 200원의 추가 매출과 150원의 추가 수익을 기대할 수 있다. 실제로 코카콜라와 같은 글로벌 기업들은 한정판 패키지를 통해 최대 25%까지 프리미엄 가격을 책정하는 전략을 성공적으로 활용하고 있다.
- **원가 반영 전략**: 추가된 50원의 원가만큼만 판매가를 올려 550원에 판매할 수 있다. 이 경우 음료 판매당 수익은 동일하지만, 특이한 디자인으로 인해 판매량이 증가한다면 전체적인 수익 증대를 기대할 수 있다. 시장 조사에 따르면, 패키지 리디자인 후 평균적으로 15-20%의 판매량 증가가 관찰되었다.
- **공격적 시장 점유율 전략**: 50원의 추가 · 원가를 감수하고 기존 판매가인 500

원을 유지할 수 있다. 이 경우 음료 판매당 수익은 50원 감소하지만, 동일 가격대에서 훨씬 더 매력적인 디자인으로 인해 판매량이 대폭 증가할 가능성이 있다. 이는 시장 점유율 확대와 경쟁사 견제에 효과적인 전략으로, 장기적으로는 규모의 경제를 통해 원가가 하락되어 초기에 포기했던 50원의 수익도 많이 보전될 수 있다.

B2B 비즈니스에서도 패키지 디자인은 중요한 역할을 한다. 산업용 제품이나 원자재도 전문적이고 신뢰감을 주는 패키지는 품질 인식과 브랜드 신뢰도에 영향을 미친다. 예를 들어, 산업용 화학 제품의 경우 안전성과 정확한 정보 제공이 강조된 패키지는 전문가 고객들에게 제품 신뢰도를 높이고 장기적 파트너십 구축에 기여한다.

패키지 디자인 투자의 ROI(투자수익률)는 다양한 요소로 측정될 수 있다. 직접적인 판매 증가 외에도, 브랜드 인지도 향상, 고객 충성도 증가, 진열 공간 확보, 마케팅 효율성 증대 등 다양한 간접 효과를 고려해야 한다. 한 연구에 따르면 성공적인 패키지 리디자인은 평균적으로 투자 대비 3-4배의 수익을 창출하는 것으로 나타났다.

결론적으로, 패키지 디자인에 대한 투자는 단순한 비용이 아닌 브랜드의 미래 가치를 결정하는 중요한 전략적 투자다. 오늘날의 경쟁 환경에서 제품 기능만으로는 차별화가 어려워진 상황에서, 패키지는 소비자의 마음을 사로잡고 브랜드 스토리를 전달하는 핵심 접점이 되었다.

다만, 여기서 말하는 패키지 디자인 투자는 제품 품질과 무관한 화려한 포장이나 과대 포장을 의미하는 것이 아니다. 제품의 본질적 가치를 효과적으로 전달하고, 브랜드 정체성을 명확히 표현하며, 소비자 경험을 개선하는 혁신적이고 창의적인 디자인 솔루션에 대한 투자를 말한다. 패키지 디자인은 마케팅 비용이 아닌 투자로 인식하고, 철저한 소비자 조사와 창의적 접근을 통해 경쟁 우위를 확보하는 전략적 도구로 활용해야 할 것이다.

판매가격 전략
: 소비자 심리를 활용한 가격 책정

이 장에서는 마케팅의 핵심 요소인 판매가격 전략을 심도 있게 다루고자 한다. 판매가격 전략은 마케팅 믹스의 핵심인 4P(Product, Promotion, Place, Price) 중 하나로, 기업의 성패를 좌우하는 결정적인 요소이다. 아무리 혁신적인 제품을 개발하고, 창의적인 광고 캠페인을 진행하며, 효율적인 유통망을 구축한다 하더라도, 가격 전략이 잘못되면 판매 부진에 빠지거나, 판매량은 높으나 수익성이 낮아 경영상 어려움을 겪는 경우가 많다.

4P 중 가격 전략은 상대적으로 적은 자원과 시간으로 수립할 수 있으면서도, 기업의 수익성과 직결되는 강력한 도구이다. 그렇기에 일반적으로 다른 마케팅 요소들을 모두 결정한 후 최종적으로 확정

하는 경향이 있다.

가격 전략은 다양한 방식으로 접근할 수 있으며, 대부분은 소비자 심리를 전략적으로 활용하여 수립한다. 주요 가격 전략은 다음과 같다.

- Charm Pricing(매력적 가격 책정): 제품의 생산 비용이나 실제 가치보다는 소비자의 감정과 인식에 호소하는 방식이다. 예를 들어, 10,000원 대신 9,900원으로 책정하여 소비자가 심리적으로 9,000원대로 인식하게 만드는 전략이다. 뇌는 왼쪽에서 오른쪽으로 숫자를 처리하는 경향이 있어, 첫 번째 숫자에 더 큰 비중을 두게 된다. 다만, 프리미엄 브랜드의 경우 이러한 전략이 오히려 고급스러운 이미지를 훼손할 수 있으므로 주의해야 한다.

- Prestige Pricing(프리미엄 가격 책정): 제품이나 서비스의 가격을 의도적으로 높게 책정하여 소비자들에게 프리미엄 이미지를 전달하는 전략이다. 이는 브랜드 가치와 제품의 품질 인식을 높이는 데 효과적이다. 럭셔리 브랜드들은 이 전략을 통해 독점적 가치와 사회적 지위를 제품에 연결시킨다. 그러나 이 전략은 제품이 실제로 프리미엄 품질과 경험을 제공할 수 있을 때에만 장기적으로 성공할 수 있다.

- Penetration Pricing(침투가격 전략/저가 책정): 신규 시장 진입 시 빠른 시장점유율 확보를 위해 초기에 낮은 가격으로 시장을 공략하는 전략이다. 가격 장벽을 낮춰 신속하게 고객 기반을 확보하는 데 중점을 둔다. 넷플릭스와 같은 구독 서비스는 초기에 낮은 가격으로 시장에 진입한 후, 고객 기반이 확보되면 점진적으로 가격을 인상하는 방식을 취했다. 이 전략의 위험은 초기 낮은

가격이 브랜드 가치를 저하시키거나, 후에 가격을 인상할 때 고객 이탈이 발생할 수 있다는 점이다.

- Bundling(번들링): 여러 제품이나 서비스를 패키지로 묶어 개별 구매보다 저렴한 가격에 제공함으로써 총체적 가치를 높이는 전략이다. 소비자에게는 더 큰 가치를, 기업에게는 판매량 증가 효과를 가져온다. 대부분의 외식업체에서 제공하는 세트 상품이 가장 대표적인 예다. 햄버거와 감자튀김, 음료를 개별 주문하는 것보다 세트로 주문하면 더 저렴한 가격에 구매할 수 있다. 이 외에도 마이크로소프트의 오피스 패키지나 통신사의 인터넷-TV-전화 결합 상품이 번들링의 대표적인 사례다. 번들링은 판매량이 적은 제품을 인기 제품과 묶어 판매하는 데도 효과적이다.

- Price Skimming(스키밍 가격 전략): 신제품을 출시할 때 초기에 가격을 의도적으로 높게 책정하고, 시간이 지나면서 점진적으로 가격을 인하하는 전략이다. 이는 우유에서 크림을 걷어내듯, 가격에 덜 민감한 얼리 어답터 계층으로부터 최대의 수익(마진)을 먼저 확보하는 것을 목표로 한다. 주로 기술 집약적이거나 혁신적인 제품에 사용되며, 높은 초기 가격으로 R&D(연구 개발) 비용을 빠르게 회수하고 제품의 프리미엄 이미지를 구축하는 데 유리하다. 가격 인하 시점은 초기 수요가 포화되거나 경쟁 제품이 시장에 등장하기 시작할 때 이루어져, 다음으로 가격에 민감한 고객층을 순차적으로 흡수한다. 다만, 초기 구매자가 나중에 가격이 급락하는 것을 보고 불만을 가질 위험이 있으며, 경쟁자들이 시장에 진입하는 속도가 빠를 경우 효과가 반감될 수 있다.

- Anchoring(앵커링): '닻을 내리다'라는 의미에서 유래한 이 전략으로, 기준점

이 되는 높은 가격을 제시한 후 상대적으로 낮은 가격의 제품을 배치하여 후자가 더 매력적인 선택으로 보이게 만드는 방식이다. 이는 소비자의 가격 인식에 영향을 미쳐 구매 결정을 전략적으로 유도한다.

이러한 다양한 가격 전략은 소비자 심리학과 행동경제학적 원리를 기반으로 개발되었으며, 각 기업의 상황과 목표에 맞게 최적화하여 적용해야 한다.

앵커링 전략의 실제 활용 사례들

앞서 소개한 가격 전략 중에서 앵커링은 특히 강력한 효과를 발휘하는 전략으로, 실제 비즈니스 현장에서 어떻게 활용되고 있는지 구체적인 사례들을 통해 살펴보고자 한다. 앵커링 전략과 이와 관련된 소비자심리학의 "타협 효과(Compromise Effect)"는 현대 비즈니스에서 다양하게 활용되고 있다. 타협 효과란 소비자들이 극단적인 옵션(가장 저렴하거나 가장 비싼 옵션)보다 중간 옵션을 선호하는 경향을 말하며, 이는 과도한 지출과 기능 부족 사이에서 균형을 찾으려는 심리에서 비롯된다. 국내 시장에서 찾아볼 수 있는 대표적인 사례들을 살펴보자.

삼성전자의 스마트폰 라인업에서는 갤럭시 S 시리즈 출시 시 울트라, 플러스, 기본 모델 등 다양한 가격대의 제품을 함께 선보인다. 최상위 모델인 갤럭시 S23 울트라와 같은 고가 제품은 다른 모델의 가격 인식에 앵커로 작용한다. 소비자들은 이 프리미엄 모델의 가격을 기준점으로 삼아 갤럭시 S23 기본형을 상대적으로 더 '합리적인 선택'으로 인식할 가능성이 있다. 용량 옵션에서도 유사한 심리적 효과가 작용할 수 있다.

국내 OTT 서비스의 요금제를 보면, 넷플릭스, 티빙, 웨이브와 같은 서비스들은 보통 베이직, 스탠다드, 프리기엄 등 세 가지 요금제를 제공한다. 프리미엄 요금제의 존재는 스탠다드 요금제를 더 매력적인 선택으로 보이게 만드는 앵커 역할을 할 수 있다. 소비자들은 이러한 중간 옵션이 가격과 기능 면에서 '적절한 균형'을 제공한다고 느낄 수 있다.

카페 프랜차이즈의 음료 사이즈에서도 앵커링 효과를 찾아볼 수 있다. 스타벅스, 투썸플레이스 등 커피 브랜드들은 톨(Tall), 그란데(Grande), 벤티(Venti) 등 다양한 사이즈를 제공한다. 최대 사이즈(벤티)는 가격 기준점으로 작용하여, 중간 사이즈(그란데)가 '가성비가 좋은 선택'으로 인식되게 만들 수 있다. 또한 다양한 사이즈 옵션은 소비자에게 선택의 자유와 통제감을 제공하는 심리적 효과도 있으며, 브랜드에게는 다양한 가격대에서의 수익 창출 기회를 제공한다.

이러한 전략의 효과는 국가, 출시 시기, 프로모션, 소비자 특성 등 다양한 요인에 따라 달라질 수 있으며, 기업들은 이러한 소비자 심리를 이해하고 제품과 가격 라인업을 전략적으로 구성할 필요가 있다.

앵커링 효과의 과학적 검증
: 이코노미스트 실험 사례

앵커링은 인간 심리의 독특한 특성을 활용한 전략으로, 노벨 경제학상 수상자인 대니얼 카너먼과 아모스 트버스키의 연구를 통해 널리 알려졌다. 이들의 연구에 따르면, 사람들은 의사결정 시 처음 접한 정보(앵커)에 강하게 영향을 받으며, 이후의 판단은 이 앵커를 기준으로 상대적으로 이루어지는 경향이 있다. 소비자들은 제품의 절대적인 가치보다는 주어진 옵션들 간의 상대적 가치를 비교하여 구매 결정을 내리는 경우가 많다.

행동경제학자 댄 아리엘리가 영국의 유명 경제 전문지인 이코노미스트(The Economist)의 구독 모델을 활용해 실시한 실험 사례는 앵커링 효과를 명확히 보여주는 대표적인 예다. 1843년부터 인쇄 잡지로 시작된 이 매체는 디지털 시대에 접어들며 온라인 구독 서비스를 추가하여 다양한 구독 모델을 제공하고 있었다.

아리엘리는 MIT 학생들을 대상으로 앵커링 효과를 검증하기 위한 실험을 진행했다. 먼저 두 가지 옵션만 제시했을 때의 선택 패턴을 관찰했다. 디지털 전용 구독은 연간 59달러, 디지털과 인쇄본을 함께 구독하는 서비스는 125달러였다. 실험 결과, 68%가 디지털 전용 구독을 선택했고, 나머지 32%만이 디지털과 인쇄본 통합 구독을 선택했다.

아리엘리는 더 높은 가격대의 통합 구독 상품 선택률을 높일 수 있는지 확인하고자 했다. 기존의 두 가지 옵션에 추가로 '인쇄본 전용 구독' 옵션을 새롭게 도입한 실험을 설계했다. 이 전략의 핵심은 인쇄본 전용 구독 상품 자체의 판매가 목적이 아니라, 디지털과 인쇄본 통합 구독 서비스의 선택 비중을 전략적으로 높이는 데 있었다.

만약 당신이 이 새로운 상품의 가격을 책정해야 하는 마케팅 담당자라면, 어떤 가격을 제안할 것인가? 이 사례를 저자의 마케팅 강의에서 다룰 때 대부분의 수강생들은 인쇄본 전용 구독 상품의 가격을 디지털 전용(59달러)과 통합 구독(125달러) 사이인 99달러나 100달러 정도로 책정하는 방안을 제시한다.

그러나 흥미롭게도 아리엘리는 인쇄본 전용 구독료를 125달러로 설정했다. 이는 디지털과 인쇄본 통합 구독료와 정확히 동일한 가격이다. 즉, 소비자 입장에서는 인쇄본만 구독하거나 디지털과 인쇄본을 함께 구독하더라도 지불하는 비용이 같다는 의미다. 이는 일반적인 가격 책정 상식과는 배치되는 전략적 선택이었다.

이러한 가격 구조가 제시되면 소비자의 심리는 어떻게 변할까? 통합 구독 상품이 갑자기 더 가치 있게 보이는 효과가 발생한다. 실제로는 가격 변화가 없었음에도 불구하고, 인쇄본 전용 옵션이 추가됨으로써 통합 구독에 포함된 디지털 서비스가 마치 '무료로 제공되는 혜택'처럼 인식되어 훨씬 더 매력적인 상품으로 부각된다. 소비자들은 "같은 가격에 디지털 구독까지? 이건 진짜 좋은 거래네"라고 생각하며, 동시에 인쇄본 전용 구독료 125달러를 보며 '이런 바보들, 내가 이런 함정에 빠질 줄 알고?'라며 자신이 매우 영리한 선택을 했다는 만족감과 함께 미소를 지으며 통합 구독 서비스를 선택하게 된다.

인쇄본 전용 구독 옵션이 추가된 후의 실험 결과를 분석한 결과, 예상대로 인쇄본 전용 구독을 선택한 학생은 한 명도 없었다(0%). 그러나 주목할 점은 기존 구독 상품의 선택 비율이 극적으로 변화했다는 것이다. 디지털 전용 구독 비율은 68%에서 16%로 급감한 반면, 통합 구독 서비스의 비율은 32%에서 84%로 대폭 증가했다. 이는 고가 상품인 통합 구독의 판매 증가로 인해 전체 매출이 약 43% 증가될 수 있는 놀라운 성과였다.

이 실험은 앵커링 효과가 실제로 어떻게 작동하는지를 명확히 보여준다. 인쇄본 전용 구독의 125달러라는 가격이 기준점(앵커) 역할을 하면서, 소비자들이 '같은 가격에 디지털 서비스까지 포함된 통합 구독이 훨씬 좋은 거래'라고 인식하게 만든 것이다. 소비자들은 절대적 가치보다는 제시된 기준점을 바탕으로 상대적 비교를 통해 선택하는 경향이 있으며, 이러한 앵커링 효과가 구매 의사결정에 강력한 영향을 미칠 수 있음을 보여주는 대표적인 사례다.

매출을 단 몇 퍼센트만 높이는 것도 쉽지 않은 비즈니스 환경에서, 이 실험은 추가적인 마케팅 비용이나 무리한 가격 할인 없이도 상당한 매출 증가 효과를 달성할 수 있음을 입증했다. 실제로 아무도 구매하지 않을 것으로 예상되는 제3의 선택지를 전략적으로 배치함으로써 더 높은 가격대 상품의 판매 비중을 늘리고 수익성까지 개선할 수 있는 것이다. 이는 소비자의 의사결정이 합리적이고 객관적인 가치 판단보다는 주어진 대안들 간의 상대적 비교에 크게 의존한다는 행동경제학적 원리를 실증하며, 소비자 심리를 정확히 이해한 전략적 가격 책정의 힘을 보여주는 의미 있는 연구다.

가격 전략을 효과적으로 실행하기 위해서는 다음과 같은 요소들을 종합적으로 고려해야 한다. 경쟁 환경 분석이 우선되어야 한다. 경쟁사의 가격 정책, 시장 점유율, 제품 차별화 포인트를 면밀히 분석하여 전략적 위치를 설정해야 한다.

목표 고객층의 가격 민감도도 중요한 고려사항이다. 모든 소비자가 가격에 동일하게 반응하지 않는다. 목표 고객층이 가격 변화에 얼마나 민감하게 반응하는지(가격 탄력성)를 파악하는 것이 중요하다.

브랜드 포지셔닝과의 일관성 유지도 필수적이다. 가격은 단순한 숫자 이상의 의미를 갖는다. 브랜드가 추구하는 이미지와 포지셔닝에 부합하는 가격 전략을 선택해야 한다. 여를 들어, 프리미엄 이미지를 추구하는 애플은 경쟁사 대비 높은 가격 정책을 유지하며 이를 통해 브랜드 가치를 강화한다.

문화적 차이 고려도 놓쳐서는 안 된다. 가격 인식은 문화권에 따라 크게 달라질 수 있다. 예를 들어, 일부 아시아 문화권에서는 '8'이 포함된 가격(예: 88,000원)이 행운을 상징하여 더 선호될 수 있다.

디지털 기술의 발전으로 가격 전략에도 새로운 접근법들이 등장하고 있다. 동적 가격 책정(Dynamic Pricing)은 실시간 시장 상황, 수요-공급, 경쟁사 가격, 소비자 행동 데이터 등을 분석하여 가격을 유동적으로 조정하는 방식이다. 항공사와 호텔 예약 플랫폼이 이 전략을 적극 활용한다.

개인화된 가격 제안(Personalized Pricing)은 소비자의 과거 구매 이력, 검색 패턴, 위치 등을 기반으로 개별 소비자에게 맞춤형 가격을 제시하는 전략이다. 이는 고객 충성도를 높이고 전환율을 향상시킬 수 있지만, 투명성과 형평성 문제로 논란이 될 수 있다.

구독 모델(Subscription Model)은 일회성 판매 대신 지속적인 수익 창출을 위한 구독 기반 가격 모델이 증가하고 있다. 넷플릭스, 스포티파이 같은 디지털 서비스뿐만 아니라 소프트웨어(SaaS), 식품 배달, 의류까지 다양한 산업으로 확장되고 있다.

기본 무료+선택 유료 모델(Freemium)은 기본 서비스는 무료로 제공하고, 추가 기능이나 고급 서비스에 대해서만 요금을 부과하는 모델이다. 국내에서는 카카오톡이 대표적인 사례로, 기본 메시징과 통화 기능은 무료로 제공하면서 이모티콘, 테마, 카카오톡 채널 비즈니스 도구 등은 유료로 제공한다. 또한 유튜브도 모든 콘텐츠를 무료로 시청할 수 있지만, 광고 제거, 백그라운드 재생, 오프라인 저장 등의 프리미엄 기능은 유튜브 프리미엄 구독을 통해서만 이용 가능하다.

가격은 단순한 숫자가 아니라 소비자에게 제품의 가치를 전달하는 강력한 커뮤니케이션 도구다. 가격은 품질에 대한 신호로 작용하며, 브랜드 이미지를 형성하고, 시장에서의 위치를 결정한다. 따라서 가격 책정은 단순히 비용에 마진을 더하는 기계적인 과정이 아니라, 소비자 심리를 깊이 이해하고 전략적으로 접근해야 하는 마케팅의 핵심 영역이다.

비즈니스 환경을 면밀히 분석해보면, 앞서 살펴본 이코노미스트의 앵커링 사례처럼 정교한 가격 설계만으로도 대규모 투자 없이 매출과 수익을 획기적으로 개선할 수 있는 기회들이 생각보다 많이 존재한다. 이 책을 통해 독자들이 무리한 비용 투자가 필요한 화려한 마케팅 전략보다는, 우선 이와 같이 적은 투자로 높은 효과를 거둘 수 있는 실용적인 마케팅 기회를 발견하고 활용할 수 있기를 바란다.

– T처럼 기획하고 F처럼 마케팅하라

"위대한 마케팅은 냉철한 분석과 따스한 감성이 만나는 지점에서 탄생한다." 이것이 이 책 전체를 통해 전달하고자 했던 핵심 메시지다.

"T처럼 기획하고 F처럼 마케팅하라"는 단순한 슬로건이 아니다. 마케팅 실무 현장에서 30년 가까이 다양한 브랜드와 프로젝트를 경험하면서, 나는 한 가지 분명한 패턴을 발견했다. 성공하는 마케팅에는 반드시 두 가지 요소가 조화롭게 결합되어 있다는 것이다. 바로 고객의 니즈와 욕구를 논리적으로 분석하는 T(Thinking, 사고)의 체계적 기획과, 이에 공감하며 충족시키는 F(Feeling, 감정)의 감성적 접근이다.

피자헛 치즈바이트의 철저한 시장 분석과 피자를 재미있게 먹고 싶어 하는 소비자들의 인사이트, 햇반의 생활 패턴 분석과 '밥보다 더 맛있는 밥'이라는 감성 메시지, 락앤락의 과학적 검증과 '첨벙첨벙' 직관적 시연까지. 이 책에서 살펴본 모든 성공 사례들이 T와 F의 완벽한 균형을 보여준다.

이 책 서두에서 언급한 'Great Marketing'의 정의, 즉 '고객이 똑똑하게 느끼게 하는 마케팅'을 실현하기 위해서는 이러한 T와 F의 균형이 필수적이다. T처럼 치밀하게 계획된 전략을 바탕으로, F처럼 공감을 불러일으키는 직관적인 메시지를 전달해야 한다.

현대 마케팅 환경에서는 데이터와 분석의 중요성이 그 어느 때보다 강조되고 있다. AI와 초개인화 마케팅 같은 최신 트렌드가 부상하는 환경에서도 마찬가지다. 그러나 기술이 아무리 발전해도, 데이터 속에서 진정한 인사이트를 발견하고 이를 감동적인 스토리로 바꾸는 능력, 그리고 인간의 욕구와 감정을 이해하고 연결하는 능력은 마케팅의 핵심 요소로 남을 것이다. 이러한 접근은 단순히 일시적인 성과를 넘어, 지속 가능한 고객 관계와 기업의 장기적 성장을 이끄는 원동력이 된다.

이 책을 마무리하며, 여러분의 마케팅 접근법을 돌아볼 수 있는 질문을 던져본다. 여러분의 마케팅 의사결정은 데이터와 직감 사이에서 균형이 잡혀 있는가? 마케팅 메시지가 기능적 가치와 감성적 가치를 모두 효과적으로 전달하고 있는가? 이러한 질문들이 여러분의 마케팅이 T와 F의 균형 잡힌 접근법을 취하고 있는지 점검하는 데 도움이 될 것이다.

　마케팅의 세계는 항상 변화하고 있지만, T와 F의 균형 잡힌 접근이라는 핵심 원칙은 변하지 않을 것이다. 여러분의 마케팅이 단순한 노출과 판매를 넘어, 고객에게 진정한 가치와 경험을 제공하는 여정이 되기를 바란다. 이 책이 여러분의 마케팅 여정에 작은 도움이 되었기를 바라며, 큰 성공을 이루기를 진심으로 응원한다.

부록

코로나19라고 불렸던 전 세계적 재난 기간 동안 정말 많은 비즈니스들이 타격을 받았지만, 특히 작은 식당이나 프랜차이즈 가맹점 사장들에게는 너무나 힘든 시기였다. 2020년 코로나가 한창일 때 한국경제신문에서 프랜차이즈 가맹점 사장들을 위한 마케팅 기고를 요청해와서 6회에 걸쳐 연재한 바 있다.

이 6개의 기고문을 부록에 실었다. 기고문 중 일부는 이 책 본문 내용과 중복되기도 하고 프랜차이즈 가맹존주가 주 대상이긴 하지만, 일반 비즈니스에도 충분히 적용 가능한 내용이므로 한 번씩 읽어보기를 권한다.

불황일수록 전략적인 선택과 집중 필요

기고 #1 - 프랜차이즈 불황 대처법(한국경제신문 2020.01.05)

얼마 전 만난 한 프랜차이즈 본사 대표. 불경기로 매출이 많이 하락해 고민이라고 했다. 그런데 그는 본부장들을 모아 놓고 매출을 올리라는 지시만 했다. 구체적인 방법론을 제시하지는 못했다. 매출 증대는 모든 사업자가 갈망하는 목표지만 방법은 너무나도 다양하다.

덮어놓고 열심히 한다고 해서 매출이 늘어나지는 않는다. 요행을 바라기에 앞서 매출이 어떻게 이뤄지는지에 대한 이해가 필요하다.

대부분 프랜차이즈 사업처럼 매장을 운영하는 사업의 매출을 구하는 공식은 '객수 × 객단가(소비자 1인당 평균매입액)'다. 예를 들어 오늘 우리 매장에 100명의 손님이 왔고 평균 객단가가 1만 원이었다면 오늘의 매출은 100만 원이다. 같은 방식으로 월 또는 연 매출을 구하기도 한다. 보기엔 간단한 공식이지만 여기에 내포된 방법은 의외로 잘 알려져 있지 않다.

중학교 1학년 수학 수준으로 공식을 보면, 좌변에 '매출'을 놓고 이를 올리고 싶다면 우변인 '객수' 또는 '객단가' 둘 중 하나만 올릴 수 있어도 매출은 상승한다. 혹자는 '말은 정말 쉽게 한다'고 할 수도 있다. 하지만 덮어놓고 '매출을 올리자'가 아니라 좀 더 구체적으로 접근해보자는 얘기다.

가령 객수를 높일 것인지, 객단가를 높일 것인지, 한 발 더 나아가 객수를 높인다면 어떤 방법으로 객수를 높일 것인지 치밀하게 전략을 짜볼 수 있다.

매출을 올릴 수 있는 방법은 크게 세 가지다. 첫째는 신규 고객 창출이다. 우리 매장에 한 번도 와보지 않은 소비자를 불러 모으면 객수가 증가한다. 무료시식 쿠폰이나 홍보가 덜 된 지역 위주로 하는 마케팅 활동이 필요하다. 둘째는 기존 고객의 방문주기를 당기는 것이다. 기한을 한정하는 할인 행사처럼 아직 방문·구매 시기가 도래하지 않았어도 기한을 놓치면 할인을 못 받기 때문에 방문 주기가 당겨진다. 셋째는 이탈 고객의 최소화다. 고객 방문 데이터를 관리해 장기간 미방문한 고객만 선별, 별도의 혜택을 제공하는 경우가 이에 해당한다.

객단가를 올리는 방법은 더 간단하다. 높은 단가의 메뉴 판매를 유도하거나 묶음판매 또는 세트판매를 통해 평균 객단가를 높일 수 있다. 대체로 객단가를 올리는 방법이 객수를 늘리는 방법보다 쉽다. 하지만 뜨내기 손님만을 대상으로 하는 업이 아닌 단골의 필요성을 절감한다면 객단가만 올리는 방법만 고집하는 것은 좋지 않다. 서비스 만족도를 높이지 않으면서 객단가만 올리는 방법으로는 금세 좋지 않은 소문이 퍼지게 된다. 한번 방문한 소비자가 재방문을 해야 사업이 지속 가능해지는 것이 프랜차이즈업의 특성이다. 첫 방문객이 느끼기에도 본인의 전반적인 만족도가 지급 비용보다 높지 않다고 느끼면 재방문 확률은 현저히 떨어진다.

재방문하는 고객에게 집중하라…
신규 고객 창출보다 훨씬 효과적

기고 #2 - 매장 매출 줄어들고 있다면…
(한국경제신문 2020.02.09)

몇 년 전 국내 모 대기업에서 외식업 마케팅 임원으로 일할 때다. 나름 경쟁력 있는 비즈니스 모델로 20년 이상 운영한 브랜드였지만, 가격 경쟁력을 앞세운 경쟁 브랜드의 공세에 매출이 크게 빠져 있었다. 제대로 된 처방과 전략을 쓸 여력도 겨를도 없이 당하고 있었다.

하지만 대응은 엉성했다. 대응이 부실하니 악순환이 계속됐다. 자세히 들여다보니 턱없이 줄어든 매출을 늘리기 위해 무리하게 할인폭이 큰 쿠폰을 쓰기 시작했고, 할인으로 줄어든 수익을 채우기 위해 상품원가를 절약했다. 매장의 메뉴와 재료에 손을 댄 것이다. 뷔페식 비즈니스 모델이라 부실해진 메뉴는 소비자들이 금세 알아챘다. 방문자 수가 줄어들자 이를 보완하기 위해 할인폭은 더 커졌다.

마케팅도 비효율적이었다. 더 커진 할인폭으로 방문객을 겨우 유치했지만 막상 매장에 와보니 부실한 메뉴와 서비스, 이해할 수 없는 가격에 실망해 "다시는 오지 않겠다"며 발길을 아예 끊어버린 고객이 많았다. 매장을 다시 가야 할 이유를 만들어주지 못했던 것이다.

뜨내기손님이 아니라 단골이 늘기를 바라는 건 어떤 매장의 사장이든 같은 마음일 것이다. 매장을 운영하는 모든 사장에게 가장 중요한 손님은 바로 '재방문 고객'이다. 효율성이라는 관점으로 봐도 재방문자 유치는 매출 증대를 위한 가장 좋은 방법이다.

한 명의 신규 고객을 창출하기 위해 소요되는 노력과 기존 방문 고객을 다시 방문하게 하기 위해 소요되는 노력을 비교해볼 필요가 있다. 신규 고객을 유치하려면 우리 매장의 대표 메뉴와 장점, 위치, 주차 여부 등 기본 사항을 알리기 위해 적지 않은 비용과 노력이 동반된다. 또 첫 방문을 유도하기 위해 할인쿠폰을 제작해야 하고, 가맹본사의 지원이 없다면 할인에 따른 비용 부담은 오로지 매장 사장의 몫이다.

반면 1회 이상 방문한 경험이 있는 소비자를 다시 방문하게 하는 것은 추가비용이 별로 들지 않는다. 오로지 고객이 매장에 있는 시간에 최대한 집중하고, 매장 책임자가 할 수 있는 최선을 다해 기대 이상의 맛과 서비스를 제공하면 된다. 여기에는 관심과 노력이 들 뿐 추가 비용이 별로 들지 않는다.

많은 노력과 비용을 들여 유치한 신규 손님과 재방문자는 어차피 똑같은 '객수 1명'이다. 투자 효율성을 따지면 기존 소비자에게 집중하는 것이 신규 소비자 유치 마케팅보다 훨씬 낫다.

내 매장의 매출이 줄고 있다면 할인쿠폰 등과 같은 마케팅을 하기 전에 먼저 '절대 타협하지 말아야 할 것'이 무엇인지부터 스스로에게 되물어봐야 한다. 외식업에 있어서 타협 불가 조건은 당연히 맛과 재료, 방문객 응대 서비스 등일 것이다. 어려울 때일수록 오늘 우리 매장에 온 고객에게 더욱 최선을 다할 필요가 있다.

무조건 매장 재방문을 유도하라…
판촉물보다 무료 쿠폰이 효과적

기고 #3 - '개업발' 오래 가는 마케팅(한국경제신문 2020.03.01)

지난해 말 우리 사무실 근처에 문을 연 어느 프랜차이즈 음식점 얘기다. 이 브랜드가 하나둘씩 눈에 띈다 싶더니 직장 근처에도 마침 문을 열어 궁금하던 차였다. 오픈 행사 당시 이곳에서 식사를 해봤다. 차린 지 얼마 안 된 매장이어서인지 손님이 제법 많았다. 오픈 기념 선물이라고 방문객에게 작은 핸드크림을 하나씩 증정했다.

무료 선물인 만큼 받는 사람으로서는 굳이 나쁠 게 없다. 하지만 마케터의 눈으로 봤을 땐 크게 의미 없어 보이는 곳에 비용을 쓰는 것 같아 안타까웠다. 오픈 행사가 끝나면 '본 게임'이 시작될 텐데 나중에 그 아까운 비용이 생각나진 않을지 점주가 걱정됐다.

증정한 판촉용 선물은 마트에서 구매할 경우 개당 1,500원짜리다. 그리 고급스럽지 않은 제품이었다. 대량 주문으로 구매했을 테니 개당 1,000원 정도에 구매했을 것이다. 필자와 2명이 함께 갔으니 선물 값으로 우리 테이블만 해도 3,000원이 지불됐다는 계산이 나온다. 대략 4인용 테이블이 20개였고 하루에 테이블을 3회전 돌렸다고 계산해본다면 하루에 200만 원이 넘는 금액이 판촉비로 지출된 셈이다.

물론 개점 초기에는 수익을 보지 못하더라도 많은 투자를 해서라도 알리는 것에 집중해야 하는 것이 맞다. 그럼에도 핸드크림은 받는 손님에게 최고의 가치를 주는 선물이었나 곱씹어보게 된다.

고객에게 판촉을 할 때는 여러 가지 방법이 있다. 당연히 점주는 가급적 최소한의 비용 투자로 최대의 가치를 창출하고 싶어 한다. 판촉행사의 예를 몇 개 들어보자. 3,000원 금액 할인을 해줄 때와 3,000원짜리 판촉물을 구매해서 증정할 때, 그리고 3,000원 정도의 원가가 드는 1만 원 메뉴를 무료로 줄 때가 있다고 가정하자.

점주는 세 가지 모두 3,000원의 비용이 드는 판촉활동이다. 하지만 손님으로서는 완전히 다른 얘기다. 첫 번째로 금액 할인은 간단하게 할인받은 금액만큼만 혜택을 보는 것이다. 두 번째 판촉 선물은 고객이 어차피 마트나 다른 곳에서 개인적으로 구매할 만한 제품일 경우에만 혜택이 있다고 가치를 느낄 것이다. 이 경우 손님에게 꼭 필요한 제품이라고 가정해 본다면 5,000원 가치로 인정받을 수도 있다. 마지막으로 1만 원짜리 메뉴를 무료로 제공하면 소비자로선 정말 1만 원의 가치를 느낄 수 있다. 물론 이 메뉴는 매장에서 자신 있게 소개할 만한 메뉴여야 의미가 있다.

점주로서는 최소한의 투자를 해서 최대한의 만족도를 올려야 하고, 결국 투자가 재방문이 될 수 있도록 해야 한다. 내 책상 서랍 안에서 굴러다니는 그 핸드크림을 다시 꺼내 봤다. 그 판촉물 하나 때문에 내가 그 매장에 다시 찾아갈 것 같지는 않겠다는 씁쓸한 생각이 들었다.

푸짐하다 못해 퍼주는 느낌으로
"남는 게 있어요?" 묻게 만들어라

기고 #4 - 원가 절감은 폐점을 재촉할 뿐
(한국경제신문 2020.03.29)

신종 코로나바이러스 감염증(코로나19) 여파로 재택근무를 하다가 오랜만에 직원들과 점심식사를 하러 갔다. 즐겨 찾던 쌈밥 전문점이었다. 불경기로 인해 대다수 식당이 빈자리간 보일 때지만 어쩐 일인지 이곳은 어느 정도 손님이 자리를 채우며 활기가 있었다.

사장은 점심 때 식사를 기다리는 줄이 다소 줄었다고 하소연을 했지만 인근 매장에 비하면 엄살처럼 느껴졌다. 그만큼 이곳엔 손님이 많았다. 필자가 이 매장을 좋아하는 이유는 딱 한 가지다. 이 동네에선 여기 음식이 가장 푸짐하다. 푸짐하다 못해 너무 퍼준다는 느낌을 받을 정도다.

음식 장사는 '손님들에게 퍼줘야 남는다'는 내용의 글을 어느 책에서 본 적이 있다. 손님이 계산하고 나갈 때 "이 집 이렇게 팔아서 돈이 남나" 하는 질문을 사장이 받을 정도가 되라는 얘기다. 마케팅 전문가로서 공감 가는 대목이다. 아이러니하게도 이런 매장이 돈을 벌 수 있다.

계산을 해보면 이렇다. 판매원가를 계산할 때는 고정비에 대한 분산 계산 방법을 함께 고려해야 한다. 가령 월 임대료가 100만 원인데 월 방문객 수가 3,000명이라고 가정해보자. 이때 손님 1명에게 들어가는 고정비 투자는 333원이 된다. 객수를 늘리면 이 금액은 줄어들고 반대로 객수가 줄면 늘어난다. 고정비를 줄이기 위해선 객수를 늘리는 방법 외에 더 좋은 대안은 없다. 매출이 떨어졌다고 해서 비용 절감을 목표로 식자재 원가 100원을 아끼려다가 그것 때문에 손님이 덜 오게 된다면 남는 장사가 될 수 없다는 것이다. 원가 절감은 폐점을 재촉할 뿐이다.

반대로 상품 원가에 500원을 더 투자해 몇 명의 손님이라도 더 올 수 있다면 투자는 충분한 가치가 있다. 다만 원가에 추가로 투입되는 금액과 추가 객수가 생겨서 상쇄되는 매출을 계산해 득과 실을 따져볼 필요는 있다.

고정비는 말 그대로 고정된 비용이어서 줄이기가 힘들다. 하지만 요즘처럼 객수가 현저히 줄었을 때 재방문율을 높여 객수를 늘릴 수 있다면 비용 부담을 분산시킬 수 있다. 상품 원가에 더 투자해 고객 만족도를 높여 재방문으로 이어진다면 이보다 더 성공적인 투자는 없을 것이다.

지금은 코로나19 여파로 인해 어떤 마케팅을 해도 먹혀들지 않는다. 외식업계가 어려움을 호소하는 이유다. 짧은 시간 내 손님을 모으기 위해 추가 비용을 들여 무리하게 홍보에 투자하는 방식은 지금의 불경기 때는 효율성이 더 떨어진다. 차라리 손님에게 '이런 시기에 이렇게까지 퍼줘도 과연 남을까'라는 걱정을 하게 한다면 웬만한 홍보 수단보다 매장을 더 각인시키는 효과가 있다. 음식과 서비스에 만족한 손님은 계산하고 매장을 나갈 때 다음번 예약을 위해 매장 명함을 챙기게 될 것이다.

기고 #5 - 원가 절감은 폐점을 재촉할 뿐
(한국경제신문 2020.05.03)

한 달에 두 번 이상은 꼭 찾았던 햄버거 브랜드 A사 매장이 있다. 학창 시절부터 즐겨 먹는 햄버거 메뉴 때문이다. 본고장인 미국에서도 '빅 사이즈'로 잘 알려진 제품으로 역사가 오래됐다. 수십 년 동안 이 제품은 최고의 햄버거라는 입소문을 탔다.

언젠가부터 이 햄버거가 달려졌다. 맛은 바뀌지 않았지만 장점이었던 크기가 조금씩 줄었다. 정확히 몇㎝가 줄었는지 측정해보지는 않았지만 소비자 입장에서 그렇게 느꼈다. 외식업 컨설팅을 오랫동안 해온 필자는 '원가절감'이라는 단어가 불현듯 떠올랐다. 아마도 치솟는 인건비와 원재료 비용을 감당하지 못해 크기를 줄였으리라 짐작해본다. 이 제품이 가지고 있는 핵심 경쟁력인 '사이즈'를 포기한 것에 대해 실망했다.

소상공인을 비롯한 중소형 가맹본부도 이와 비슷한 고민을 하고 있다. 최저임금 인상 등으로 인건비가 많이 올랐다. 어딘가에서 비용을 줄여야 한다. 일단 임차료는 손을 못 댄다. 인력도 줄일 만큼 줄였을 것이다. 그렇다고 가격을 올리자니 가뜩이나 불경기에 방문객이 더 줄어들까 두렵다. 이러지도 저러지도 못하는 경영환경에서 수없이 많은 결단을 내려야 하는 게 사업이다.

가맹사업자는 하루 종일 소비자들과 직접 만난다. 장사를 하다 보면 소비자 눈치를 많이 볼 수밖에 없다. 하지만 여기서 잊지 말아야 할 점이 있다. 가격을 올렸을 때 못지않기 가격이 같다 하더라도 제품의 품질이 달라졌을 때의 불만도 엄청나다는 사실이다. 과도하게 소비자 눈치를 보다가 꼼수를 쓰면 최악의 상황을 맞이할 수도 있다.

가격을 올리든, 품질을 낮추든 어떤 결정을 내려도 비판을 받을 수밖에 없다면 내 점포의 경쟁력이 무엇인지 생각해보자. 소비자 요구에 맞는 '정도(定道)'를 선택하라는 것이다. 소비자들이 햄버거를 좋아하는 이유가 '크기'라면 이 부분은 절대 타협해선 안 된다. 정말 배고플 때 그 햄버거 하나만으로 배브르게 먹을 수 있는 '충분한 양'이 메뉴의 정체성이기 때문이다.

좋은 제품을 싸게 주는 '가성비(가격 대비 성능)'도 중요하다. 하지만 최근엔 좋아하는 제품이라면 돈을 더 주고라도 반드시 사고 싶게 만드는 '가심비(價心比)'도 강력한 경쟁력이다. 아직도 필자는 그 햄버거 브랜드 매장에 가끔 들른다. 예전만큼 그 브랜드를 좋아하지는 않게 됐지만 간다. 요즘은 좋아했던 그 메뉴가 아닌 다른 메뉴를 주문해보기 시작했다.

온라인 주문·배달·테이크아웃····
외식업계 '언택트'가 살길이다

기고 #6 - 외식업계 '언택트'가 살길이다
(한국경제신문 2020.05.31)

신종 코로나바이러스 감염증(코로나19) 확산으로 세상이 바뀌고 있다. 외식업계를 바꾸고 있는 주요 트렌드는 '언택트(Untact)'다. '접촉'을 뜻하는 콘택트(contact)와 '반대'를 뜻하는 언(un)을 조합한 단어다.

지금은 보편화됐지만 언택트는 사실 영어사전에도 나오지 않는 신조어다. 코로나19 확산 이후 만들어진 것으로 알려졌지만 김난도 서울대 교수가 쓴 《트렌드 코리아 2018》에도 나왔다. 언택트는 Z세대(1995년 이후 태어난 19세 미만 청소년) 트렌드를 꿰뚫는 단어였다. Z세대는 디지털 환경에서 자란 '디지털 네이티브(디지털 원주민)' 세대다. 몇 년 전부터 주요 소비층으로 떠오르고 있다. 대면을 통한 대화보다는 스마트폰을 통한 대화가 더 익숙한 것이 특징이다. 이들은 두 시간 동안 스마트폰을 보지 못한다는 이유로 극장에서 영화 보기를 꺼린다. 매장에 들어갔을 때 안내하기 위해 점원이 말을 걸면 싫어한다.

식(食) 문화에도 커다란 변화가 일어나고 있다. 외식 프랜차이즈들은 앞으로 언택트 트렌드에 맞춰 변화를 꾀해야 한다. 언택트는 이제 Z세대뿐 아니라 모든 소비자층에 적용되는 트렌드가 됐다. 코로나19 확산이 멈춰도 우리 일상은 언택트 이전으로 돌아가기 힘들다는 게 전문가들의 분석이다.

코로나19 확산으로 외식 프랜차이즈 매출이 직격탄을 맞았지만 배달·방문포장(테이크아웃) 주문을 도입한 미장은 반사이익을 보고 있다. 온라인 주문, 배달 대행 서비스에 부정적이었던 업체들, 테이크아웃 메뉴 개발에 적극적으로 대응하지 않았던 점주들은 언택트 시대에 대응해 전략을 바꿀 필요가 있다. 가정간편식(HMR) 시장이 성장하자 자사 브랜드를 단 국, 탕, 찌개, 반찬류 HMR 제품을 개발해 출시하는 외식업체들도 나오고 있다.더 이상 근처 다른 음식점들과만의 경쟁이 아니라 고퀄리티로 무장된 HMR과도 '한 끼'를 두고 경쟁하는 시대가 되었다는 말이다. 소비자가 집에서 포장을 벗겨봤을 때 음식 상태가 어찌되었던 상관없이 매장 판매 음식을 그냥 포장만 해서 보내면 되는 시대는 이젠 끝이 났다. 소비자 눈높이에 맞게 업그레이드된 용기로, 대기 혹은 대면 시간을 최소화할 수 있는 '스마트오더' 등 보다 '언택트'에 최적화된 솔루션들로 하루빨리 무장이 되어야 할 필요가 있다.